金融街**10**号丛书
The Series of No.10 Financial Street

金融街10号丛书
The Series of No.10 Financial Street

债券市场发展研究

（第五辑）

STUDY ON THE DEVELOPMENT
OF BOND MARKET

中央国债登记结算有限责任公司◎主编

全 国 百 佳 图 书 出 版 单 位
时代出版传媒股份有限公司
安 徽 人 民 出 版 社

图书在版编目（CIP）数据

债券市场发展研究（第五辑）/ 中央国债登记结算有限责任公司主编 . ——
合肥：安徽人民出版社，2023.11
（金融街 10 号丛书）
ISBN 978-7-212-11634-7

Ⅰ. ①债… Ⅱ. ①中… Ⅲ. ①债券市场—研究—中国 Ⅳ. ① F832.51

中国国家版本馆 CIP 数据核字 (2023) 第 169396 号

债券市场发展研究（第五辑）
ZHAIQUAN SHICHANG FAZHAN YANJIU (DI WU JI)

中央国债登记结算有限责任公司　主编

出 版 人：杨迎会　　　　　　　　　　　丛书策划：曾昭勇　白　明
责任编辑：李　芳　　　　　　　　　　　责任印制：董　亮
封面设计：许润泽

出版发行：安徽人民出版社 http://www.ahpeople.com
地　　址：合肥市政务文化新区翡翠路 1118 号出版传媒广场八楼
邮　　编：230071
电　　话：0551-63533258　0551-63533259（传真）
印　　刷：安徽省人民印刷有限公司

开本：710 mm × 1010 mm　1/16　　　印张：21　　　字数：280 千
版次：2023 年 11 月第 1 版　　　　　2023 年 11 月第 1 次印刷

ISBN 978-7-212-11634-7　　　　　　　　　　　定价：36.00 元

目录

001 理财产品中央数据交换平台建设方案研究
············ 成家军　宗军　张莉英　范皓　张世杰　管圣义

017 债券登记托管：基本概念、历史沿革和现实选择
——基于信贷资源配置效率的探讨 ············· 冯源　刘爽

031 美国证券市场登记托管制度的历史演变与思考
············ 马隽卿　张楚韵　徐昱程　刘昕畅

053 基于深度学习方法的国债收益率预测应用研究
············ 张淼　宋鹏

072 一般均衡视角下国债收益率作为货币政策锚定目标之一
的有效性分析·········· 李威

105 企业债券发行利率与中债企业债收益率曲线偏差影响
因素分析·········· 李栋

125 ESG 评价指标在企业债券品种创新中的应用
············ 贾舍　吴茜　陈芷名　曹敬晨

146 中债方案之"多级服务"法律视角初探
············ 谭思瑶　李军南　崔格非　胡羽珺

161 担保品范围调整会影响债券流动性吗
············ 乔博　胡晓霁　尹航

179　金融科技赋能防范化解债券市场重大风险

　　——基于集成学习的债券违约风险预测模型

　　…………………………………… 王延昭　唐华云　黄鑫玉

193　信用债券市场投资者保护制度研究

　　…………………………………………… 张祎琼　彭伟琪

207　OECD《资本流动自由化准则》新框架视角下中国债券市场

　　开放再思考

　　…………………………………… 闫彦明　马隽卿　黄超

234　中资境外债券融资业务争议解决问题研究

　　………………………………………………… 刘昕畅

256　直达性货币政策的债券运用研究

　　…………………… 张轶龙　刘一楠　李怡达　张辰旭

281　应当探索在我国引入全覆盖债券

　　………………………………………… 陆本立　刘一楠

理财产品中央数据交换平台建设方案研究

成家军　宗军　张莉英　范皓　张世杰　管圣义

摘　要： 为落实《理财公司理财产品销售管理暂行办法》（以下简称《理财公司销售管理办法》）的相关规定，满足银行理财发行机构与销售机构之间数据安全高效传输的需要，应组织市场成员建立理财行业数据交换标准，建设理财产品中央数据交换平台。平台建设过程中应坚持助力监管、共建共享的原则，以统筹规划、重点突破、分步实施为方针策略，在梳理业务流程和业务场景的基础之上，明确平台参与主体的职能定位，按照规划逐步推进实施。以平台基础功能为起点，未来平台将坚持以"服务监管、服务市场、服务投资者"为导向，进一步探索提供代销中介服务、实现产品集中代销等方案的可行性，促进银行理财市场规范有序发展。

关键字： 理财产品　中央数据交换平台　数据标准

一、平台建设的必要性和可行性

（一）行业发展背景

2018 年以来，随着《商业银行理财业务监督管理办法》的正式发布，银行理财市场迎来前所未有的大变局。截至 2020 年底，已有 24 家理财公司获批筹建，其中 20 家已经开业，存续产品数量 3627 只，存续余额 6.67 万亿元，占全市场的比例高达 25.79%[①]。星星之火，渐成燎原之势。

理财公司的快速发展得到了监管部门的高度重视。为进一步规范银行理财公司产品销售行为，中国银行保险监督管理委员会于 2021 年发布《理财公司销售管理办法》，其中要求理财产品销售机构与银行理财公司相应的技术系统进行联网，实现宣传推介材料、销售文本、交易明细等理财信息的传输。为落实监管要求，银行理财公司向监管部门提出，希望建立银行理财行业的数据交换标准和数据交换平台。为银行理财市场的客观需要，建设安全、高效、覆盖全行业的理财产品中央数据交换平台（以下简称平台）势在必行。

（二）必要性

1. 服务银行理财监管的必然要求

当前监管部门获得的银行理财数据主要来自产品发行机构的事后整理报送，但各机构的管理水平参差不齐，难以保障数据报送质量，实际报送中经常会出现错报、漏报、不报等行为，给监管部门开展数据分析造成极大困难。平台服务于实际业务，可以第一时间获取银行理财市场发生的真实数据，

---

① 数据来源：银行业理财登记托管中心《中国银行业理财市场年度报告（2020 年）》。

并通过数据稽核、账务比对等方式进一步确保数据的准确性和可靠性。依托平台，监管部门可以第一时间获取准确的业务数据，并充分发挥大数据优势，定位理财业务风险点，制定风险防范和预警机制；同时，基于海量真实数据的统计分析，也将为监管制度的制定和完善提供有力的数据支撑。

2. 服务理财市场发展的客观需要

截至 2020 年底，全国共有 822 家银行业金融机构开展了理财业务，存续理财产品规模超过 25 万亿元。相比于规模庞大、发展迅速的银行理财市场，市场基础设施建设却严重滞后。尤其是新成立的理财公司逐渐成为市场主力后，迫切需要拓展各类销售渠道，但市场缺少统一的理财业务数据传输标准和数据交换平台，拓展新的渠道需要耗费大量的人力和物力。平台建设完成后，可以有效降低市场各方的参与成本，支持销售渠道的批量拓展，极大提高理财市场运行效率。

3. 服务投资者保护的前置性需求

保护投资者权益，离不开事前、事中、事后三个环节的持续发力。事前环节，投资者可以通过中国理财网验证产品真伪；事中环节则主要依靠各理财产品销售机构有效落实投资者风险评估、适当性管理等监管要求。而提供投资者持有份额、金额的查询，则是在事后环节保护投资者权益的重要举措。以中央数据交换平台的业务数据为基础，可以及时统计出投资者持有各银行理财产品的份额、金额等信息，为提供投资者持有情况查询服务、有效保护投资者权益完成前期准备。

（三）可行性

银保监会创新部在充分开展市场调研的基础上，指导银行业理财中心（以下简称理财中心）开展平台建设工作。理财中心作为中央国债登记结算有限责任公司（以下简称中央结算公司）的全资子公司，可以充分利用自身优势及中央结算公司相关资源开展平台建设。

1. 理财市场基础设施定位

理财中心是监管部门批准设立的中立性理财市场服务机构，同时也是银行业协会理财业务专业委员会副主任单位。银保监会在《商业银行理财业务监督管理办法》中明确由理财中心为市场"提供必要的技术支持、业务培训和投资者教育服务"，并可以"依法合规使用信息"。按照银保监会赋予的职能和使命，理财中心长期以来负责制定银行理财监管数据报送标准，履行市场基础设施职能。

在行业标准制定及统一平台建设方面，作为第三方中立机构尤其是市场基础设施可以充分结合市场各方的具体需要，制定出符合业务实际、市场普遍能够接受的方案，是承担行业统一数据标准制定工作的不二选择。

2. 丰富的业务及技术积累

一是银行理财行业标准建设经验。2013 年，理财产品全国集中登记工作正式开始，理财中心制定《全国银行业理财信息登记系统数据元规范》（以下简称《数据元规范》），各理财产品发行机构需要按照《数据元规范》的要求开展理财产品信息、投资资产信息以及理财从业人员信息等相关内容的登记工作。经过 7 年来不断的修订、磨合，《数据元规范》已经能较好地满足客户需要，已成为行业内的"事实标准"，目前正在按照流程申请中国人民银行金融行业标准，为平台的建设奠定了良好的报文标准基础。

二是直联接口开发经验。理财中心已于 2018 年实现全国银行业理财信息登记系统（三期）直联，中央结算公司先后建设完成结算成员直联系统、柜台直联系统等多套直联平台，基于上述系统建设经验，理财中心具备建设一体化、通用型中央数据交换平台的技术能力。

三是已建成与各市场参与方之间的网络互联。中央结算公司作为银行间债券市场的基础设施,为监管机构、市场成员及联合运营单位提供了优质的外联服务。经过多年发展,中央结算公司已经与中央及地方监管机构、市场成员建立了以专线为主,3G VPDN 为辅的便捷、稳定、高效的外联接入模式,互联专线 2000 余条,3G 专网设备 2200 余台,完全覆盖了理财市场全部参与者。理财中心依托中央结算公司的网络设施,同样实现了与各市场机构之间的专线连接。全面联网是建设平台的重要环节,也是理财中心相比于其他第三方机构在平台建设方面的突出优势。

四是安全可靠的硬件环境。在信息安全方面,中央结算公司在应用系统安全方面也设立了较高标准,系统均按照信息安全等级保护三级(S3A3G3)标准执行保护、四级(S3A4G4)标准进行建设;在环境容灾方面,中央结算公司已在京沪两地建成行业一流的高标准数据中心,机房评级达到 A 级,关键供配电系统与关键制冷系统方面达到国际 Uptime T4 的技术要求,并形成多地多中心一体化统一运维体系。理财中心依托中央结算公司安全可靠的硬件环境,已经具备了平台稳定运行的重要基础条件。

3. 可参考的同业发展经验

建设集中统一的中央数据交换平台在国际国内的同行中已经有较为成功的实践案例,尤其在基金行业已经有欧洲明讯的 VESTIMA+、中国证券登记结算公司的基金中央数据交换平台等,上述平台的稳定运行是中央数据交换平台方案可行性的最好例证。目前银行理财正在向基金转型,在平台的建设过程中,可以充分学习借鉴基金数据交换标准,同时吸取基金数据交换平台建设过程中的经验和教训。

二、建设思路

（一）建设目标

平台以"服务监管、服务市场、服务投资者"的职能定位，以"统一联网模式，统一数据标准，统一存储备份"为核心，目标是实现快捷高效的行业数据交换、规范统一的交换报文标准、集中安全的行业数据存储，最终打造成理财市场核心金融基础设施。

由于本方案涉及面广、系统结构复杂，拟采取平台建设与标准制定同步推进、分步实施、渐进整合的策略：

一是构建规范性平台。近期平台功能主要为满足《理财公司销售管理办法》要求，兼容并适应各理财市场参与机构日常业务需要，有效解决业务运营过程中的痛点，当前托管机构数据交换需求不明确，暂不纳入近期的功能之中；远期各项功能是在近期功能的基础上，进一步满足各参与机构的增值性需要，充分挖掘交换数据的潜在价值，最终实现将平台打造成行业核心基础设施。

二是制定数据交换标准。近期以《理财公司销售管理办法》中明确规定的销售机构与发行机构之间的数据交换内容为标准制定范围，远期再对理财业务全生命周期的相关内容进行渐进型整合，包括发行机构与托管机构之间的数据交换内容，形成覆盖理财产品全生命周期的银行理财业务数据交换行业标准。

（二）建设原则

1. 助力监管　体现价值

在平台实施过程中，理财中心作为监管部门批准设立的中立性理财市场服务机构，应充分履行市场基础设施职能、全力支持理财市场规范化转型。

平台的建设应实现数据的有效汇聚、透明转发的同时进行数据萃取，为监管部门在制定及革新管理制度、建立风险防范和预警机制、发挥"大数据"优势整合数据等方面起到重要的执行协助、决策参考和决策参与作用。

2. 服务市场　共建共享

平台的建设应汇总分析市场各方的具体需求和业务痛点，制定符合银行理财市场参与方日常业务实际、市场普遍能够接受的方案，从而进一步提升理财中心的市场影响力、稳固理财中心在理财市场的战略地位。

平台的数据交换标准由理财中心、中央结算公司产品中心与主要的银行理财公司共同建设，解决行业当前的痛点及难题，数据交换标准及平台建设完成后，主要服务于银行理财市场的各参与方。

3. 统筹规划　分步实施

平台的建设和数据标准的制定应在统筹规划的基础上分步实施。现阶段主要考虑抓住《理财公司销售管理办法》中明确提到的、市场当前比较迫切的需求，在较短时间内有针对性地实现，有利于占得先机，提供契机促进监管部门和市场机构的观念转变。同时，平台的规划需考虑业务未来的可扩展性，最终目标是打造服务银行理财全生命周期的核心基础设施。

4. 最短周期　最小成本

一方面，尽可能参考目前市场机构实际普遍使用的报文标准体系，包括

《金融服务金融业通用报文方案（ISO20022）》《数据元规范》《中央数据交换平台开放式基金数据交换协议》等，并在此基础上参考市场主要参与者（如国有大型银行及股份制银行理财公司）使用的数据交换协议，尽可能减少市场机构的建设及改造成本。

另一方面，尽可能利用已有技术资源和系统基础，参考同业最佳实践，缩短建设周期。

三、平台构想

（一）业务流程

1. 平台准入申请

平台接入申请。销售机构和发行机构根据自身业务需要向平台提出接入申请，并提交业务申请材料，由平台业务人员进行审核。审核通过后，在参与机构管理功能处录入机构相关信息。

开通平台权限。为销售机构和发行机构开通网络接入权限、平台使用权限，并分配管理员和操作员账号。

2. 信息文件交互

销售机构和发行机构自行完成结对流程后，平台为双方开通数据互传权限，机构可通过平台完成文件及报文的传输。平台可提供文件及数据的识别、校验、存储和转发功能。

3. 系统运营管理

平台持续做好运营管理工作，包括系统参数配置、平台的运行监控、数据统计监测等。

4. 系统日常维护

系统持续维护参与机构信息和文件及报文标准,实时监测文件及报文传输进度和处理情况,及时对拥堵情况进行疏导。按照监管要求和业务实际需要对传输数据进行统计监测。

(二)数据交换内容

1. 监管办法要求

《理财公司销售管理办法》中明确提出理财产品发行机构与理财产品销售机构需交换的内容如下表所示:

编号	交换内容	内容类型	对应条款
1	宣传推介材料。子公司对本公司理财产品的宣传推介材料负管理责任,代理销售机构不得擅自设计、修改、删除	文本文件	第二十九条
2	销售文件。子公司应当统一编制本公司理财产品投资协议书和理财产品说明书	文本文件	第三十条
3	确认信息披露义务人,真实、准确、完整进行信息披露	文本文件	第四十一条
4	接受委托指定代理销售协议、风险揭示书、投资者权益须知等销售文件	文本文件	第三十条
5	本机构产品销售评级方式、方法和评级结果	文本文件 信息数据	第三十一条
6	投资者风险承受能力评估结果以及投资者与理财产品进行匹配的方法	文本文件 信息数据	第三十二条
7	投资者身份信息和法律法规规定的其他信息	信息数据	第三十三条
8	款项收付的有效凭证和交易明细	信息数据	第三十七条
9	对账机制,复核、审查销售结算资金的交易情况	信息数据	第三十八条

2. 日常业务需要

经过前期调研收集的理财公司数据交换标准的初步梳理,我们总结日常业务需交换大致包括账户申请、账户确认、交易申请等在内的48项具体内容,涉及产品交易的各个环节。这些内容已经可以覆盖监管办法中要求发行机构和销售机构需要交换的数据。

（三）参与主体及职能

平台应市场需求而生并在监管框架下运作，因此，平台的建设和运营应在银保监会指导下，由行业权威中立机构牵头，市场主体机构共建共享。

各市场机构在正式开展相关业务前，应申请接入平台，成为平台参与人。平台参与人应保证通过平台交换、备份的数据合法、真实、及时、准确、完整，保障通过平台开展的业务持续、稳定、合规运作。平台参与人更正、更新已通过平台交换、备份的数据时，应通过平台重新交换、备份完整的数据文件。

平台运营机构按照行业统一的数据标准和接口规范，对通过交换、备份的业务数据进行格式检查。对于数据检查不合格的，将检查结果通知数据发送方。平台仅对数据进行格式检查，对数据的合法性、真实性、准确性、完整性等不做保证。

各参与主体和职能如下：

1. 内部干系人及职能

内部干系人包括中央结算公司参与平台建设的各部门及相关子公司。内部干系人作为市场中立服务机构和基础设施运营者，负责牵头建设和运营平台及交换数据标准。在平台的日常运营中，主要行使以下职能：

平台的参与机构管理。接收参与机构的加入申请，对申请机构的资质、技术系统进行检验和验收，对平台中的机构信息进行管理维护，可以新增、删除、修改机构的信息，同时为机构配置相应的访问权限和报文权限。

报文标准的管理和维护。定期组织报文编制工作组审核报文标准的修订，根据审核结果在平台中新增、修改、删除报文类型，维护报文格式和字段内容。按照监管部门要求或参与机构授权查询报文和处理结果。

平台的运行维护。包括网络、计算机硬件、操作系统、数据库、中间件和应用软件的日常监控、操作和维护，以及系统参数设置和应急处置等。

2. 外部干系人及职能

外部干系人主要是指各市场机构。各市场机构作为平台的共同建设方和用户，参与报文标准编制和维护，共同建设平台。具体为：一是按照要求提供平台接口程序所需的技术条件；二是按照数据标准完成内部系统与平台的对接；三是通过平台与行业相关机构交换理财业务数据；四是平台接口程序的日常运行和监控。

（1）理财产品发行机构

发行机构通过平台与销售机构、销售资金归集机构进行理财业务数据交换，接收来自销售机构的开户、交易、对账等信息，来自托管机构的对账、估值、投资等信息（拟远期实现），向销售机构发送开户和交易的确认、对账等信息，向托管机构发送对账、估值等信息（拟远期实现）。

（2）理财产品销售机构

销售机构通过平台与发行机构进行理财业务数据交换，向发行机构发送开户、交易、对账等信息，接收来自发行机构的开户和交易的确认、对账等信息。

（3）理财产品托管机构

托管机构通过平台与发行机构进行理财业务数据交换，向发行机构发送对账、投资、估值等信息，接收来自发行机构的对账、估值等信息。考虑到目前托管机构主要为发行机构的母行，数据交换都在内部系统中进行，近期暂不实现，后续根据市场实际需要论证是否纳入远期实现。

（四）主要功能规划

1. 近期功能

近期平台功能主要满足《理财公司销售管理办法》要求及各理财市场参与机构日常业务需要，有效解决业务运营过程中的痛点。具体为：

（1）实现参与人与平台的联网。平台需提供对参与机构的管理功能，包括新增、暂停、恢复、注销等。参与机构使用专线接入平台，理财中心审核参与机构申请，通过后为其开通相应的报文权限和机构权限，平台需提供相应的配置功能。

（2）实现数据的交换。具体为：一是文本文件交换。支持发行机构、销售机构之间进行文本文件的交换，并实现所有接收文本文件的身份校验和存储功能。如发行阶段产品发行方与产品代理销售方间交换的产品说明书、产品销售文件、信息披露文件和其他文件。二是信息数据交换。解决单家理财公司通过多家销售机构销售理财产品时逐家联网和标准不一的低效操作，满足银行理财产品发行机构与销售机构之间销售相关数据的传输。平台交换数据的特点是数据标准统一，数据传输及时、安全、准确，并实现所有接收数据的有效性校验、身份校验、实时转发等功能。三是信批数据分发。考虑到未来一家产品发行机构将对接多家产品销售机构，平台可提供信息披露数据的分发功能，将发行机构的信息披露数据分发至销售机构。

（3）数据统计监测功能。主要指利用平台收集的一手数据，监测销售数据基本情况，发行机构与销售机构按《理财公司销售管理办法》要求所进行的权利和义务履行情况。

2. 远期功能

远期各项功能是在近期功能的基础上，拟实现理财产品销售及进一步满足各参与机构的增值性需要，充分挖掘交换数据的潜在价值。

四、前景展望

（一）监管意义

1. 理财业务风险动态监测

平台传输数据来自机构通过系统确认的实际业务信息，数据可信度高、时效性强，最适合用于开展实时、动态的统计监测工作。平台可以根据监管部门关注的风险点，设置风险预警指标，并在触发相关预警指标时及时通知机构监管人员，从而为监管部门提供及时有效的风险动态监测服务。

2. 理财登记信息稽核比对

理财登记系统中登记的理财相关信息为机构在业务发生后整理报送的数据，数据处理过程中存在诸多人工环节，实际报送过程中存在一些错误，给数据分析和使用造成了诸多困难。而平台传输的数据为发行机构与销售机构之间真实发生的业务数据，具有时效性强、准确性高的特点。通过平台传输数据与理财登记数据的数据稽核，可以及时发现机构在理财信息登记过程中存在的问题，提高数据有效性。

3. 银行理财资产动态查验

依托平台可信度高、时效性强的理财业务数据，理财中心未来可考虑为投资者提供动态的理财资产查验服务。投资者购买银行理财产品后，销售机构会将申购信息发送至发行机构，发行机构确认后，投资者可通过理财中心相关渠道第一时间查看申购状态以及份额持有情况，有效减少飞单事件的发生。

未来，银保监会还可以参考基金监管现行做法，由资金结算机构向平台交换资金流水信息，实现理财业务信息流和资金流数据的逐一匹配，确保资金流转的全流程公开透明，进一步保护投资者权益。

（二）商业价值

1. 提供理财代销中介服务

由于各家机构和产品的准入门槛不统一，业务流程还不顺畅，无论是代销机构寻找可代销的理财产品，还是发行机构寻找代销渠道都是通过自主对接，尚未有专业的代销专业机构提供代销信息和咨询服务。而未来理财业务发展大概率将呈现"强者恒强、弱者恒弱"的两极分化趋势，大量中小银行可能会放弃理财发行业务，专注于理财产品代销，因此代销中介服务大有可为。平台上线之后，理财中心可以根据掌握的发行机构和代销机构的具体情况，为发行机构推荐合适的产品销售渠道，为销售机构寻找符合其客群需求的产品来源。

在具体服务形式上，除提供业务对接咨询以外，还可以依托平台客户端为机构提供机构评级、代销数据分析及代销后的机构与产品信用风险跟踪等配套功能，为机构提供一站式的服务体验。

2. 实现理财产品集中代销

理财产品逐步完成净值化转型后，开放式净值型产品将成为主流，部分投资者存在批量购买和频繁换仓的客观需要，而当前理财产品的开户和交易方式难以满足。后期取得监管部门产品代销资质后，平台可以通过功能优化升级打造成为银行理财产品的集中代销场所，为需要购买银行理财产品的客户提供一站式开户、批量交易等服务。一方面，基金、信托、券商等机构投资者可以作为首批投资者加入平台；另一方面，这些专业化的投资机构本身也可以提供优质的资产管理产品，进一步丰富平台的可售产品类别。

五、结语

近年来，随着银行理财业务的持续发展和理财监管制度的逐步完善，理财行业的标准也亟待统一。在行业平台的建设和行业标准的制定方面，监管部门对中央结算公司和理财中心寄予了厚望。理财中心在理财信息登记领域深耕多年，有着丰富的行业标准建设经验，又有中央结算公司雄厚的技术实力支撑，在建设平台和制定标准方面具备得天独厚的优势，响应监管号召、解决银行迫切需求势在必行。可以预见，未来平台可以为监管部门、为机构、为投资者提供更为优质全面的服务，发挥金融基础设施职能，促进银行理财市场的繁荣和稳定。

参考文献

［1］中国银行保险监督管理委员会. 商业银行理财业务监督管理办法（银保监会令〔2018〕6号）[S], 2018.

［2］中国银行保险监督管理委员会. 商业银行理财子公司管理办法（银保监会令〔2018〕7号）[S], 2018.

［3］中国银行保险监督管理委员会. 理财公司理财产品销售管理暂行办法（银保监会令〔2021〕4号）[S], 2021.

［4］中国国家标准化管理委员会. 金融服务　金融业通用报文方案　GB/T 27926[S]. 北京：中国标准出版社, 2012.

［5］中国国家标准化管理委员会. 开放式基金业务数据交换协议　GB/T 39595[S]. 北京：中

国标准出版社 , 2021.

［6］中国人民银行 . ISO20022 标准在中国金融业的应用 [J]. 金融电子化 , 2014(6).

［7］钟言 . 中央数据交换平台助力理财市场扬帆远航 [J]. 债券 , 2021.

［8］银行业理财登记托管中心 . 中国银行业理财市场年度报告 (2020 年) [R]. 中国理财网 , 2021.

债券登记托管：基本概念、历史沿革和现实选择

——基于信贷资源配置效率的探讨

冯源　刘爽

摘　要：本文系统梳理了债券登记、债券托管的基本概念和历史沿革，论述了在债券无纸化进程中债券登记、托管趋于集中是必然趋势。在此基础上阐述了中央登记托管制度产生的必然性、优势以及在我国债券市场的具体实践。最后提出政策建议：在多层次债券市场建设和对外开放的新形势下，应坚持以一级托管为主的中央登记托管制度，同时以"中央确权、穿透监管"为原则积极兼容多级托管服务，提升市场多层次服务水平，推动债券市场高质量发展。

关键词：债券登记　一级托管　多级托管　中央登记托管　穿透监管

习近平总书记在 2019 年中共中央政治局第十三次集体学习时指出，要建设一个规范、透明、开放、有活力、有韧性的资本市场，完善资本市场基础性制度。债券登记托管制度是债券市场的重要基础性制度，对保障债券市场安全有效运行至关重要。随着债券市场的发展，债券登记托管制度经历了不

断探索和完善的过程，相关实践也推动了理论的不断进步。理论来源于实践，其发展成熟后又可以指导实践。适时对债券登记、债券托管的基本概念和历史沿革进行系统梳理，健全、完善符合我国现实国情的债券登记托管制度，对债券市场高质量发展具有重要意义。

一、债券登记、债券托管的基本概念

（一）债券登记

债券登记是指登记机构依据法律法规，受债务人委托，以簿记方式记录债券信息，确认债券权属的行为。

"依据法律法规"表明债券登记是一种要式法律行为[①]，具有如下效力：一是登记生效。债券权利以登记作为生效要件，登记是权利变动的基础和依据，债券权利的设立、变更和灭失都在债券登记后发生效力。债券登记结果具有权威性和唯一性，一经产生，即可排除其他人对债券权利的行使。二是公信效力。债券登记由权威机构依据法定或权威的程序作出，社会公众都相信其是真实的、正确的权利状态。债券登记机构应保证登记过户记录的真实、准确和完整。公信力还体现为保护善意第三人，即对于登记内容予以信赖者，法律根据信赖内容赋予法律效果，保护信赖登记的善意第三人的正当权益不被侵害。

"受债务人委托，以簿记方式记录债券信息，确认债券权属的行为"具有以下三层含义：第一层含义是确认债务人身份，即登记机构要求债务人提供一系列授权协议，并对债务人资格进行形式审核。第二层含义是记载债券

---

① 要式法律行为指依据法律规定必须采取一定形式或履行一定程序才能成立的民事法律行为。

要素及权利内容，包括债券基本要素（债券名称、代码、期限和利率等）和债券承销额度，以及债券持有人的权利和债券受押后的担保物权，例如求偿本金的权利、收益权、选择权等。第三层含义是确认债券权利的归属，宣告发行人和持有人之间的债权债务关系，并对债券权利的变动情况进行动态记录和确认，登记在册的债券持有人依法享有债券权利。确认债券权利的归属是债券登记的核心内容，是明确债权债务关系、保障投资者权益的重要途径，也是债券持有人交易债券的基础。债券登记贯穿于债券的全生命周期，只要有债券权属的变化，就有债券登记行为的发生。

（二）债券托管

债券托管是指托管机构接受债券持有人委托，对债券持有人的债券权益进行维护和管理的行为。

债券托管概念源于实物券时代，起初是指中介机构代客户保管纸质实物券的服务。债券托管的本质是一种服务、一种契约行为，自然人或法人参与公开发行债券的投资交易等金融活动，需要通过金融中介机构提供债券权益的管理和资产服务，自然形成了债券托管服务。随着债券无纸化发展，债券托管进一步演变成为债券持有人提供开立账户、维护和管理债券权益等服务。

根据托管层级的不同，债券托管分为一级托管和多级托管。其中，一级托管是指最终投资者以自己的名义将债券托管于中央登记托管机构（Central Securities Depository，CSD），由 CSD 直接管理投资者的债券权益；多级托管是指终端投资者将债券托管于中介机构，中介机构再以自己的名义托管于上一级中介机构，直至CSD，中介机构是其托管债券的名义持有人，终端投资者只能通过中介机构主张债券权利。以上两种托管模式相比较，一级托管具有明显优势：法律关系清晰，投资者权益可以得到有效保障；中间环节少，操作风险小；监管便利，可控性强。而多级托管则存在挪用风险高、增加市场复杂性等问题。多级托管一般有以下特征：名义持有、混同账户和分级参与。其中，名义持有是指实际投资者在中介机构开立债券账户并托管债券，成为债券的受益人，而中介机构作为名义持有人持有债券，债券的所有权与受益权因"名义持有人"制度而分离，中介机构隔断了投资者和发行人之间直接的法律关系，投资者无法直接向发行人主张债券权利。混同账户是指中介机构以自身名义开立账户，混同记录其所有客户（包括次一级中介机构和投资者）的债券，该账户不表明单独客户的具体身份和信息，客观上加大了中介机构挪用客户债券的信用风险。分级参与是指多级托管的账户结构呈多层次的金字塔架构，从最终投资者到发行人之间存在多个持有层次，债券账户体系层层嵌套，投资者的债券权益亦需要层层追溯，增加了复杂性和穿透监管的难度，易产生信用风险和流动性风险，影响金融基础设施的平稳运行。正如《金融市场基础设施原则》指出的："分级安排中固有的依赖关系和风险，会给金融基础设施、市场参与者以及更大范围的金融市场带来风险。"

国际实践中，多级托管模式大多是实物券时期的历史路径依赖所致，并不代表先进经验。在纸质化时代，由于信息技术受限，无法实现由一家机构服务全市场，每个投资者分别选择方便、熟悉的机构开立账户，对实物券进行分散托管，分散托管机构层层叠加，最后收拢到 CSD，形成多级托管。因此多级托管只是历史发展早期因被动选择而逐步形成的固化利益格局，并不具有先进性。实践中已发生大量因次级托管机构有意或无意造成的风险事件，如 2005 年我国交易所回购风波、2008 年美国雷曼公司挪用客户资产、

2011 年美国曼氏金融公司挪用客户保证金等。为克服多级托管模式的固有弊端，已实行多级托管的传统市场纷纷采取补救措施。一些国家建立一级托管制度以满足投资者需求，例如美国的中央托管机构——美国证券存托与清算公司（DTCC）于 1996 年推出直接登记系统 DRS（Direct Registration System），投资者可以直接以电子方式将其持有的证券登记在发行人的投资者持有名册上；还有一些国家和地区（如西班牙）辅以"穿透模式"防范多级托管的风险，即中介机构在 CSD 开立名义持有账户的同时，也必须在 CSD 为客户申请开立明细隔离账户，相应地，CSD 在与次级托管机构总账户完成债券过户交收的同时，也为该托管机构名下客户的二级明细账户办理债券过户交收。

（三）债券登记与债券托管的关系

从概念属性上看，债券登记与债券托管是不同的概念。首先，两者的委托主体不同，债券登记由债务人驱动和主导，债券托管由债权人驱动和主导。其次，两者的权利义务关系不同，债券登记强调债务人和债权人的关系，债券托管强调债权人和托管机构的关系。最后，两者的功能和目的不同，债券登记是一种要式法律行为，其目的在于确权，而债券托管是一种服务，其目的在于确保安全和交易便捷。

从业务逻辑上看，债券登记与债券托管存在内在联系。登记是托管的基础。托管是对债券权益的管理，前提是要确认债券本身的真实性以及债券权属，因此必须依靠登记机构真实、合法的登记信息。此外，在电子化时代，信息技术的支持使得债券登记和托管在实务操作层面的边界逐步模糊，即登记和托管都以电子簿记方式作为实现手段，均表现为对债券账户信息的管理。

二、债券登记托管制度的历史沿革

（一）无纸化改变了债券登记、托管的形式

信息技术的发展使无纸化成为趋势，债券的存在方式从实物形态转变为电子形态。

从债券登记角度看，无纸化使债券登记的重要性日益突出。在实物券时代，债券的纸质凭证是权利载体。当债券发生转让时，对于记名债券，受让人可持有经原持有人背书的债券到发行人处确认债券权属；对于不记名债券，由受让人直接持券确认权属。债券无纸化颠覆了实物券时代的债券登记模式。纸质凭证不再是债券的权利载体，债券权益只能通过登记方式来确认，投资者持有债券、主张权利的依据是登记机构的债券账户上记载的数据信息。债券交收环节也不再需要实物券的交付，只需通过登记机构的簿记系统记录债券权属的转移。债券登记的作用和意义更加凸显。

从债券托管角度看，无纸化改变了传统的债券托管模式。实物券转化为托管账户中的电子簿记内容，托管行为转变为托管机构在电子系统里记录债券的数据信息。保存实物券的动作被最大程度压缩甚至取消，债券托管不再强调对实物券的保管，而更强调对托管账户信息的维护和管理。

（二）债券登记、托管由分散走向集中是历史发展的必然

债券登记在最初是由发行人自行办理的，随着市场发展和交易规模的扩大，产生了由专业登记机构集中办理登记的需求。在西方一些国家和地区，债券登记机构通常由市场公认机构来完成，例如欧清银行和明讯银行。还有一些国家由法律法规授权的机构来完成，例如，根据《银行间债券市场债券

登记托管结算管理办法》（中国人民银行令〔2009〕第 1 号），中央国债登记结算有限责任公司（以下简称"中央结算公司"）是主管部门在银行间市场指定的登记机构。

随着债券的无纸化和非移动化进程，债券托管从极度分散走向高度集中，安全性和效率不断提升，规模经济效益不断增加。20 世纪 60 年代以前，债券以实物券方式流通，且采用分散托管的制度。随着债券交易规模的增加，实物券的交付带来巨大的业务量，超出了债券市场后台的可承受能力，最终导致美国证券市场出现"纸处理危机"。危机推动了中央托管制度的建立，即投资者将债券集中托管在一个托管机构，买卖债券不需要实物交付，仅需中央托管系统的划拨。中央托管因其可以发挥规模效应和网络效应，提升债券市场整体运行效率，已成为国际标准和实践普遍推荐的模式。1989 年，国际专业组织国际 30 人小组（G30）最早提出"建立中央证券托管机构"；2001 年，国际清算银行和国际证券委员会组织发布的《证券结算系统建议》中指出，出于安全与效率的原因，应在可能的最大范围内实现中央托管；通过将托管结算操作集中于单一实体，可以实现规模经济并有效降低成本。

我国债券市场的登记、托管也经历了从分散到集中的过程。市场早期由分散的金融机构办理债券登记并代为保管债券，随着债券发行和交易规模的扩大，分散的登记、托管引发一系列虚假发行、超冒信用、私卖挪用等欺诈行为，酿成严重的金融风险，危害了债券市场乃至整个金融体系的健康有序运行。实践证明，分散的登记、托管不利于市场的安全和效率，我国开始从实践和法律层面推动债券集中的登记、托管。1996 年，中央结算公司成立，实现了银行间市场债券集中的登记、托管。依照《中华人民共和国证券法》，"在证券交易所和国务院批准的其他全国性证券交易场所交易的证券的登记结算，应当采取全国集中统一的运营方式。"债券集中的登记托管制度从法律层面得以确立。

三、坚持和巩固中央登记托管制度

（一）中央登记托管的含义

中央登记托管[①]是指 CSD 依据法律或中央政府部门授权，同时履行对债券的中央登记和中央托管职能，实现债券中央登记和中央托管的一体化。

中央登记托管包含"中央登记"和"中央托管"两个要素。其中，中央登记是指针对某类债券或在某一集中性交易场所，由唯一登记机构依据授权对债券权属进行确认，并维护投资者名册的活动。中央登记的实质是中央确权，而实现中央确权的关键是账户架构。账户体现最终权益，真实反映债券和资金流动，是实现底层穿透的核心环节。中央托管是指由一家托管机构最终接受债券持有人委托，对债券持有人账户及债券相关权益进行集中管理和维护的行为。履行中央托管职能的机构称为中央托管机构。

"中央登记"与"中央托管"一体化是最安全、高效的方式。一方面，债券无纸化使得中央登记和中央托管业务的一体化成为可能。在无纸化时代，电子簿记系统作为债券登记和托管的实现手段，债券账户作为债券权利和义务的载体，债券登记与托管均通过对债券账户信息的维护来实现。另一方面，债券交易（或非交易过户）需要登记和托管紧密联系，以实现债券权益的快速转移。中央登记机构与中央托管机构的分离使得两个机构之间需进

---

① 本文的"中央登记托管"指债券的中央登记托管。

行频繁的数据传输，对债券交易结果的最终确认可能会出现延迟。中央登记和中央托管的一体化使得债券权益的转移、维护和管理仅通过 CSD 的账户体系即可完成，债券交收和变更登记同时发生，有效提升交易结算的安全和效率。

（二）中央登记托管在我国债券市场的实践

我国债券市场的中央登记托管制度因治乱而生。我国债券市场曾因分散托管和缺乏统一登记而经历曲折发展阶段。为扭转混乱局面，国家批准设立中央结算公司，结束了债券分散登记托管的历史，并陆续发布《中华人民共和国国债托管管理暂行办法》（财国债字〔1997〕25 号）、《全国银行间债券市场债券交易管理办法》（中国人民银行令〔2000〕第 2 号）、《银行间债券市场债券登记托管结算管理办法》（中国人民银行令〔2009〕第 1 号）等重要文件，确立了中央登记托管在我国债券管理制度中的基础地位。

中央登记托管在我国债券市场的实践主要体现为"中央登记、一级托管"的业务模式。我国债券市场在建立之初，利用计算机与通信技术迅速发展的契机，汲取国际多级托管的教训，充分发挥后发优势，摒弃多级托管沉疴，建立起"中央登记、一级托管"制度。具体而言，对银行间市场机构投资者，中央结算公司履行中央确权、一级托管职能；对境外投资者，以"全球通"作为入市主渠道，境外投资者直接在中央结算公司开立账户，以"中央确权+结算代理"实现安全与效率的统一；在澳交所（MOX）模式下，境外 CSD 和中央结算公司合作，代投资者在中央结算公司开立明细账户，实现中央登记确权。

中央登记托管制度自建立至今，展示了强大的生命力和适应性，奠定了债券市场健康快速发展的基础。在中央登记托管制度的保驾护航下，我国债券市场迅速成长壮大，目前已成为全球第二大债券市场。事实证明，我国建立中央登记托管制度是充分释放后发优势、符合我国国情的最优实践，是遵循国际规则、世界领先的成功案例。因此，应坚定道路自信、制度自信，始终坚持并不断夯实中央登记托管制度。

（三）坚持以一级托管为主的中央登记托管

"中央登记、一级托管"是中央登记托管的主要体现。坚持中央登记托管，重点是维护一级托管的主体地位。如前文所述，一级托管具有法律关系清晰、穿透性强等特点，与中央登记相结合，可以最大限度兼顾市场安全和效率。在"中央登记、一级托管"制度下，终端投资者可直接向 CSD 主张债券权益，没有混同账户风险，投资者权益可以得到切实保障；监管机构可通过 CSD 直接获取终端投资者交易信息，便于实现审慎监管；债券结算直接通过 CSD 的账户体系完成，中间环节少，债券交易结算效率高，且债券账户和资金账户一一对应，能有效降低中介机构的操作风险。我国市场发展早期就曾通过一级托管制度防范各种挪用客户债券的乱象。以一级托管为主的制度设计凝聚着我国债券市场发展的经验和教训，是监管部门智慧的结晶，并被实践发展证明行之有效、兼具安全性与效率，应坚定不移地贯彻落实。

在当前和未来债券市场政策制定和业务实践中，应充分考虑继承和发扬现有制度优势，敏锐辨识业务实质和利弊得失，避免开历史倒车。例如，个别业务领域拟为投资者开立混同账户，推行多级托管和名义持有。对此应认识到，混同账户、名义持有不利于投资者权益的确认和维护，CSD 不掌握债券交易情况和资金运行情况，客观上加大了名义持有人挪用客户债券、违规操作等风险，不利于市场风险的监测和防范。而且在我国法律环境中，无法充分保护名义持有下的投资者权益。国际上按传统实行多级托管的国家均通过立法明确名义持有下的投资者权益，如德国构造证券共有权（pooled property）概念以支持混同账户，美国创设证券权益（security interest）概念来保证投资人证券权益的实现，法国则采用非分割所有权（undivided property，中介没有实际所有权，所有权归最终投资者）概念。不论何种模式，必须在法律层面如民法典、证券法等法典中清晰界定，而我国没有这样的法律基础。又如，拟在境外机构入市模式中嵌入多级托管。在这种情况下，境内CSD对境外投资者的明细信息不掌握，人民币债券市场离岸化，形成离岸托管、离岸交易和离岸价格，一旦形成尾大不掉的格局，将对我国在岸债券市场的收益率曲线和基准利率形成冲击。再如，拟摒弃国际通行的"前台多元化，后台一体化"格局，搞多后台交叉互联，在不同托管机构间互开名义账户。这实际上增加了业务环节，意味着成本的增加、风险的提高，加大了信息归集难度，加剧信息碎片化，降低了监管效率。

监管部门反复强调底层穿透原则，资管新规也明确规定"单独管理、单独建账、单独核算"，债券市场的业务模式应与此保持一致。一级托管是实现透明持有、穿透监管最简单、最高效、最有力的制度安排，坚持以一级托管为主的中央登记托管是实现监管目标的最优选择。

四、以制度创新兼容债券市场多层次服务

多层次债券市场建设和对外开放的新形势对债券登记托管制度提出了新要求。在坚持一级托管为主的中央登记托管制度的同时，也应考虑到市场上客观存在的多层次服务需求。例如，在债券市场对外开放的大背景下，尽管全球通模式为境外投资者在CSD直接开户提供了便利，并获得大部分境外投资

者的认可，但仍有小部分境外投资者（主要是中小投资者）出于交易和结算的便利，习惯由自己熟悉的境外托管行提供服务。在这种情况下，应着眼于债券市场开放大局，赋予境外投资者自主选择的权利，为投资者提供多级托管业务模式的选项。这要求我们不断进行制度创新，丰富中央登记托管制度的内涵，以"中央登记、穿透式多级托管"作为现行"中央登记、一级托管"主模式的补充，积极兼容可能出现的多级托管。需强调的是，中央登记托管制度所兼容的多级托管，绝不是名义持有、不穿透的多级托管，而是经过制度改良的信息穿透的多级托管，其主要特征是坚持"中央确权"和"穿透监管"。

首先，坚持"中央确权"，无论市场机构如何介入托管业务，债券登记确权职能都应当由 CSD 履行。中央登记确权，意味着所有境外投资者虽然可通过各类中介机构开展投资和交易，但其需要在 CSD 开立明细债券账户。当发生债券业务纠纷时，应由掌握真实确权信息的 CSD 提供判断依据。换言之，在 CSD 系统中准确记载的投资人账务信息，是判断相关权责的最终标准。

其次，坚持"穿透监管"，CSD 要能够完全掌握实际投资者的明细数据和账务信息，实现对债券和资金实时监测，并将监测情况及时上报监管机构。"穿透监管"是落实中央关于"发展穿透式监管新技术"以及资管新规"单独管理、单独建账、单独核算"精神的客观要求，是防范债券市场对外开放过程中各类金融风险的必要之举，也是积极应对多级托管制度调整的有效措施。前文已述及，债券多级托管存在多种弊端，给债券市场带来潜在风险，因此在对外开放中若不得不嵌入多级托管的制度安排，则必须坚持穿透监管，在登记结算环节为持有和交易提供底层穿透。具体可作如下制度安排：一是 CSD 在为托管行开设代理总账户的同时，也为托管行代理的每个终端投资者开立单独的债券账户，直接管理投资者权益，以直接的账户基础消除误报和欺诈风险，无论中间有多少层级托管机构，CSD 的账簿都可以准确记载每个终端投资者的明细数据。二是由 CSD 向终端投资者提供债券券款对付（DVP）结算服务。其中，交易双方通过交易平台达成交易的，CSD 通过与交易前台之间的直通式处理（STP）接收成交数据并形成结算指令；交易双方在场外直接达成交易的，终端投资者通过托管行直接向 CSD 发送相关结算指令，结算指令应包含终端投资者账户信息。三是 CSD 为终端投资者提供实时查询或对账服务。托管行或其他机构所提供数据与 CSD 数据不一致时，以 CSD 数据为准。

"中央确权、穿透监管"是中央登记托管制度的精髓，是多层次债券市场建设应秉承的基本原则，也是在债券市场积极贯彻中央防控金融风险、深化金融改革精神的必然选择。结合市场发展实际需要，积极兼容以信息穿透为前提的多级托管，必须以"中央确权、穿透监管"为准绳。一方面，依托安全高效的中央登记托管服务体系，消弭多级托管不穿透、不安全的风险；另一方面，通过分工协作、合作共赢的制度安排，推动具体服务链条下沉延伸，发挥托管行积极性，为各类市场参与者提供多层次、差异化、互补性服务，满足因多元化市场主体和交易机制产生的多元化服务需求，持续提升多层次债券市场建设水平，推动债券市场高质量发展。

参考文献

[1]Loader D. Clearing, Settlement and Custody [M].Elsevier, 2014.

[2]刘戈 . 证券登记结算制度中的法律问题研究 [D]. 长春 : 吉林大学 , 2010.

［3］欧阳富.证券登记结算制度研究[D].上海：华东政法大学，2013.

［4］王瑞贺.中华人民共和国证券法释义[M].北京：法律出版社，2020.

［5］张保红.我国证券登记结算制度的缺陷及重构——兼论《中华人民共和国证券法》第七章的修订[J].法商研究，2014, 031(002): 108-116.

［6］张国平.中国证券登记结算制度研究[M].广州：中山大学出版社，2021.

［7］支付结算体系委员会，国际清算银行和国际证监会组织技术委员会.金融市场基础设施原则[M].北京：中国金融出版社，2013.

美国证券市场登记托管制度的历史演变与思考

马隽卿　　张楚韵　　徐昱程　　刘昕畅

摘　要: 本文系统梳理美国证券市场证券登记托管制度的历史演变,从登记、存管、托管、结算、清算五条线索探索归纳美国证券市场向中央存管、中央登记、后台一体化制度转化的整体趋势,并介绍目前美国证券市场登记托管体系现状,最终根据上述研究得出结论及对我国证券市场发展的启示,阐述"中央确权、穿透监管、多级服务、合作共赢"为核心思想的"中债方案"的内涵与外延。

关键词: 美国　证券市场　登记托管制度　历史演变

随着信息技术的发展,传统以实物证券为载体的证券登记体系,已转变为以非实物形态证券为载体的电子簿记系统。业务形态的发展,引致证券登记托管制度,乃至整个证券市场后台体系的大规模变化。因此,本文针对美国证券市场证券登记托管制度的历史演变进行梳理,进而为我国证券市场可持续发展提供借鉴。

一、美国证券市场登记托管制度的历史演变

（一）证券登记、托管与清结算概念的起源

美国证券市场最早起源于欧洲投资人对美国殖民地的证券投资，此时证券（Securities）的发行、交易都集中于欧洲，发生于 1719 至 1720 年间的著名金融危机"密西西比泡沫"即法国投资人过度炒作美国密西西比公司股票所引发。美国证券市场的转移至美国本土则需追溯至 1775 至 1783 年美国独立战争带来的政府债务融资需求，当时为满足政府证券的交易需求，纽约、费城、波士顿的证券市场开始兴起，并逐步建立相应交易所。但在当时，由于缺乏电报等便捷的信息传递方式，美国各地的证券交易市场相互之间较为独立，但在历史长河中，纽约证券交易所一直是美国最重要的证券交易所。

表 1　美国主要证券交易所成立时间

交易所	地点	成立时间
纽约证券交易所（NYSE）	纽约州（纽约）	1792 年
费城证券交易所（PHLX）	宾夕法尼亚州（费城）	1790 年
波士顿证券交易所（BSE）	马萨诸塞州（波士顿）	1834 年
巴尔的摩交易所（BSE）	马里兰州（巴尔的摩）	1838 年
芝加哥交易所（CME）	伊利诺伊州（芝加哥）	1848 年
匹兹堡证券交易所（PSE）	宾夕法尼亚州（匹兹堡）	1864 年
太平洋沿岸证券交易所（PCX）	加利福尼亚州（旧金山）	1882 年
中西部证券交易所（MSE）	伊利诺伊州（芝加哥）	1882 你
辛辛那提国民证券交易所（CSE）	俄亥俄州（辛辛那提）	1885 年
斯波坎证券交易所（SSE）	华盛顿州（斯波坎）	1897 年
底特律证券交易所（DSE）	密歇根州（底特律）	1907 年
盐湖城证券交易所（SLSE）	犹他州（盐湖城）	1908 年
美国证券交易所（AMEX）	纽约州（纽约）	1921 年

美国 1812 年战争后，由于基础设施建设、工商业发展带来的巨大融资需求，加之电报的诞生与应用促进了各地证券市场之间的交流，美国证券市场进一步发展繁荣。此时证券交易依托于纸质证券进行确权，相关证券记账（Record）工作由证券发行人（Issuer）承担，处理原有证券的注销和新证券的签发、证券分红、付息兑付等事宜；证券公司（Broker-Dealer）也伴随需求诞生，协助证券持有人处理证券交易、证券托管（Custody/Safekeeping）和税收处理工作，此外大型证券公司也为小型证券公司提供类似服务，形成多级服务的层层体系，后续银行开始提供单独的证券保管服务。1861 至 1865 年美国南北战争后，不断增长的证券交易量进一步催生了过户代理人（Transfer Agent）和证券清算所（Clearing House）的出现，过户代理人帮助发行人处理证券凭证发行和证券交易记账事务，并交由发行人指定的登记员（Registrar）进行确认；清算所[①] 对证券公司的交易合约进行净额轧差（Net）并处理交割事务。

总结而言，在这一阶段登记（Register）、托管（Custody）、清算（Clearing/Clearance）、结算（Settlement）等概念的雏形及相应服务机构均已在美国出现。登记，即发行人通过登记对证券的发行与转让进行记账，过户代理人帮助发行人进行登记工作。托管，即证券公司或银行等托管机构协助证券拥有者保管证券的工作。清算、结算两个概念诞生并相互混用，主要描述证券公司、清算所等机构提供包括净额轧差、资金划转、证券交付等一系列证券交易后流程（Post Trade Process）服务。

（二）全美统一证券市场的形成及注册概念的诞生

1900 年左右，美国证券市场极为混乱，当时的人嘲讽："如不加以管

---

① 清算所（Clearing House）这一概念似乎是英国发明的，并在后期才被介绍到美国。

理，总有一天连蓝天也要被人出售"，因而后续各州制定的州证券管理法均被称为《蓝天法》。1911 年堪萨斯州颁布了第一部《蓝天法》，要求投资银行（Investment Bank）和证券公司（Brokerage Firm）进行注册（Register），而非要求发行人进行注册，随后各州纷纷效仿颁布《蓝天法》，但《蓝天法》对于证券市场的管理依旧有限。

1929 年美国股市崩盘及后续大萧条的发生进一步引发了对证券市场监管的思考。为规范美国证券市场，20 世纪 30 年代颁布《1933 年证券法》[1]和《1934 年证券交易法》[2]，设立美国证券交易委员会（SEC）负责证券监督和管理工作，并要求证券必须在证券交易所（Exchange）进行注册，证券交易所、证券公司必须在 SEC 注册。20 世纪 40 年代颁布《1940 年投资顾问法》[3]和《1940 年投资公司法》[4]，要求投资公司（如共同基金、信托等）持有的证券必须在银行（Bank）或信托受托人（Trustee）处托管（Custody）[5]，即证券公司不得托管投资公司持有的证券。通过一系列证券市场重要法律，美国逐步形成全美统一的证券市场监管制度，全美统一的证券市场也依托监管逐步整合诞生。

总结而言，在这一阶段美国加强了对于证券市场的监管。此外，在这一阶段清算、结算、托管的概念并未发生本质变化。此外，与登记（Register）英文一致、经常混淆的注册（Register）概念开始出现，注册指证券、证券交易所、证券公司等向 SEC 提交材料并由 SEC 确认的过程，而登记则指证券发行人

---

[1] *Securities Act of 1933.*

[2] *Securities Exchange Act of 1934.*

[3] *Investment Adviser Act of 1940.*

[4] *Investment Company Act of 1940.*

[5]《1940 年投资公司法》将托管人的职责分为保管（Custody）和监督，且分别由保管人（Custodian）、独立董事（Director）承担，由投资顾问（Investment Adviser）将客户财产托管于保管人。

通过登记对证券的发行与转让进行记账的过程，两者内涵具有本质区别。

（三）文书危机的爆发及存管概念的诞生

1964 至 1968 年间，随着美国经济的快速发展、全美统一证券市场的形成，加之欧洲美元债券市场的兴起，美国证券市场规模和交易量激增，纽约证券交易所平均日交易量在 5 年间增长了 265%。增长的交易量导致证券公司通过人工处理纸质证券交收的工作量和难度陡增[1]，引发交收指令无法识别、交收失败、交收延迟、错误交易、证券丢失、证券息票丢失、无法实时更新登记证券记账等一系列问题，最终于 1967 至 1970 年间爆发了严重的"文书危机（Paperwork Crisis）"[2]。在"文书危机"时期，纽约证券交易所不得不将闭市时间提前数小时，甚至每周三暂停交易，以便让后台赶工完成巨大的文书工作量，纽约证券交易所还牵头成立特别信托基金挽救因证券交割失败损失而濒临破产的证券公司，但这些举措都无济于事。据估计，"文书危机"期间因证券交割失败导致的损失达到 40 亿美元，并造成这一时期约 160 个纽交所会员证券公司永久性倒闭、合并或申请破产[3]。

"文书危机"爆发后，各方均认可纸质实物证券的交收是危机爆发的根源，需减少证券的实物转移，并以簿记系统记录取代纸质证券交付。当时，SEC 和证券行业面临两种证券登记托管模式的选择。第一种模型为"过户代理人存管（Transfer Agent Depository）"模型，即建立一个由连接各发行人的过户代理人去中心化网络实现证券的直接持有，但也需要同步实现证券的完

---

[1] 当时有报道称，交易相关的纸质证券和相关文件"堆到了办公室天花板"。

[2] 亦称"纽约结算危机"（New York Settlement Crisis）。

[3] WOLKOFF, NEAL L, WERNER, JASON B. The History of Regulation of Clearing in the Securities and Futures Markets, and Its Impaction Competition[J]. Annual Review of Banking & Financial Law, 2010.

全无纸化。第二种模型为"中央存管（Centralized Depository）"模型[1]，即建立一个集中的存管机构实现证券非移动化，中央存管机构以其代名登记于过户代理人处[2]，这一模型还可以配套名义持有[3]制度减少证券交收量，即投资者不以自己名义，而是以证券公司或托管银行的名义在中央存管机构簿记，并通过证券权益（Security Entitlement）[4]保障证券实际持有人的利益。

经过多方利益的斗争和平衡，尤其是经纪商和托管银行为其利益进行的斗争，SEC和美国证券行业最终选择第二种模型，即"中央存管模型"以消除证券的纸质交割，以便在当时较为落后的技术水平下保障系统稳定性，并通过中央化设计进一步强化纽约的金融中心地位、尽可能减少美国各州法律的修改，证券公司和托管银行在这一安排下也可享有更大的业务开展空间。1971年SEC《证券公司不安全和不健全做法研究》[5]和《机构投资者调查》[6]明确提出建立一个单一的全国性证券结算和交付系统处理大量交易产生的文书，实现证券业系统现代化。《1975年证券交易法修正案》[7]进

---

[1] 中央化的存管机构（Centralized Depository）的概念来自欧洲，其实欧洲早在1882年就有对股票进行存管的实践。美国纽约证券交易所（NYSE）也于1968年创建了中央凭证服务（CCS），该系统是CSD的雏形，但这个系统开发得不够好，没能缓解文书危机。

[2] 如DTC以其代名"Cede&Co."登记于证券持有人名册，比较特殊，这意味着DTC参与人之间、DTC参与人下端链条的所有"证券权益"变动均不会导致证券持有人名册的变动。据了解，业务实践中，DTC日终仍会报送参与人层面的信息。

[3] 名义持有，即"街名（Street Name）"持有，指投资者不以自己名义，而是以证券公司或托管银行等中介机构的名义登记于名册。中央存管机构的簿记仅限于其参与人（证券公司、托管银行）层面，参与人以下层面的投资者仍然需通过中介机构完成证券的清算和结算，其账户记录也由相应的中介机构维护。此外，由于美国特有的过户代理人制度，美国中央存管机构DTC以其代名"Cede&Co."登记于过户代理人处的证券持有人名册，但在业务实践中，DTC日终仍会向过户代理人报送参与人层面的信息。

[4] 在证券权益（Security Entitlement）模式下，每个证券账户持有人享有相对于其相关中介人的证券权益（即针对中介人及由其持有的证券的一揽子特定权利），换言之，在中央存管机构之下的每层中介人享有证券权益，但不能直接针对发行人行使证券上附属的经济权利或其他权利。中介人有义务将证券权益传递并代表权益所有人行使证券权益。持有链条末端的投资者，享有对抗相关中介人的证券权益，并通过该中介人而非其他中介人行使。

[5] *Study of Unsafe and Unsound Practices of Brokers and Dealers.*

[6] *Institutional Investor Study Report.*

[7] *Securities Exchange Acts Amendments of 1975.*

一步将上述结果以法律的形式进行确认，修正案新增"国家证券交易清算与结算系统"一节，要求 SEC 行使其职权，"推动建立一个迅速、准确地清算和结算证券交易的全国性系统"，并赋予 SEC 综合监管上述清算代理人（Clearing Agencies）机构的权力，即监管清算机构、结算机构、存管机构等。

总结而言，在这一阶段为解决日益增长的证券交易量带来的"文书危机"，美国选择建立中央存管机构以消除证券的纸质交割，存管（Depository）的概念因中央存管机构的诞生，开始从托管中独立出来。存管，即中央存管机构提供证券账户和集中保管服务；托管，即证券公司或银行等托管机构协助证券拥有者保管证券的工作，两者内涵的本质区别就在于提供服务机构是中央存管机构还是证券公司或银行等中介机构，后续也将中央存管机构直接为终端投资者服务的称为一级托管、中央存管机构和托管机构共同为终端投资者服务的称为多级托管。同时，清算和结算的含义开始分化，证券交易的处理多倾向采用结算进行表述，涉及承担证券交易处理职能的机构多倾向采用清算进行表述。

（四）电子信息技术进步与证券市场后台一体化

20 世纪 70 年代后期，随着电子信息技术的蓬勃发展，推动证券市场后台一体化成为历史趋势，美国证券市场也通过后台一体化大幅提升了美国交易后领域的效率，降低成本、实现市场统一。70 年代 SEC 的一项研究就表明，美国境内 7 个后台系统进行连接可降低 9.7% 的成本，维持 3 个系统并相互连接可降低 32.7% 的成本，合并成 1 个系统可降低 63.5% 的成本 [1]。

美国证券市场后台一体化可大致分为清算机构和存管机构的内部整合阶段，及清算机构和存管机构联合整合两个阶段。

---

[1] Integration of securities market infrastructure in the Euro area, ECB.

清算机构内部整合方面，1975 年，美国证券市场存在多家清算机构。[①]
其中纽约证券交易所（NYSE）旗下的证券清算公司（SCC）和美国证券交易
所（AMEX）旗下的美国证券交易清算公司（ASECC）占据着全国股票交易清
算份额的近 73%。全国证券交易商协会（NASD）旗下的国家清算公司（NCC）
占 12%，各大型地区交易所旗下的清算所[②]占剩下 15%。1977 年，SCC、
ASECC、NCC 等清算机构合并成立国家证券清算公司（NSCC），标志着清算
机构的整合基本完成。后续 NSCC 还于 2003 年整合 MBSCC 设立固定收益结
算公司（FICC），为美国政府债券与联邦支持机构债券提供清算服务。

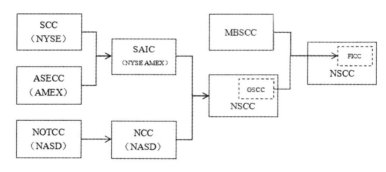

图 1　美国清算机构一体化演变示意图

存管机构内部整合方面，1975 年，美国证券市场存在 7 家存管机构，包
括由纽约证券交易所旗下中央凭证服务（CCS）转化而来的美国存管信托公
司（DTC）、中西部证券信托公司（MSTC）、太平洋证券存管信托公司
（PSDTC）、费城存管信托公司（PHILADEP）、新英格兰证券存管信托公司

---

①WOLKOFF, NEAL L, WERNER, JASON B. The History of Regulation of Clearing in the Securities and
Futures Markets, and Its Impaction Competition[J]. Annual Review of Banking & Financial Law, 2010.
② 包括波士顿股票交易所运行的波士顿股票交易所清算公司（Boston Stock Exchange Clearing
Corporation）、中西部股票交易所运行的中西部清算公司（Midwest Clearing Corporation）、太平洋股票交
易所运行的太平洋清算公司（Pacific Clearing Corporation）、费城股票交易所运行的费城股票清算公司
（Stock Clearing Corporation of Philadelphia）、期权清算公司（Options Clearing Corporation）等。

（NESDTC）、过户代理人存管公司（TAD Depository）[①] 等。在后续一体化浪潮中，DTC通过与其他存管机构建立互联逐步巩固其垄断权，形成自然垄断：1983 年 NESDTC 已成为 DTC 的参加会员，实质并未建立存管系统，PSDTC于 1987 年关闭并将所有存管证券移交 DTC，MSTC 于 1995 年被关闭并被出售给 DTC，PHILADEP 于 1997 年与 DTC 签订协议并关闭业务，此外 TAD Depository 于 1983 年关闭。至此，除美国政府债券 [②] 由美联储转移大额付款证券系统（Fedwire Securities）担任存管机构外，美国存管机构仅存 DTC 一家，形成自然垄断。

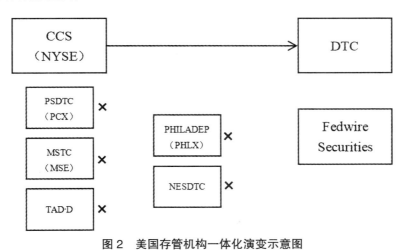

图 2 美国存管机构一体化演变示意图

清算机构和存管机构联合整合方面，1999 年，美国存管信托公司（DTC）和国家证券清算公司（NSCC）合并成立美国证券存管清算公司（Depository

---

① 包括波士顿股票交易所（BSE）旗下新英格兰证券存管信托公司（NESDTC, New England Securities Depository Trust Company）、费城证券交易所（PHLX）旗下的费城存管信托公司（PHILADEP, the Philadelphia Depository Trust Company）、太平洋证券交易所（PSE）旗下的太平洋证券信托公司（PSDTC, Pacific Securities Depository Trust Company）、中西部证券交易所（MSE, 现芝加哥交易所集团）旗下的中西部证券信托公司（Midwest Securities Trust Company, MSTC）。

② 美国政府债券包括美国国债（Treasury），以及联邦政府机构、联邦支持企业和国际组织发行的证券。

Trust and Clearing Corporation，DTCC）成立，标志着美国后台一体化进程基本完成。至此，美国证券市场结构包括存在竞争关系的证券交易所、证券公司、过户代理人、托管机构等；用于确保市场信息可以公平合理公开的交易平台；以及集中统一的中央证券存管机构和清算机构为全国性证券市场服务。

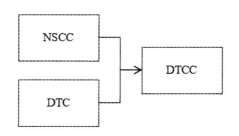

图3　美国清算存管机构一体化演变示意图

总结而言，在这一阶段，美国证券市场后台一体化进程基本完成，登记、存管、托管、清算、结算的概念逐渐分离并明晰稳定。此外，结算与清算的概念发生变化并逐步分离明晰，结算更多指代证券交易后处理的整个环节，而清算则更多指代结算环节中计算资金和证券交付数额的过程；但不可忽视的是由于各国证券市场中路径依赖的影响，实务中结算与清算概念仍有所交叉，尤其是在描述结算机构、清算机构方面混用较为普遍。

（五）证券市场后台风险事件频发与降低风险的努力

新世纪，美国证券市场后台风险事件持续频发，给证券投资人带来较大损失，其原因主要有三个方面，一是美国证券市场后台的名义持有制度导致结算层级过多、结算效率低下，直至今日美国结算周期也以T+2为主[①]，增

---

① 美国结算周期缩短的进程极为缓慢，从一开始的T+14，到1995年改成T+3，2017年改为T+2，2023年改为T+1。与之对比的是，中国证券市场从20世纪90年代的诞生初期，就以T+0和T+1结算周期为主流，其中中国银行间债券市场以T+0双边全额实时结算为主流；交易所股票市场和债券市场以T+1为主流。

加相关结算失败风险;二是美国证券市场后台的名义持有制度导致客户结算资金与证券公司自有资金无法确保有效隔离,导致证券公司破产后易引发结算秩序紊乱,同时也给证券公司挪用客户资产提供便利;三是美国证券市场后台的名义持有制度导致清结算机构必须对证券公司征收大量结算保证金以保障在证券公司破产的情况下维持结算有序,资金利用效率低下。

近年来较为典型风险事件有三个案例。一是2008年全球金融危机期间,DTCC要求雷曼兄弟支付的巨额结算保证金加速了雷曼兄弟的破产,雷曼兄弟破产后,其托管并名义持有的客户资产被连带清算,导致其客户资产直至2014年才在SIPC的协助下被清算完毕并全额返还。二是2011年欧洲主权债务危机期间,曼氏金融挪用客户资产弥补自营业务,破产后导致客户资产受损,直至2016年曼氏金融客户的资产才被清算完毕并返还客户。三是2021年,因游戏驿站(GME)等股票价格的大幅波动,DTCC要求Robinhood在提供客户的结算资金外,进一步提供大量结算保证金以保障Robinhood完成证券交割。Robinhood因无力支付DTCC对其的天量结算保证金要求,不得不关闭客户对于GME等股票的交易权限,引发市场震动。

风险事件的频发促使DTCC等美国证券市场后台机构致力于通过缩短证券清结算流程以降低证券市场后台风险和降低保证金需求。美国证券市场后台于1995年推动结算周期缩短至T+3,2017年进一步缩短结算周期至T+2,2023年将结算周期缩短至T+1。但是,在未改变名义持有制度这一根本风险点的情况下,缩短结算周期的努力难以降低风险事件的发生。因此,DTCC于1996年推出直接持有、风险隔离的直接登记系统(DRS),助力美国证券市场后台进一步改革优化。

二、美国证券市场登记托管体系现状

美国证券市场的登记托管体系由登记机构、存管机构、托管机构、清结算机构等共同组成。

（一）登记机构

登记即发行人通过登记对证券的发行与转让进行记账，过户代理人（Transfer Agent）作为登记机构帮助发行人进行登记工作并管理证券持有人名册，包括登记证券的发行、证券的转让、证券的转换等。"过户代理人"作为单独的机构类型由 SEC 进行管理。目前美国证券市场上的主要登记机构及其市场规模占比如图 4 所示，可知证券登记行业作为自由竞争市场仍形成了较高的市场集中度，体现出证券登记行业一定的自然垄断特征。

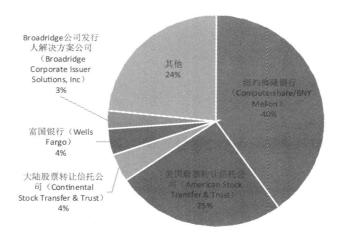

图 4　美国各主要过户代理人管理证券规模市场份额（2019 年）①

---

① 数据来源：https://blog.auditanalytics.com/2019-transfer-agent-market-share。

（二）存管机构

存管即中央存管机构提供证券账户和集中保管服务。由于存管机构同时负责清结算环节的证券交付工作，即提供清算、结算服务，故存管机构以"清算代理人（Clearing Agencies）"的身份由 SEC 管理。目前美国证券市场上的主要存管机构及其市场规模占比如图 5 所示，其中，美国证券存管清算公司（DTCC）的子公司美国存管信托公司（DTC）和美联储电报系统证券服务系统（Fedwire Securities Service，存管美国国债）占据了美国存管机构的绝大部分市场份额。存管行业的高度集中，既有 SEC 出于降低证券市场总体成本的考虑进行的推动，也是存管行业具有的自然垄断特性导致的自然结果。

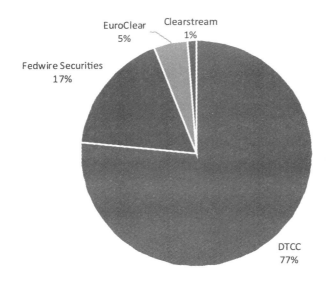

图 5 美国各主要中央证券存管机构存管证券规模市场份额（2019 年）[①]

① 数据来源：DTCC、EuroClear、Clearstream 年报估算以及美联储官网，数据截至 2019 年。美国市场中，2019 年 DTCC 存管证券规模达 80.8 万亿美元（股票和债券），占比约为 81.4%，Fedwire 存管证券规模达 18.5 万亿美元（联邦政府债券和联邦机构债券），占比约为 18.6%。据估算，欧清在美国的存管证券规模达 5.0 万亿美元，明讯在美国的存管证券规模达 1.29 万亿美元。

（三）托管机构

托管即证券公司或银行等托管机构协助证券拥有者保管证券等服务。托管机构可分为证券公司类和银行类托管机构两种，证券公司类托管机构一般提供证券托管、交易执行、融资融券、投资顾问等一揽子服务，但证券公司破产风险也较高，银行类托管一般提供单独的证券托管服务而非一揽子服务，但安全性较高。SEC 对所有托管机构以合格托管人身份进行管理，此外受《1940 年投资公司法》限制，证券公司不得为基金持有的证券提供托管服务，而银行不受这一限制。证券公司类托管机构还因其证券公司身份受《1934 年证券交易法》及 SEC、美国金融业监管局 [1] 等的管理，美国证券投资者保护公司（SPIC）为证券公司持有的客户证券提供保险；银行类托管机构还因其银行身份受到美国财政部货币监理署 [2]、联邦储备委员会 [3]、美国消费者金融保护局 [4] 等的监管。目前美国证券市场上的主要证券公司类和银行类托管机构及其市场规模占比如图 6、图 7 所示，据估算 2019 年美国前 15 家证券公司托管证券总规模达 11.61 万亿美元；2014 年全球托管银行全球托管总规模达 133.7 万亿美元，证券公司和托管银行共同构成了美国证券托管行业的两根支柱。

---

[1] 美国金融业监管局 Financial Industry Regulatory Authority，FINRA。
[2] 美国财政部货币监理署 Office of the Comptroller of the Currency，OCC。
[3] 美国联邦储备委员会 Federal Reserve Board。
[4] 美国消费者金融保护局 Consumer Financial Protection Bureau。

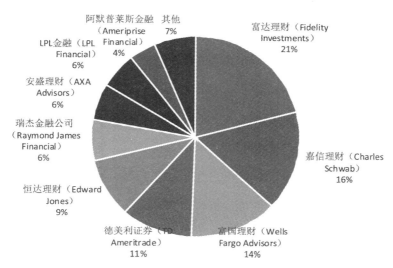

图 6　美国前 15 家主要经济交易商托管证券规模市场占比(2020 年)①

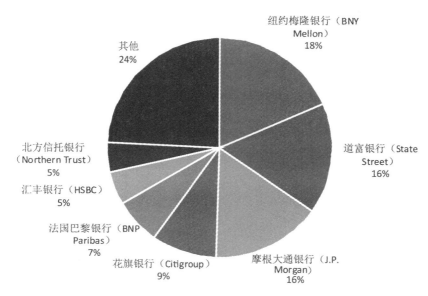

图 7　世界各主要托管银行托管证券及基金规模市场份额(2016 年)②

---

① 数据来源：Financial Industry Regulatory Authority(FINRA)，统计口径为管理资产规模 AUM (Asset Under Management)，数据截至 2019 年。

② 数据来源：DTCC、OCC、ICE 年报估算。统计口径为托管资产规模 AUC (Asset Under Custody)，数据截至 2014 年。

（四）清算机构、结算机构

结算环节包括清算、资金交收与证券交付，清算指提供计算资金和证券交付数额的服务。清算环节主要由清算机构支持完成，资金交收与证券交付环节主要由支付系统、存管机构共同支持完成，即清算机构、支付系统、存管机构共同履行结算机构的职能。故在美国，除被豁免的支付系统外，清算机构与存管机构共同以"清算代理人"身份由 SEC 进行管理。

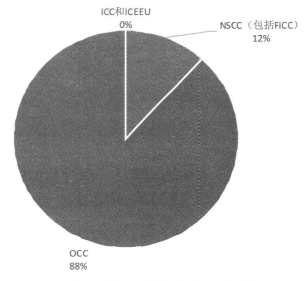

图 8　美国各主要清算机构清算笔数市场份额[①]

目前美国证券市场清算机构呈现典型的根据证券类型进行分割的特质，不同清算机构为不同类型的证券提供清算服务。如 NSCC 为股票、债券、ETF 等提供清算服务，NSCC 旗下的 FICC 为政府债券、类政府债券等提供清算服务；OCC 为股票衍生品提供清算服务；ICC 与 ICEEU 为信用违约掉期 CDS 等提供清算服务，即单种类证券清算行业也体现出一定的自然垄断

——————————

① 数据来源：DTCC、OCC、ICE 年报估算，数据口径为清算笔数，数据截至 2019 年。2019 年 NSCC 清算规模达 6.54 亿笔，2019 年 OCC 清算规模达 49 亿笔。

特征。其中，OCC 因为美国股票衍生品交易的频繁性，其清算规模在同类机构中为最大。

三、总结与启示

（一）中央存管、后台一体化是证券市场后台发展趋势

总结而言，在证券市场发展初期，由于技术条件所限，证券多使用纸质实物，并采用名义持有、多级托管制度实现证券的非移动化，以保障证券市场的平稳运行。但随着技术的不断进步，尤其是电子信息技术的普遍应用，使得中央存管、后台一体化正日益成为各国债券市场发展普遍性规律和趋势，具有显著的安全与效率优势，因而得到广泛关注与重视，证券市场向更具效率和安全性优势的证券无纸化、中央存管、统一后台制度发展。

美国证券市场发展也遵循了相类似的规律，在美国证券市场发展初期，为减少纸质证券的交付，美国证券市场衍生出证券名义持有、多级托管安排，即投资者不以自己名义而以证券公司或托管银行等中介机构的名义登记于名册，并由中介机构完成证券的清算、结算及账户记录的维护。20 世纪 70 年代，为满足不断增长的证券结算需求，证券开始逐步非移动化，并建立了中央存管机构，但受限于当时自动化与电子信息技术水平较为原始，仍必须采用名义持有安排以减少中央存管机构的证券清算、结算及账户记录维护的压力。直到今日，即使在自动化与电子信息技术水平已较为发达，中央存管机构已能够完全承担证券直接持有的当下，由于前期利益格局固化形成的路径依赖，美国仍沿用多级托管制度，给美国证券市场带来多重风险，严重阻碍了美国证券市场安全与效率的提升，雷曼兄弟、曼氏金融、罗宾汉证券的风险事件皆因名义持有制度引发。

（二）美国证券市场实践经验的启示

美国证券市场的实践经验的启示主要可归纳为三点：一是坚持中央存管机构中央登记确权、直接持有，服务穿透监管。中央证券存管机构实行中央登记、直接持有具有显著安全与效率优势，可为穿透监管提供有力保障。二是持续推进证券市场后台一体化。后台一体化是统一证券市场的内在要求，已成为各国普遍发展趋势，后台一体化建设有助于从根本上解决中国证券市场分割问题，通过统一后台对应境外证券市场的多元化交易前台。三是完善多级服务体系，优化可持续发展生态。中央证券存管机构与托管中介机构共同打造证券市场完整服务产业链，以充分保障市场安全与效率，从而推动市场的可持续发展。中国基于后发优势，快速进入债券全面无纸化时代，确立了一级托管的制度基石，一级托管也成为银行间债券市场 20 年健康发展的基础制度和成功经验，建立符合历史发展趋势和中国现实国情，又对接国际管理的证券市场登记托管制度"中国方案"。

中央结算公司作为中国重要金融基础设施，在证券市场登记托管制度方面创新提出"中央确权、穿透监管、多级服务、合作共赢"的"中债方案"。中债方案是一把钥匙，既适用于国内市场，也适用于境外机构，既具有中国特色，又兼容国际惯例的债券账户和服务模式，支撑债券市场多层次服务体系建设。"中央确权"，即由中央存管机构进行证券权属的确认；"穿透监管"，即监管部门可获得穿透至底层的证券持有情况；"多级服务"，即为市场各方参与者提供多层级的、多样化的丰富服务；"合作共赢"，即市场各方参与者之间分享服务收益。

参考文献

［1］Wolkoff N L, Werner J B. The History of Regulation of Clearing in the Securities and Futures Markets, and Its Impact on Competition[J]. Rev. Banking & Fin. L., 2010, 30: 313.

［2］Awrey D, Macey J. Open Access, Interoperability, and the DTCC's Unexpected Path to Monopoly[J]. Interoperability, and the DTCC's Unexpected Path to Monopoly (July 12, 2021), 2021.

［3］Schmiedel H, Schönenberger A. Integration of Securities Market Infrastructures in the Euro Area[J]. ECB Occasional Paper, 2005 (33).

［4］US Securities. Institutional Investor Study Report of the Securities and Exchange Commission[M]. US Government Printing Office, 1971.

［5］Securities V S A, Exchange Commission. Study of Unsafe and Unsound Practices of Brokers and Dealers: Report and Recommendations of the Securities and Exchange Commission (Pursuant to Section 11 (H) of the Securities Investor Protection Act of 1970)[M]. US Government Printing Office, 1971.

［6］Securities U S. Securities Exchange Act of 1934[J]. Retrieved May, 1934, 23: 2012.

［7］Norman P. Plumbers and Visionaries: Securities Settlement and Europe's Financial Market[M]. John Wiley & Sons, 2008.

［8］Markham J W. A Financial History of the United States: (2002–2011)[M]. Routledge, 2002–2011.

［9］SEC Transfer Agent Regulations；Proposed Rules[R]. SEC Website, 2015.

附录 1：美国证券市场登记托管制度演变大事年表

时间	事件
1792 年	纽约证券交易所（NYSE）成立，标志着美国证券市场的建立
1911—1933年	美国各州逐步颁布各州《证券法》（也称《蓝天法》Blue-sky Laws），第一个蓝天法由堪萨斯州于 1911 年制定，截至 1933 年全美除内华达州外，其余各州均制定了蓝天法
1920 年	证券清算公司（Stock Clearing Corporation, SCC）由纽约证券交易所（NYSE）设立，提供清算服务
1933 年	时任美国总统小罗斯福签署生效《1933 年证券法》（Securities Act of 1933），建立了以信息披露制度为基础的证券注册制管理
1934 年	时任美国总统小罗斯福签署生效《1934 年证券交易法》（Securities Exchange Act of 1934），建立了全美统一的证券市场，美国证券交易委员会（United States Securities and Exchange Commission, SEC）也据此设立
1940 年	时任美国总统小罗斯福签署生效《1940 年投资公司法》（Investment Company Act of 1940），对于投资基金进行管理
1940 年	时任美国总统小罗斯福签署生效《1940 年投资顾问法》（Investment Advisers Act of 1940），对提供投资顾问服务的个人进行管理
1956 年	时任美国总统艾森豪威尔签署生效《统一证券法》（Uniform Securities Act），成为各州《证券法》（也称《蓝天法》）的参考文本
1961 年	全国柜台市场清算公司（National OTC Clearing Corporation, NOTCC）由全国证券交易商协会（NASD）设立，为柜台市场提供清算服务
1963 年	第一只欧洲美元债券"高速公路债"（Autostrade）成功发行，标志着欧洲美元债券市场的建立
1968 年	纽约清算公司（New York Clearing Corporation, NYCC）由纽约证券交易所（NYSE）设立，NYCC 提供中央凭证服务（Central Certificate Service, CCS），CCS 采用在银行金库集中保管证券的方法减少纸质证券的实物交割，即提供存管服务
1968—1971年	美国爆发"文书危机（Paperwork Crisis）"，亦称纽约结算危机"New York Settlement Crisis"
1969 年	标准普尔公司（Standard & Poor）建立 CUSIP 服务局，提供用于证券转让和结算的自动化处理的通用编号系统
1969 年	全国清算公司（National Clearing Corporation, NCC）由全国证券交易商协会（NASD）设立以取代全国柜台市场清算公司（NOTCC），提供清算服务
1971 年	美国证券交易委员会（SEC）开展《证券公司不安全和不健全做法研究》（Study of Unsafe and Unsound Practices of Brokers and Dealers）和《机构投资者调查》（Institutional Investor Study Report）
1972 年前	美国证券交易清算公司（American Stock Exchange Clearing Corporation, ASECC）由美国证券交易所（AMEX）设立，提供存管服务

续表

时间	事件
1972 年	证券公司自动化公司（Securities Industry Automation Corp, SIAC）由纽约证券交易所（NYSE）和美国证券交易所（AMEX）设立，管辖 NYSE 与 AMEX 下属的所有清算机构，包括 SCC、ASECC 等
1973 年	美国存管信托公司（Depository Trust Company, DTC）成立，DTC 由纽约证券交易所（NYSE）旗下 NYCC 的中央凭证服务（CCS）转变而来
1973 年	期权清算公司（Options Clearing Corporation, OCC）成立
1975 年	时任美国总统福特签署生效《1975 年证券法修正案》，要求"建立起证券交易清算和结算的全国性体系"，并从法律上支持"实现各清算和结算设施间的互联，并制定统一的清算结算流程及标准，可削减成本、提升便利性、降低风险"的改革
1977 年	国家证券清算公司（National Securities Clearing Corporation, NSCC）成立，NSCC 由纽约证券交易所（NYSE）、美国证券交易所（AMEX）及全国证券交易商协会（NASD）旗下各自的清算机构合并成立，包括 SIAC（SCC、ASECC）、NCC 等
1978 年	美联储转移大额付款系统（Fedwire）在 1972 年应用于旧金山和洛杉矶联储的基础上，在全国的联邦储备系统推广应用。Fedwire 系统由 Fedwire 证券服务（Fedwire Securities Service）和全美结算服务（National Settlement Service）组成
1979 年	抵押贷款支持证券清算公司（Mortgage-Backed Security Clearing Corporation, MBSCC）成立
1983 年	波士顿股票交易所（BSE）宣布其旗下新英格兰证券存管信托公司（NESDTC, New England Securities Depository Trust Company）获得 SEC 注册，但已成为 DTC 的参加会员，并未实质建立存管系统
1986 年	政府证券结算公司（Government Securities Clearing Corporation, GSCC）由国家证券清算公司（NSCC）设立
1987 年	太平洋证券交易所（PSE）宣布其旗下的太平洋证券信托公司（PSDTC, Pacific Securities Depository Trust Company）关闭，并将所有存管证券移交 DTC
1995 年	中西部证券交易所（MSE，现芝加哥交易所集团）宣布其旗下的中西部证券信托公司（Midwest Securities Trust Company, MSTC）停止运行，并将其业务交由 DTC 吸收
1997 年	费城证券交易所（PHLX）宣布其旗下的费城存管信托公司（PHILADEP, the Philadelphia Depository Trust Company）与 DTC 签订协议并关闭其存管业务
1999 年	美国证券存管清算公司（Depository Trust and Clearing Corporation, DTCC）成立，DTCC 由美国存管信托公司（DTC）和国家证券清算公司（NSCC）合并而来

续表

时间	事件
2003 年	固定收益结算公司（Fixed Income Clearing Corporation, FICC）成立，FICC 为 DTCC 的子公司，由政府证券结算公司（GSCC）和抵押贷款支持证券清算公司（MBSCC）合并创建
2005 年	太平洋沿岸证券交易所（PCX）宣布其旗下的太平洋证券存管信托公司（PSDTC）停止运行，并注销 PSDTC 在 SEC 的机构注册
2009 年	洲际交易所清算信用公司（ICE Clear Credit, ICC）和洲际交易所欧洲清算公司（ICE Clear Europe, ICEEU）由洲际交易所（ICE）设立

附录 2：2020 年在 SEC 注册的美国证券市场后台机构名单

编号	美国证券市场后台机构名单	备注
1	全美证券清算公司 National Securities Clearing Corporation（NSCC），目前为 DTCC 的子公司	高级注册要求
2	固定收益清算公司 Fixed Income Clearing Corporation（FICC），目前为 DTCC 的子公司	高级注册要求
3	美国存管信托公司 The Depository Trust Company（DTC）	高级注册要求
4	期权清算公司 The Options Clearing Corporation（OCC）	高级注册要求
5	伦敦清算所 Banque Centrale De Compensation /LCH SA	
6	波士顿股票交易所清算公司 Boston Stock Exchange Clearing Corporation（BSECC）	
7	芝加哥商品交易所 Chicago Mercantile Exchange LLC（CME），同时以交易所和清算机构进行注册	
8	洲际交易所清算信用公司 ICE Clear Credit LLC（ICC）	
9	洲际交易所欧洲清算公司 ICE Clear Europe Limited（ICEEU）	
10	费城股票清算公司 Stock Clearing Corporation of Philadelphia（SCCP）	
11	明讯银行 Clearstream Banking, S.A.	豁免注册
12	欧清银行 Euroclear Bank SA/NV	豁免注册
13	彭博直通式处理公司 Bloomberg STP LLC	豁免注册
14	SS&C 科技控股公司 SS&C Technologies, Inc.	豁免注册
15	DTCC 美国直通式匹配公司 DTCC ITP Matching US LLC（现名称为 Omgeo and Global Joint Venture Matching Services US, LLC）	豁免注册

基于深度学习方法的国债收益率预测应用研究

张淼　宋鹏

摘　要：国债收益率为金融市场基准利率，对其预测研判是重要的研究问题，而深度学习中的循环神经网络可以对时间序列进行精确的非线性拟合，将其用于国债收益率序列建模预测具备广泛的应用前景。本文基于深度学习中的长短记忆神经网络（LSTM）模型，结合向量自回归方法（VAR），创新地构建出 VAR-LSTM 框架，共同使用宏观经济变量预测值和序列滞后项作为输入因子，解决了传统 LSTM 模型拟合结果"平移错位"的问题，并且显著提高了预测精度。实证分析发现，对于国债收益率序列，ARIMA 模型的预测精度高于一般的 LSTM 方法，而 VAR-LSTM 模型则优于 ARIMA 模型，其在训练集和测试集的预测误差分别降低了约 55% 和 50%，变化方向预测准确度分别提高了约 5% 和 8%，具有更高的应用价值。

关键词：国债收益率　深度学习　VAR-LSTM

深度学习技术自提出以来飞速发展，其对于复杂数据的非线性建模能力得到了广泛印证，相关循环神经网络模型在语音图像识别、自动驾驶等领域取得了巨大成功。金融市场数据结构复杂，投资者交易行为难以预料，传统预测模型的可靠性大打折扣，在此背景下，深度学习方法的出现，为解决金融资产价格时间序列建模相关问题提供了很好的解决思路。而国债收益率是金融市场中重要的利率品种，预测国债收益率走势是关键的研究课题，深度学习方法的非线性建模能力出色，将其应用到国债收益率预测中体现出重要的创新意义和应用价值。本文使用深度学习算法中的长短记忆神经网络（Long Short-Term Memory, LSTM）方法对十年期国债到期收益率进行建模预测。在建模过程中，分别使用宏观变量预测值和序列自身滞后项这两类特征作为输入因子，创新地构建出 VAR-LSTM 模型框架，解决了 LSTM 模型预测结果"平移错位"的问题，显著改善了拟合效果。

文章的剩余结构安排如下：第一部分为相关文献综述，引出本文的研究出发点；第二部分为模型介绍，阐述 VAR-LSTM 建模框架，利用向量自回归（VAR）模型对多维宏观变量进行预测，并把宏观预测值和收益率序列滞后项作为因子输入 LSTM 模型；第三部分为实证分析，分别应用多个模型对十年期国债到期收益率进行预测，比较各模型的预测效果；第四部分为本文的研究结论。

一、文献综述

（一）深度学习技术的发展及相关应用

Hinton（2006）对多层神经网络进行反复训练，并且叠加形成一种深度置信网络（Deep Belief Network, DBN），"深度学习"概念自此形成。多层神经网络是深度学习的重要组成部分，一方面神经网络中的激活函数使其具备了非线性建模能力，另一方面多层神经网络的叠加显著提高了预测精度。而随着深度学习研究的不断深入，多种模型被创造提出，如针对图片识别（像素矩阵）的卷积神经网络（Convolutional Neural Networks，CNN），针对语音识别（时间序列）的循环神经网络（Recurrent Neural Networks，RNN）等。

针对RNN循环神经网络，理论上其可以处理任意长度的时间序列数据，但实践中受算力限制，模型一般假设当前状态只与向前相邻少数几个状态相关，此外RNN也存在梯度消失的问题。Hochreiter（1997）提出长短记忆神经网络（Long Short-Term Memory，LSTM）模型，引入了门机制来控制信息的积累速度，并可以选择遗忘之前累积的信息，可以有效地解决简单神经网络的梯度消失问题。事实上，在RNN中最常见也最成功的模型就是LSTM模型。Google公司Graves（2013）利用LSTM模型改进了过去的语音识别系统，将总体错误率降低到了6.7%，大大提高了语音识别的准确度。Greff（2016）认为自LSTM被提出以来，目前已有的几种LSTM网络结构变体，这些模型均为机器学习方法中的最先进的模型，然而没有一个变体可以显著改善标准的LSTM体系结构，此外也指出了遗忘门和输出激活函数是LSTM最为关键的组件。贾春光（2019）利用LSTM模型对PM2.5进行了建模预测，研究发现在单变量特征输入时，LSTM模型容易发生"平移错位"，即模型将当期数据向后"平移"作为下一期预测值，导致拟合曲线为原始曲线的"简单右移"。其原因是模型输入的信息有限，而且序列自身具备潜在的周期性，而增大信息输入采用多变量作为特征时，"平移错位"效果改善。

（二）国债收益率预测相关研究

传统的国债收益率预测模型大致可分为宏观因子模型、自回归计量模型、期限结构模型等。宏观因子模型是利用宏观经济与国债收益率的相关关系，使用宏观因子对国债收益率进行预测，如 Estrella 和 Hardouvelis（1991）建立了未来累计 4 年经济产出、未来 1 年边际产出与国债收益率之间的关系，发现国债收益率变化可以体现宏观经济发展状况；曹莹洁（2018）使用实体经济、价格水平、货币政策和相关金融市场四大类宏观指标预测了国债收益率，证实了宏观因子与国债收益率之间的联动效应。自回归计量模型以 ARCH 类模型为主，仅仅使用收益率序列本身的信息做统计预测，如舒服华和陈传杰（2017）使用 EGARCH 模型对国债收益率进行了预测，由于 EGARCH 模型考虑了收益率涨跌非对称现象，因此模拟拟合效果得到了一定的提升。曲线结构模型相关研究以 N-S 模型为代表，Nelson 和 Siegel（1987）提出了参数法来拟合国债利率期限结构，水平因子、斜率因子、曲率因子三个参数均具备对应的经济含义；郭济敏和张嘉为（2016）在 N-S 模型的基础上，结合向量自回归（VAR）提出了 NS-VAR 模型对国债利率期限结构进行预测，外推 12 期的曲线平均预测误差为 18bps。

从以往金融和经济学领域的研究来看，传统计量模型预测结果并不理想，而神经网络算法只需根据输入的数据特征来拟合预测值，是一种输入与输出的简单映射关系，这种机制能很好地适应金融市场变化迅速且数据结构复杂的特征。针对国债收益率预测，闫红蕾和张自力（2018）使用 NARX 神经网络模型研究了国债利率曲线的运动机制，将收益率的滞后项作为输入因子，拟合并预测了关键期限利率，基于 Hermite 插值法构建了利率期限结构，证明了神经网络方法在国债收益率预测方面的应用价值。李佳航（2019）针对 2003 年至 2018 年间中国国债收益率的数据，采用集成模型和 BP 网络模型对中国十年期国债收益率进行预测，模型输入因子未考虑国债收益率本身的滞后项，而是仅仅使用当月同比 CPI、累计同比社会消费品零售总额、当月同比工业增加值等宏观指标,结果发现集成模型预测的效果优于传统的 BP 神经网络。王琼(2020)应用切比雪夫正交基神经网络对中国十年期国债收益率进行了预测,利用数据驱动的方式训练网络,最终拟合度高达 0.9910。近些年,LSTM 算法的机器翻译模型获得了巨大的成功,其对长短期信息具备记忆性,尤其适合用于处理金融时间序列数据,因此关于 LSTM 模型在资产收益率预测方面的研究文献层出不穷,然而多集中于股票市场。Roondiwala 等(2015)利用 2 层 LSTM 网络对纽交所 NIFTY-50 指数的收益率进行了预测,基于 keras 平台,采用收盘价、开盘价、最高价和最低价 4 个特征因子作为输入,模型预测误差小于 0.01。对于国内相关研究,杨青和王晨蔚(2019)使用 LSTM 模型对全球多个国家的股票指数进行了预测,实证结果显示 LSTM 有着很好的泛化效果,在短期预测、中期预测、长期预测中均战胜了 ARIMA 模型,在长期预测中的优势最大。

(三)文献述评

从以上文献综述来看,现阶段 LSTM 算法在金融资产价格预测已有大量应用,其相关研究多集中在股票市场,对国债收益率预测研究较为罕见。此外,虽然有部分神经网络模型在国债市场的应用研究,但是未考虑共同使用序列自身和宏观指标一起作为特征因子,或仅仅使用序列滞后项,或仅仅使用宏观指标历史值,模型输入信息十分有限,拟合结果不但容易出现"平移错位",而且预测精度不高。鉴于以上问题,本文首先利用 VAR 向量自回归模型预测多维宏观变量,然后将宏观经济指标预测值与收益率滞后项共同作为输入因子,利用 LSTM 模型对国债收益率进行建模预测,整体形成 VAR-LSTM 框架,解决 LSTM 模型拟合结果"平移错位"的问题,提高模型预测精度。

二、模型介绍

（一）LSTM 模型

RNN 一般用于时间序列预测，其思想是利用当前数据与前述数据的相关性，记忆过去时间序列的"信息流"用于当前输出的计算。一个普通展开结构的 RNN 结构见图 1，其中，X_t 为某一时刻的输入，是一个 n 维向量，h_t 代表 t 时刻的隐藏状态，O_t 代表 t 时刻的输出，输入层到隐藏层的权重为 U，隐藏层到隐藏层的权重为 W，隐藏层到输出层的权重为 V，激活函数的存在使其具备了非线性建模的能力。

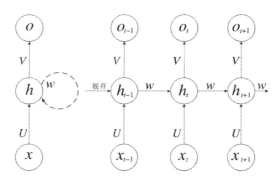

图 1　循环神经网络结构

RNN 需要逐步预测出 $o_0, o_1, \ldots, o_t, o_{t+1}, \ldots$，对于每一时刻 t，输出结果 o_t 会产生一定的损失 L_t，设整个序列的损失为 $L = \sum_t L_t$，则

$$\nabla U = \frac{\partial L}{\partial U} = \sum_t \frac{\partial L_t}{\partial U}$$

$$\nabla V = \frac{\partial L}{\partial V} = \sum_t \frac{\partial L_t}{\partial V} \qquad （1）$$

$$\nabla W = \frac{\partial L}{\partial W} = \sum_t \frac{\partial L_t}{\partial W}$$

其中，损失关于的梯度为：

$$\nabla U = \sum_{t=1}^{T} \frac{\partial h_t}{\partial U} \frac{\partial L_t}{\partial h_t} \qquad (2)$$

并且，h_t 是关于 U 和 L_{t-1} 的函数，而 h_{t-1} 又是关于 U 和 L_{t-2} 的函数，利用链式法则得：

$$\frac{\partial L}{\partial U} = \sum_{t=1}^{T} \sum_{k=1}^{t} \frac{\partial h_k}{\partial U} \frac{\partial h_t}{\partial h_k} \frac{\partial o_t}{\partial h_t} \frac{\partial L_t}{\partial o_t} \qquad (3)$$

$$\frac{\partial h_t}{\partial h_k} = \prod_{i=k+1}^{t} \frac{\partial h_i}{\partial h_{i-1}} = \prod_{i=k+1}^{t} U^T diag[f^{'}(h_{i-1})] \qquad (4)$$

因此，

$$\frac{\partial L}{\partial U} = \sum_{t=1}^{T} \sum_{k=1}^{t} \frac{\partial h_k}{\partial U} (\prod_{i=k+1}^{t} U^T diag(f'(h_{i-1})) \frac{\partial o_t}{\partial h_t} \frac{\partial L_t}{\partial o_t} \qquad (5)$$

设，

$$\gamma = \left\| U^T diag(f'(h_{i-1})) \right\| \qquad (6)$$

谢合亮和游涛（2018）指出，（5）式括号中为 γ^{t-k}，若 $\gamma > 1$，当 $t-k \rightarrow \infty$，$\gamma^{t-k} \rightarrow \infty$，将存在梯度爆炸问题。如果 $\gamma < 1$，$t-k \rightarrow \infty$，$\gamma^{t-k} \rightarrow 0$，则存在梯度消失问题。由于存在梯度爆炸和梯度消失的问题，过去时间序列的"信息流"很难进行长时间非线性传递，这就导致模型只能学习到序列短期相关关系。为了解决 RNN 梯度消失或爆炸的问题，可引入一个新的状态 c_t，进行信息的非线性传递。Hochreiter 和 Schmidhuber（1997）引入门机制来控制信息的记忆积累程度，提出了长短记忆神经网络（Long Short-Term Memory，LSTM）。LSTM 模型的基本结构为：

$$i_t = \sigma(W^{(i)} x_t + U^{(i)} h_{t-1})$$
$$f_t = \sigma(W^{(f)} x_t + U^{(f)} h_{t-1})$$
$$o_t = \sigma(W^{(o)} x_t + U^{(o)} h_{t-1})$$
$$\tilde{c}_t = \tanh(W^{(c)} x_t + U^{(c)} h_{t-1}) \qquad (7)$$
$$c_t = f_t \otimes c_{t-1} + i_t \otimes \tilde{c}_t$$
$$h_t = o_t \otimes \tanh(c_t)$$

其中，x_t 为当前的输入，σ 为 Sigmoid 函数，遗忘门 f_t 控制每个内存单元加入多少新的信息，输出门 o_t 控制每一个内存单元输出多少信息，因此 LSTM 可以学习到长周期的历史信息，LSTM 的内部结构见图 2。

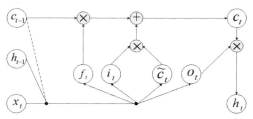

图 2　LSTM 网络内部结构分解

（二）国债收益率预测 VAR-LSTM 框架

传统的 LSTM 模型方法可以简单描绘成：

$$\hat{Y}_t = f(X_t : \theta) \qquad (8)$$

其中，Y_t 表示需要拟合预测的变量或向量，X_t 表示所输入因子变量或向量，LSTM 模型的主要目的是通过不停地迭代优化损失函数，来估计参数 θ，并且明确 $f(\mathrm{g})$ 的形式，例如：

$$L(Y_t, X_t : \theta) = \frac{1}{n} \sum [Y_t - f(X_t : \theta)]^2 \qquad (9)$$

而在实际应用中，X_t 的选取灵活多变，自变量和因变量并不拘泥于严格的时间点相互对应，只要是对 Y_t 有潜在影响的特征均可作为自变量，例如

在 t 时刻可以选取 x_t 作为输入因子, 也可以选择滞后项 x_{t-1} 作为输入因子。

本文的研究对象为国债收益率序列, 其影响因素众多, 除去序列的自相关效应外, 序列本身也受宏观经济的影响, 因此模型的因子输入可分为自身滞后项与宏观经济指标 (闫红蕾和张自力, 2018; 李佳航, 2019)。事实上, t 时刻的宏观指标对 t 时刻的收益率序列有很强的 "解释力", 预测 $t+1$ 时刻的收益率理应使用 $t+1$ 时刻的宏观指标, 然而一般情况下只能使用 t 时刻的宏观指标预测 $t+1$ 时刻的收益率, 即使加入 t 时刻收益率数据 (自身滞后项), 最后 $t+1$ 时刻预测结果也容易出现 "平移错位" 现象。

为了更好地利用历史数据来预测未来序列, 本文建立 VAR–LSTM 框架, 设 $M_t = \{m_{1t}, m_{2t}, ..., m_{pt}\}^T$ 为 t 时刻 p 维宏观经济指标向量, 首先建立 VAR 模型:

$$M_{t+1} = A + BM_t + \varepsilon_{t+1} \qquad (10)$$

ε_{t+1} 为 $t+1$ 时刻 p 维扰动项, 分别为 p 维截距向量和 $p \times p$ 维待估系数矩阵, 模型的预测值为 $\hat{M}_{t+1}$。设 x_t 为 t 时刻的国债收益率序列, $f(g)$ 为 LSTM 模型的函数形式, 模型参数为 θ, 利用宏观变量的预测值与收益率序列的滞后项建立 VAR–LSTM 模型:

$$\hat{x}_{t+1} = f(\hat{M}_{t+1}, x_t : \theta) \qquad (11)$$

基于以上 VAR–LSTM 框架, 使用已有的宏观变量数据和国债收益率序列, 即可对下一期收益率数据进行精确预测。

三、实证分析

本部分实证分析以中债十年期国债到期收益率作为研究对象, 其作为国内债券市场的权威定价基准, 可全面反映人民币债券市场价格及风险状况。实证分析依次建立 4 个模型对收益率进行预测，分别为 ARIMA 模型、只考虑收益率序列的 LSTM 模型、考虑收益率序列滞后项和宏观变量滞后项的 M–LSTM 模型，考虑收益率序列滞后项和宏观变量预测值的 VAR–LSTM 模型。

（一）指标选取

考虑数据规模以及宏观指标发布频率，将十年期国债到期收益率日度数据取单月平均值形成月度数据，时间从 2008 年 1 月至 2019 年 12 月，共计 144 个月份，数据来源为中债金融估值中心有限公司。

针对宏观经济指标的选择，郭济敏和张嘉为（2016）指出影响债券的宏观因素主要是经济增长和物价，周琳（2019）指出 CPI、M2 以及宏观经济景气一致指数作为因素，对改变利率期限结构形态有比较强的作用，李佳航（2019）采用当月同比 CPI、累计同比社会消费品零售总额、当月同比工业增加值等指标作为神经网络模型的输入特征，张奇松（2019）研究了国债利率期限结构与宏观因子，认为对外贸易因素同样对国债利率产生影响。在相关研究的基础上，额外考虑到国债交易市场主要为银行间债券市场，显然受银行资金面的影响，综上本文最终选取的宏观和市场指标如下表 1 所示：

表 1　宏观指标选取

维度	指标	指标记号
宏观经济景气程度	宏观经济景气一致指数	MCI
实体经济融资热度	社会融资规模（新增人民币贷款）	AFRE
物价变化	CPI 同比变化	CPI
对外贸易额度	进出口总额同比变化	IE
基础货币供应量	M2 同比变化	M2
银行间市场资金价格	银行间债券质押式回购加权平均利率（7 天）	Rep007

以上指标均为月度数据,选取时间与国债收益率保持一致,数据来源为国家统计局、海关总署及中国人民银行。

（二）数据描述性统计

表2　相关系数表

	AFRE（t）	CPI（t）	EI（t）	M2（t）	Rep007（t）	MCI（t）	收益率（t）	收益率（t+1）
AFRE(t)	1.0000	−0.2994	−0.1900	−0.3538	−0.1043	−0.0493	−0.2782	−0.2548
CPI(t)	−0.2994	1.0000	0.5976	−0.1300	0.4118	0.4685	0.4448	0.4187
EI(t)	−0.1900	0.5976	1.0000	0.0865	0.2009	0.7102	0.4272	0.3983
M2(t)	−0.3538	−0.1300	0.0865	1.0000	−0.4509	−0.0447	0.0480	0.0809
Rep007(t)	−0.1043	0.4118	0.2009	−0.4509	1.0000	0.1220	0.4965	0.5035
MCI(t)	−0.0493	0.4685	0.7102	−0.0447	0.1220	1.0000	0.2228	0.2385
收益率(t)	−0.2782	0.4448	0.4272	0.0480	0.4965	0.2228	1.0000	0.9439
收益率(t+1)	−0.2548	0.4187	0.3983	0.0809	0.5035	0.2385	0.9439	1.0000

6个宏观指标当期值与十年期国债到期收益率当期值的相关系数矩阵见表2,可见CPI同比、进出口金额、Rep007与国债收益率的相关系数在0.4以上,社融新增人民币贷款数量、宏观经济景气指数与国债收益率的相关系数分别为−0.2782、0.2228,M2同比相关系数较低,只有0.0480。而6个宏观指标当期值与十年期国债到期收益率下期值的相关系数相对较低,CPI同比、进出口金额与收益率的相关性显著降低,Rep007、景气指数、社融新增基本保持不变,M2同比相关性增加,但并不显著。此外,当期国债收益率与下期国债收益率有着很强的相关性,显著出现自相关效应。

综合来看,宏观指标当期值对国债收益率当期值解释力更强,如果对下期收益率进行预测,采取宏观指标的预测值作为输入因子理应更加有效。

（三）实证分析结果

本部分使用 4 个模型对国债收益率进行预测，设国债收益率序列为 $X = \{x_1, x_2, ..., x_t\}$，宏观经济指标向量为 $M_t = \{m_{1t}, m_{2t}, ... m_{6t}\}^T$，$f(g)$ 为 LSTM 模型的函数形式，模型参数为 θ，模型描述见表 3。

表 3 模型描述

模型编号	模型简述	模型表示
A	使用自身序列建立 ARIMA 模型	ARIMA
B	只考虑收益率滞后项建立 LSTM 模型	LSTM
C	使用宏观变量滞后项和收益率滞后项作为输入因子，形式为 $\hat{x}_{t+1} = f(M_t, x_t : \theta)$	M–LSTM
D	使用宏观变量预测值和收益率滞后项作为输入因子，形式为 $\hat{x}_{t+1} = f(\hat{M}_{t+1}, x_t : \theta)$	VAR–LSTM

其中，所有涉及的 LSTM 模型保持一致，利用 Keras 平台构建 2 层神经网络，采用 Max–Min 方法将数据归一化，训练集数据比例为前 90%，测试集数据为后 10%，损失函数使用均方误差（MSE）函数，Epoch 选择为 30。

针对模型 A，直接对原始国债收益率序列进行 ARIMA 模型的拟合，1 阶差分后 ADF 统计量为 –6.7221，P 值为 0.01，可拒绝非平稳的原假设。根据 1 阶差分后的序列自相关图和偏自相关图确定模型的阶数，可对原始序列进行 ARIMA（1，1，2）的拟合，模型方程如下：

$$\triangle \hat{x}_t = \alpha \triangle x_{t-1} + \beta_1 \varepsilon_{t-1} + \beta_2 \varepsilon_{t-2} \qquad （12）$$

预测结果见下图 3。

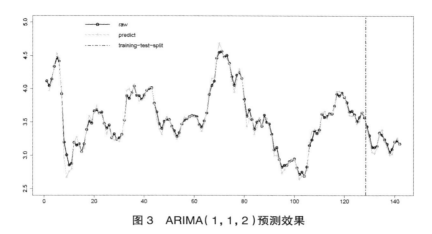

图 3　ARIMA（1，1，2）预测效果

针对模型 B，只使用滞后 1 阶国债收益率作为因子，建立 LSTM 模型进行拟合，模型方程为：

$$\hat{x}_t = f(x_{t-1}:\theta) \qquad （13）$$

预测结果见下图 4，由图可知，预测序列出现了"平移错位"现象，说明模型简单地将输入因子向前平移作为下一期的预测值，这一方面体现了原始数据具备自相关性，另一方面体现了输入信息对预测值的解释力不够，无法对平移进行偏置修正。

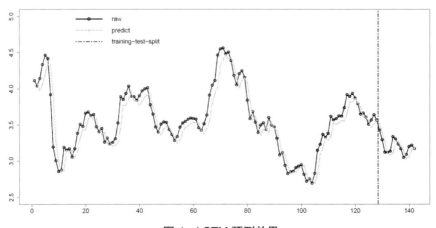

图 4　LSTM 预测效果

针对模型 C，在模型 B 的基础上额外增加宏观经济指标，但是仍然使用其滞后 1 阶值作为输入因子，建立 M–LSTM 模型对下一期收益率做预测，模型方程为：

$$\hat{x}_t = f(M_{t-1}, x_{t-1} : \theta) \qquad （14）$$

拟合结果见图 5，结果显示模型仍然出现小幅度"平移错位"现象，这说明宏观经济指标历史信息一定程度上对未来的收益率具备预测效用，对 LSTM 进行了一定的纠偏。但是，宏观经济指标对同期收益率有着更强的解释力，对下期预测值的解释力仍然不够。

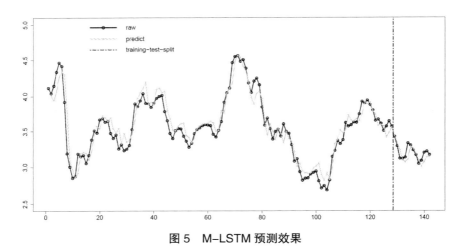

图 5　M–LSTM 预测效果

对于模型 D，为了克服当期宏观经济因子对下期收益率解释力不够的问题，首先对其进行 VAR 建模，得到下一期的宏观因子预测，6 个宏观变量序列差分 1 阶后均为平稳序列，Hannan-Quinn 准则值为 19.6873，VAR 模型可以选择滞后 1 阶，因此对其进行 VAR（1）建模。将宏观变量向前 1 期预测值与国债收益率 1 阶滞后项输入 LSTM 模型，对下期收益率进行预测，形成 VAR–LSTM 框架，模型方程为：

$$\hat{M}_t = AM_{t-1}$$
$$\hat{x}_t = f(\hat{M}_t, x_{t-1} : \theta) \qquad (15)$$

模型拟合结果见图6，由图可知 VAR-LSTM 模型对原始数据拟合度大幅提升，引入的 VAR 方法克服了前述模型"平移错位"的问题。

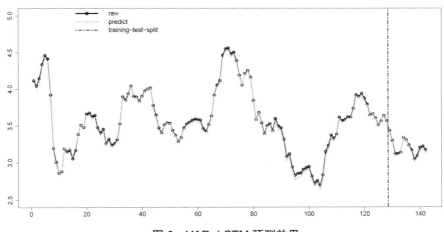

图6 VAR-LSTM 预测效果

由上述4个拟合效果图可以直观看出，LSTM 模型与 M-LSTM 模型的预测效果并不理想，ARIMA 模型取得了良好的效果，VAR-LSTM 模型的预测能力最强，在训练集和测试集均很好地拟合了原始数据。

另外，定义均方根误差（*RMSE*）与预测方向准确率（*RATIO*）计算公式为：

$$RMSE = \sqrt{\frac{1}{n}\sum_{i=1}^{n}(\hat{y}_i - y_i)^2} \qquad (16)$$

$$RATIO = \frac{\sum_{i=1}^{n} k_i}{n} \quad k_i = \begin{cases} 1 & sign(\hat{y}_i - y_{i-1}) = sign(y_i - y_{i-1}) \\ 0 & sign(\hat{y}_i - y_{i-1}) \neq sign(y_i - y_{i-1}) \end{cases} \qquad (17)$$

其中，n 为样本个数，$\hat{y}$ 为模型拟合值，y 为原始数据，4 个模型的均方根误差（$RMSE$）与预测收益率方向变化的准确度（$RATIO$）见表 4：

表 4　模型预测精度

编号	形式	训练集		测试集	
		RMSE	RATIO	RMSE	RATIO
A	ARIMA	0.0670	85.83%	0.0522	85.71%
B	LSTM	0.1623	46.51%	0.1008	58.33%
C	M–LSTM	0.1386	64.57%	0.0882	64.29%
D	VAR–LSTM	0.0297	89.76%	0.0255	92.86%

由表 4 可知，直接使用 LSTM 模型（包括模型 B 和模型 C）无法进行有效预测，模型 B 在训练集和测试集的 $RMSE$ 分别为 16bps 和 10bps 左右，针对收益率变化方向的预测准确度来看，在训练集和测试集的准确度分别为 46.51%、58.33%；模型 C 额外考虑了滞后宏观变量，相比模型 B，其在训练集和测试集的 $RMSE$ 均降低了约 20%，方向预测准确度分别提高了约 40% 和 10%，可见额外的宏观信息输入有助于提高 LSTM 模型预测精度。ARIMA 模型在训练集和测试集的 $RMSE$ 分别为 6bps 和 5bps 左右，方向预测准确度分别为 85.83% 和 85.71%，相比直接使用 LSTM，预测效果显著提升；VAR–LSTM 考虑了宏观变量的预测值，相比 ARIMA 模型，在训练集和测试集的 $RMSE$ 分别降低了约 55% 和 50%，方向预测准确度分别提高了约 5% 和 8%，可见加入宏观变量的预测值后，LSTM 模型具备了更强的预测能力。究其原因，本质上是当期的因子信息对当期收益率有着更强的解释力，无法对下期数据进行有效预测，而使用 VAR 模型对宏观指标进行预测后，其预测值对下期收益率数据的解释力明显提高，因此 VAR–LSTM 取得了最优的效果。

四、结论

国债收益率是金融资产定价的利率锚，对其进行预测有利于把握金融市场资产价格走势，深度学习技术飞速发展，其对复杂数据的非线性建模能力有目共睹，在金融市场将有着广阔的应用前景。有鉴于此，本文利用深度学习 LSTM 模型对十年期国债到期收益率进行了建模预测，考虑国债收益率存在自相关效应，并且与宏观经济状况不可分，输入因子确定为收益率序列的滞后项和宏观经济指标。由于宏观因子对当期收益率有着更强的解释力，因此本文创新地利用 VAR 模型对宏观变量进行向前预测，将宏观变量预测值与收益率序列的滞后项代入 LSTM 模型进行优化，最终构建了 VAR-LSTM 框架。

从实证分析结果来看，VAR-LSTM 模型取得了十分良好的拟合效果，在训练集和测试集的 *RMSE* 均为 2bps 左右，而对收益率变化方向的预测准确度，在训练集和测试集分别为 89.76% 和 92.86。此外，本文还分别建立了 ARIMA（1，1，2）模型、LSTM 模型、M-LSTM 模型进行预测，结果显示，直接使用 LSTM 进行预测效果并不理想，RMSE 超过了 10bps，变化方向的预测准确度为 40%~60%，额外加入宏观因子有利于提高模型的预测能力，但是鉴于宏观指标与当期收益率的解释力更高，所以建模结果均出现了"平移错位"现象；相比直接使用 LSTM 模型，ARIMA 模型的拟合精度更好，*RMSE* 约为 5bps，变化方向的预测准确度约为 85%。

与拟合精度较好的 ARIMA 模型相比，本文所提出的 VAR-LSTM 模型在训练集和测试集的 *RMSE* 分别降低了约 55% 和 50%，方向预测准确度分别提高了约 5% 和 8%，具备更高的应用价值。

参考文献

［1］Hinton G E, Salakhutdinov R. Reducing the Dimensionality of Data with Neural Networks[J]. Science, 2006, 313(5786): 504–507.

［2］Hochreiter S, Schmidhuber J. Long Short–Term Memory [J]. Neural Computation, 1997, 9(8): 1735–1780.

［3］Graves A. Supervised Sequence Labelling with Recurrent Neural Networks [J]. Studies in Computational Intelligence, 2013, 385.

［4］Greff K, Srivastava R K, Koutnik J, et al. LSTM: A Search Space Odyssey [J]. IEEE Transactions on Neural Networks & Learning Systems, 2016, PP(99): 1–11.

［5］贾春光 . 深度学习在 PM2.5 预测中的应用 [J]. 现代计算机 , 2019(18): 6–11.

［6］EstrellaA , Hardouvelis G A . The Term Structure as a Predictor of Real Economic Activity [J]. The Journal of Finance, 1991, 46.

［7］曹莹洁 . 中国国债利率预测模型的比较 [D]. 上海：上海交通大学 , 2018.

［8］舒服华 , 陈传杰 . 基于 EGRACH 模型的我国中债国债收益率预测 [J]. 金融教育研究 , 2017(5).

［9］Nelson C R, Siegel A F. Parsimonious Modeling of Yield Curves [J]. The Journal of Business, 1987, 60(4): 473–489.

［10］郭济敏 , 张嘉为 . 基于 Nelson–Siegel 模型预测中债国债收益率曲线形态 [J]. 债券 , 2016(07): 66–72.

［11］闫红蕾 , 张自力 . 利率期限结构预测、国债定价及国债组合管理 [J]. 统计研究 , 2018,

35(003): 23–37.

　　［12］李佳航 . 基于人工智能预测的中国国债收益率 [J]. 全国流通经济 , 2019(31).

　　［13］王琼 . 基于切比雪夫正交基神经网络的中国十年期国债收益率预测 [J]. 甘肃金融 , 2020(04): 62–66.

　　［14］杨青 , 王晨蔚 . 基于深度学习 LSTM 神经网络的全球股票指数预测研究 [J]. 统计研究 , 2019, 36(03): 67–79.

　　［15］谢合亮 , 游涛 . 基于深度学习算法的欧式股指期权定价研究——来自 50ETF 期权市场的证据 [J]. 统计与信息论坛 , 2018, 33(06): 99–106.

　　［16］周琳 . 中国国债利率期限结构与宏观经济相关性实证研究——基于动态 Nelson Siegel 模型 [J]. 辽宁大学学报 (哲学社会科学版), 2019.

一般均衡视角下国债收益率作为货币政策锚定目标之一的有效性分析

李威

摘　要： 本文构建 6 部门开放型新凯恩斯动态随机一般均衡模型。模拟发现，将国债收益率作为货币政策锚定目标之一，虽不影响宏观经济变量的波动方向，但能够减小宏观经济波动幅度，减小的程度随政策利率对国债收益率反应强度的增加而增大；将国债收益率作为货币政策锚定目标之一，能够增进社会福利水平，增进程度随政策利率对国债收益率反应强度的增加而增大。建议将国债收益率作为货币政策锚定目标之一，将国债收益率作为贷款市场定价基准之一，增加国债发行量、提高流动性、增强其金融属性，推进对外开放等债券市场改革要坚持防风险底线，牢牢掌握人民币资产定价权，以健全反映市场供求关系的国债收益率曲线，更好发挥国债收益率曲线定价基准作用。

关键词： 动态随机一般均衡模型　货币政策规则　中债国债收益率曲线

一、引言

（一）研究背景和意义

国债收益率曲线用于反映国债收益率与到期期限之间的关系，是资本市场重要的价格基准，国债收益率曲线是否完善也是一国债券市场是否成熟的主要标志之一。

国债收益率曲线以国债实际交易为基础进行编制，能够准确反映资金供求双方对债券未来价格以及宏观经济前景的预期。微观层面，国债收益率曲线有比较完备的期限结构，能够为投资者提供多期限层次的无风险利率，日频交易，时效性较强，是债券估值、金融产品定价的基础。宏观层面，国债收益率曲线包含经济增长、通货膨胀、货币供给等宏观经济信息，反映财政政策、货币政策等政策趋势，既具有财政属性，又有明显的金融属性。尝试在货币政策中将国债收益率作为锚定目标之一，是更好协调财政政策与货币政策的必然探索路径。

发挥国债收益率曲线定价基准作用，拓展国债收益率曲线使用渠道，探索国债收益率曲线在货币政策传导中的运行规律，研究政策操作利率、国债收益率、货币政策最终目标三者之间的作用机理，分析提高货币政策有效性的可行方法，有利于健全反映市场供求关系的国债收益率曲线，完善国债收益率曲线货币政策传导理论，为中央银行合理运用货币政策实现经济调控目标提供理论参考。

（二）研究工具

动态随机一般均衡模型（Dynamic Stochastic General Equilibrium Model,

简称 DSGE 模型）是当前比较主流的一种宏观经济金融分析模型。动态优化区别于静态分析，立足于经济主体的跨期优化决策，引入理性预期，考虑未来对当期的影响，形成的最优决策具有动态调整机制。随机性则用来刻画经济运行过程中随机冲击的影响，以此分析经济波动的根源以及波动机制。一般均衡分析以各个经济主体、各个部门之间的互动联系为基础，各个市场之间互动反馈，彼此影响，同时出清，共同达到均衡状态，与局部均衡分析只立足于单个市场的出清有显著区别。

DSGE 模型以上三方面特征，也决定了其相较于其他计量模型的三点特殊优势。第一，坚实的微观基础，DSGE 模型以个体优化为起点，运用加总技术将个体最优决策合成经济体的总量运动方程，微观个体对宏观经济的影响路径清晰可见，能够完美地将微观决策与宏观分析进行结合。第二，能够同时考察经济的短期波动与长期均衡，两者之间的相互作用机制也能在模型中得到完整体现，能够很好地进行政策分析。第三，DSGE 模型避开了卢卡斯批判，结合贝叶斯估计技术，参数估计更具合理性。

计算机技术飞速发展，各种估计和优化处理方法也在不断改进，使得大型 DSGE 模型的应用与普及在技术上具备了可行性。因此，本文构建开放型 DSGE 模型，研究将国债收益率作为货币政策锚定目标问题。

二、构建 DSGE 模型

本节构建基础 DSGE 模型分析框架，包括异质性家庭部门、金融机构部门、厂商部门、政府机构部门、国外部门、中央银行部门等六部门。建模基础是：Hansen（1985）和 Ghent（2009）、Woodford（2003）、Gali and Monacelli

（2005）、李威（2016、2018）。

（一）异质性家庭

本文模型考虑家庭的异质性，将家庭分为企业家和工薪家庭。其中，工薪家庭的目标是预期一生效用最大化（各字母对应含义统一列示在附表中）：

$$E_0 \sum_{t=0}^{\infty} \beta_1^t z_t \left[\frac{\sigma_1}{\sigma_1-1}(C_t-C_{2t})^{\frac{\sigma_1-1}{\sigma_1}} - \frac{\varphi}{1+\varphi} N_t^{\frac{1+\varphi}{\varphi}} \right] \qquad (1)$$

$$C_t-C_{2t}+D_t+B_t^{G_1}+B_t^{F_1}e_t = \frac{R_{t-1}^D \mathrm{D}_{t-1}}{\pi_t} + \frac{R_{t-1}^G B_{t-1}^{G_1}}{\pi_t} + \frac{R_{t-1}^F B_{t-1}^{F_1}e_{t-1}}{\pi_t} + w_t N_t + F_t^S + F_t^B - \xi T_t \qquad (2)$$

工薪家庭在预算约束下通过对消费、劳动供给、债券购买量的选择来最大化其终身效用。对工薪家庭进行优化，可以解得工薪家庭的行为方程：

$$(C_t-C_{2t})^{-\frac{1}{\sigma_1}} = \beta_1 E_t \left((C_{t+1}-C_{2t+1})^{-\frac{1}{\sigma_1}} \frac{R_t^D}{\pi_{t+1}} \frac{z_{t+1}}{z_t} \right) \qquad (3)$$

$$w_t = (C_t-C_{2t})^{\frac{1}{\sigma_1}} N_t^{\frac{1}{\varphi}} \qquad (4)$$

$$(C_t-C_{2t})^{-\frac{1}{\sigma_1}} = \beta_1 E_t \left((C_{t+1}-C_{2t+1})^{-\frac{1}{\sigma_1}} \frac{R_t^G}{\pi_{t+1}} \frac{z_{t+1}}{z_t} \right) \qquad (5)$$

$$(C_t-C_{2t})^{-\frac{1}{\sigma_1}} = \beta_1 E_t \left((C_{t+1}-C_{2t+1})^{-\frac{1}{\sigma_1}} \frac{R_t^F e_t}{\pi_{t+1}} \frac{z_{t+1}}{z_t} \right) \qquad (6)$$

企业家筹集资金生产资本，然后将资本租出而不直接生产产品。企业家在预算约束条件下通过对每期消费、债券发行量、资本以及在金融机构的贷款量进行选择来最大化其一生的效用。

$$E_0 \sum_{t=0}^{\infty} \beta_2^t z_t \left[\frac{\sigma_2}{\sigma_2-1} C_{2t}^{\frac{\sigma_2-1}{\sigma_2}} \right] \qquad (7)$$

$$C_{2t} + \frac{R_{t-1}^L L_{t-1}}{\pi_t} + I_t + \frac{R_{t-1}^B B_{t-1}}{\pi_t} = R_t^K K_t + L_t + B_t - (1-\xi)T_t \qquad （8）$$

$$I_t = K_{t+1} - [1 - \delta(\mathrm{h}_t)]K_t \qquad （9）$$

对企业家的行为方程进行优化，可以解得企业家的行为方程（篇幅限制，不再列示行为方程）。

参考李威（2016），将折旧率当作资本利用率的一个函数 $\delta = \delta(h_t)$，提高资本利用率成本等于提高资本利用率收益的最大化原则，引入资本利用率的决定方程：

$$\frac{\partial Y_t}{\partial h_t} = \frac{\partial I_t}{\partial h_t} \qquad （10）$$

（二）金融机构

本文从存款性金融机构的货币创造功能出发，参考 Funke（2012）的处理方法，将金融部门纳入本文 DSGE 模型。

假设只有金融机构可以在国际金融市场上进行融资（工薪家庭从金融机构购买外国债券），金融机构购买外国债券意味着资本净流出，即：

$$NCO_t = \mathrm{B}_t^F e_t \qquad （11）$$

考虑商业银行存款创造过程和金融机构资产负债表，可得资金流约束条件：

$$IB_t + \frac{D_t}{\alpha_t} = D_t + B_t + L_t + B_t^{G_2} + B_t^F e_t \qquad （12）$$

金融机构进行存款货币创造会产生管理成本，管理成本设定为如下的二次函数形式，记为 Cost。

$$Cost = \frac{1}{2Y}\left\{ c_d\left[\left(\frac{D_t}{\alpha_t}\right)^2 - \left(\frac{D}{\alpha}\right)^2\right] + c_L(L_t^2 - L^2) + c_b(B_t^2 - B^2) + c_{bg}(B_t^{2G_2} - B^{2G_2}) + c_{bF}\left[\left(B_t^F e_t\right)^2 - \left(B^F e\right)^2\right]\right\} \qquad （13）$$

将金融机构面临的约束条件代入资金流量方程可得金融机构的利润最大化目标函数：

$$E_0 \sum_{t=0}^{\infty} \beta_b^t \left[\left(R_t^L L_t - L_{t+1} \right) + \left(R_t^R D_t - D_{t+1} \right) + \left(R_t^B B_t - B_{t+1} \right) + \left(R_t^G B_t^{G_2} - B_{t+1}^{G_2} \right) + \left(R_t^F B_t^F e_t - B_{t+1}^F e_{t+1} \right) - \left(\frac{R_t^D D_t}{\alpha_t} - \frac{D_{t+1}}{\alpha_{t+1}} \right) - \left(R_t^{IB} IB_t - IB_{t+1} \right) - Cost \right] \quad （14）$$

代表性金融机构在成本约束下通过选择贷款量、债券购买量、同业拆借量、储备量、购买外债量来达到利润最大化，进而可解得金融机构的行为方程。

参考 Gerali et al.（2010）中的设定，根据无套利均衡条件得：

$$R_t^{IB} = R_t \quad （15）$$

（三）厂商

假设厂商既生产中间产品又进口中间产品，国内产品的价格由国内中间产品价格加成得到，进口产品的价格由进口中间产品价格的加成得到，国内总体价格水平由国内商品价格与进口商品价格加成得到，加成方式：

$$p_t = \left[(1-\kappa)\left(p_t^H \right)^{1-\psi} + \kappa \left(p_t^F \right)^{1-\psi} \right]^{\frac{1}{1-\psi}} \quad （16）$$

厂商分为最终品生产厂商和中间品生产厂商，最终产品厂商是完全竞争的，生产的产品是完全同质的。最终产品以 CES（常替代弹性打包者）的形式进行生产。每一个中间品生产厂商（j）的生产技术为：

$$Y_t(j) = A_t [h_t K_t(j)]^{\theta} N_t(j)^{1-\theta} \quad （17）$$

中间品厂商的产品具有一定的差异性，可以通过优化来选择最优产品价格。资本市场和劳动力市场是完全竞争的，中间品生产厂商每期生产商品都遵循 Calve（1983）规则。按照常规性处理方式，对厂商进行优化，结合最终产品定价规则，可得价格水平的演变方式：

$$p_t^{1-\phi} = \rho p_{t-1}^{1-\phi} + (1-\rho) p_t^*(j)^{1-\phi} \qquad （18）$$

（四）政府部门

政府的预算约束条件为：税收以及发行债券得到的收入可以支持政府购买支出以及支付上一期的国债利息。即：

$$G_t + \frac{R_{t-1}^G B_{t-1}^G}{\pi_t} = B_t^G + T_t \qquad （19）$$

税收和政府支出之间存在如下等式关系：

$$T_t = \phi_{tg} G_t + \phi_{tb} B_{t-1}^G + e^{\tau_t} \qquad （20）$$

（五）国外部门

开放经济中，根据一价定律，进口价格指数等于名义汇率乘以国际价格指数：

$$p_t^F = e_t p_t^* \qquad （21）$$

根据利率平价理论，利率与预期汇率之间存在等式关系：

$$r_t - R_t^F = e_{t+1} - e_t \qquad （22）$$

国际金融市场达到均衡状态：

$$\frac{MU_t}{p_t} = \frac{MU_t^*}{p_t^* e_t} \qquad （23）$$

（六）中央银行部门

Taylor（1993）认为，通货膨胀缺口和产出缺口在评价货币政策中介目标时是两个需要单独考察的重要指标。本文以标准的泰勒规则为基础，然后对其进行合理拓展，构建动态随机一般均衡模型。

$$R_t = R_{t-1}^\lambda \left[R \left(\frac{\pi_t}{\pi}\right)^{\phi_\pi} \left(\frac{Y_t}{Y}\right)^{\phi_y} \right]^{1-\lambda} e^{v_t} \qquad （24）$$

参考瞿强（2001）、吕江林（2005），中央银行的货币政策应该对资产价格做出反应，在构建模型时考虑将资产价格引入标准的泰勒规则中。通过资产定价的方法，可以得到资产价格与利率的关系方程（具体推导过程略）：

$$Q_t = \frac{1}{R_t} \qquad (25)$$

引入货币增长率 u_t，货币政策冲击（利率冲击）v_t，货币政策规则拓展为：

$$R_t = R_{t-1}^\lambda \left[R(\frac{\pi_t}{\pi})^{\phi_\pi} (\frac{Y_t}{Y})^{\phi_y} (\frac{Q_t}{Q})^{\phi_q} (\frac{u_t}{u})^{\phi_u} \right]^{1-\lambda} e^{v_t} \qquad (26)$$

本文主要分析将国债收益率纳入货币政策方程问题，假定货币政策规则中政策利率对国债收益率偏离稳态值的变化做出反应，此时货币政策规则拓展为：

$$R_t = R_{t-1}^\lambda \left[R(\frac{\pi_t}{\pi})^{\phi_\pi} (\frac{Y_t}{Y})^{\phi_y} (\frac{Q_t}{Q})^{\phi_q} (\frac{u_t}{u})^{\phi_u} (\frac{R_t^G}{R^G})^{\phi_{r,g}} \right]^{1-\lambda} e^{v_t} \qquad (27)$$

内生化存款准备金率，存款准备金率的设定方程为：

$$\alpha_t = (1 - \phi_\alpha^\alpha)\phi_\alpha^\pi \pi_t + \phi_\alpha^\alpha \alpha_{t-1} \qquad (28)$$

（七）市场出清

市场总体出清：

$$Y_t = C_t + I_t + G_t + NX_t \qquad (29)$$

货币市场出清：

$$\frac{D_t}{\alpha_t} = M_t \qquad (30)$$

国债市场出清：

$$B_t^{G_1} + B_t^{G_2} = B_t^G \qquad (31)$$

对各部门行为方程进行对数线性化，再结合约束条件和出清条件，冲击方程统一设为 AR（1）形式，可得本文 DSGE 模型的方程组体系。

三、贝叶斯估计

（一）参数估计

本文采用贝叶斯估计技术对模型参数进行估计。

（1）数据处理

选取 7 个观测变量：实际产出、消费、利率、政府购买支出、税收、通货膨胀、中债国债收益率。考虑到数据的可得性，本文数据选取时间区间为 2006 年第一季度到 2020 年第四季度的季度数据，数据来源于 wind 数据库。

（2）参数先验值设定

本文重点关注国债收益率在货币政策方程中反应系数，考虑到政策利率与国债收益率缺口之间的反向关系，货币政策反应系数 phi_rg 的估计值应该是负数，为技术上处理方便，本文估计 phi_rg 表示政策反应系数的相反数，即为大于 0 的正数，设定为 Gamma 分布。参数先验均值的设定方面，采用相关文献的校准值，并使用我国实际数据进行测算调整，同时根据稳态条件下各参数之间的关系，确定各参数之间的勾稽关系，具体结果列示如表 1。

（3）贝叶斯估计结果的有效性

从贝叶斯估计得到的冲击模拟图、先验分布和后验分布图以及 MCMC 收敛诊断图等三个方面证明贝叶斯估计结果的有效性。

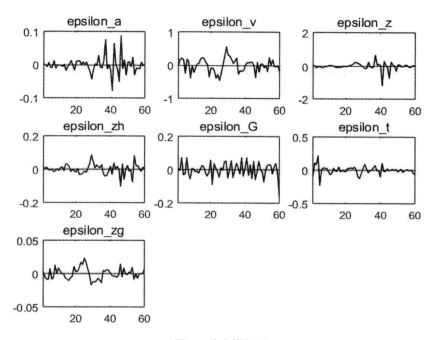

图 1　冲击模拟图

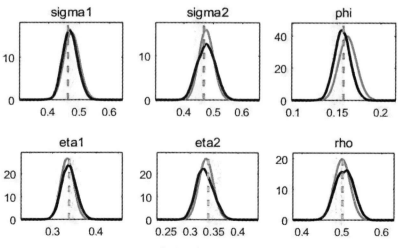

图 2　先验分布和后验分布图

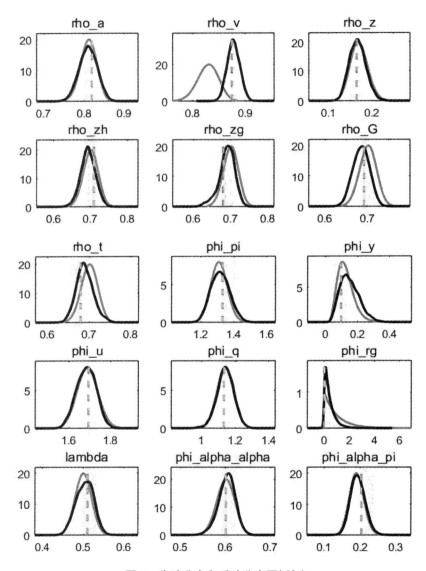

图 2　先验分布和后验分布图（续）

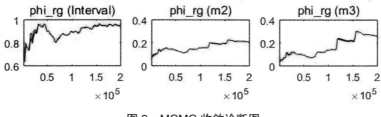

图 3　MCMC 收敛诊断图

如图 1，从冲击的模拟图中可以看出，模型根据实际数据模拟得到的外生冲击大致都围绕 0 线上下波动，在整个数据区间内近似做到正负相抵，可说明模型贝叶斯估计结果的有效性。

如图 2，参数的先验均值与后验众数有稍微差别但相差不大，虚线基本与后验分布的众数重合，后验分布的密度比先验分布更为集中，呈正态分布状。可以判断，贝叶斯估计结果具有有效性。

如图 3，关键参数 phi_rg 两条曲线表示分别从两个不同起点开始模拟的 Markov 链，如果从任一维度来看结果都是相似的，并且在同一维度下两条链基本重合，说明该参数的贝叶斯估计结果是有效的。其他参数估计结果图，也具有此特征。证明了本次贝叶斯估计结果的有效性。

因此，本次贝叶斯估计结果是有效的，估计值具有一定的可信度。部分贝叶斯估计结果列示如表 1。

表 1　贝叶斯估计先验设定和后验分布

参数	先验分布	先验均值	后验均值	90% 后验区间	
				下限	上限
δ	Beta[0.0300, 0.0020]	0.0300	0.0315	0.0299	0.033
θ	Beta[0.4100, 0.0200]	0.4100	0.3821	0.3451	0.4157
η_1	Beta[0.3330, 0.0150]	0.3330	0.3367	0.3091	0.3638
η_2	Beta[0.3330, 0.0150]	0.3330	0.3304	0.3019	0.3603

参数	先验分布	先验均值	后验均值	90% 后验区间	
				下限	上限
ρ	Beta[0.5000, 0.0200]	0.5000	0.5055	0.4693	0.5428
ρ_a	Beta[0.8100, 0.0200]	0.8100	0.8095	0.7729	0.8456
ρ_v	Beta[0.8290, 0.0200]	0.8290	0.8775	0.858	0.8971
ρ_z	Beta[0.1700, 0.0200]	0.1700	0.1665	0.1343	0.1959
ρ_{zh}	Beta[0.7000, 0.0200]	0.7000	0.6927	0.6615	0.7267
ρ_{zg}	Beta[0.7000, 0.0200]	0.7000	0.6891	0.6558	0.7258
ρ_G	Beta[0.7000, 0.0200]	0.7000	0.6839	0.6528	0.7156
ρ_t	Beta[0.7000, 0.0200]	0.7000	0.6889	0.6548	0.7226
ϕ_π	Beta[1.3100, 0.0200]	1.3100	1.3175	1.2244	1.4107
ϕ_y	Beta[0.1250, 0.0200]	0.1250	0.15	0.0553	0.2421
ϕ_u	Gamma[1.6885, 0.5000]	1.6885	1.6825	1.6077	1.7581
ϕ_q	Beta[1.1400, 0.0200]	1.1400	1.1404	1.0578	1.2221
φ_{rg}	Gamma [1, 1]	1	0.4379	0	0.9892
λ	Beta[0.5000, 0.0200]	0.5000	0.5036	0.468	0.5378
φ_{au}	Beta[0.6000, 0.0200]	0.6000	0.6022	0.5708	0.632
φ_{at}	Beta[0.1900, 0.0200]	0.1900	0.193	0.1593	0.2252
σ_1	Gamma[0.4760, 0.0250]	0.4760	0.4705	0.4313	0.5094
σ_2	Gamma[0.4760, 0.0250]	0.4760	0.4758	0.4249	0.5243
φ	Gamma[0.1620, 0.0100]	0.1620	0.1559	0.1405	0.1706

资料来源：根据模拟结果整理得到

（二）经济模拟

本节将检验该模型对实际经济的拟合性。首先将模拟经济的周期性特征跟实际经济的周期性特征进行对比，然后对关键变量利率进行模拟，从这两个方面来确定该模型模拟的有效性。

（1）周期性特征对比

模拟经济中关键变量的标准差、自相关系数列示如表2所示。作为对比，将经过处理后的真实数据特征也列示在表2之中。

如表2所示，其中K–P方差比是指Kydland–Prescott方差比，模拟经济计算的内生变量的标准差与实际经济中对应变量的标准差之间的比值，是判断模型模拟优劣的常用方法。从模拟经济的K–P方差比的结果中可以看出，关键内生变量在模拟经济中的波动非常接近其在实际经济中的波动，模拟经济波动值对实际经济波动值的解释力基本上都在75%以上。

表2　模拟经济与真实经济主要变量的对比

变量	模拟经济		实际经济		模拟经济的K–P方差比（百分比）
	标准差	一阶自相关系数	标准差	一阶自相关系数	
产出	1.6974	0.8017	1.9623	0.7879	86.5
消费	0.9287	0.7747	1.0541	0.7446	88.1
投资	5.4602	0.7547	6.2764	0.721	87
利率	0.0271	0.9524	0.0301	0.8464	90.03
通货膨胀	0.2035	0	0.2694	0.00001	75.54
政府支出	0.3131	0.7	0.3703	0.767	84.55
广义货币供给量（M2）	3.1702	0.9103	3.434	0.8755	92.32

从模拟经济中各个关键内生变量一阶自相关系数在模拟经济与实际经济的对比中可以再次确定本文所构建DSGE模型对实际经济具有很高的拟合性。

（2）模拟利率

以本文构建的DSGE模型为基础，根据模型模拟得到的冲击实现值以及利率对7个外生冲击的脉冲响应结果值可以合成利率模拟值。

表3　利率波动模拟值与真实值的统计结果

Variable	Obs	Mean	Std. Dev.	Min	Max
r 真实值	60	0	0.0016	−0.0039	0.0030
r 模拟值	60	0	0.0014	−0.0035	0.0027

资料来源：根据模拟结果整理

表3中列示了利率模拟结果与真实值统计结果的对比，两者的均值都为0，真实值的方差要大一些，总体来看，模拟值的波动要小一些，进一步说明了本文所建模型的有效性。

四、货币政策规则分析

（一）构建福利损失函数

参考 Woodford（2003）、Gali（2005）的分析方法进行福利分析。

本文居民部门的效用函数：

$$U_t = \left[\frac{\sigma_1}{\sigma_1 - 1} C_{1t}^{\frac{\sigma_1-1}{\sigma_1}} - \frac{z_t^N \varphi}{1+\varphi} N_t^{\frac{1+\varphi}{\varphi}} \right] \quad (32)$$

将效用函数利用泰勒展开公式在变量稳态值处展开并做近似处理，可得总福利损失函数 W，进而解得平均每期的福利损失：

$$L = \frac{1 - \frac{1}{\sigma_1}}{2} \mathrm{var}(C_{lt}) + \frac{U_n N}{U_c C} \frac{1 + \frac{1}{\varphi}}{2} \mathrm{var}(N_t) \quad (33)$$

（二）福利分析

为表述方便，货币政策中不纳入国债收益率因素对应的模型记为模型

1，货币政策中纳入国债收益率因素对应的模型记为模型 2。

根据贝叶斯估计结果，模拟可得社会福利损失值为 −0.0251。固定其他参数的取值，单独调整 phi_rg 的值，研究社会福利损失值的变化趋势。根据贝叶斯估计结果，在 90% 的置信区间下，phi_rg 的后验分布均值为 0.4379，下限为 0，上限为 0.9892。鉴此，在 0 到 1 的区间内，探索福利损失值与国债收益率缺口系数之间的关系。以 0.1 为步长，逐步将 phi_rg 由 0.1 提高到 1，模拟福利损失值的变化。结果列示如表 4，变动趋势如图 4。

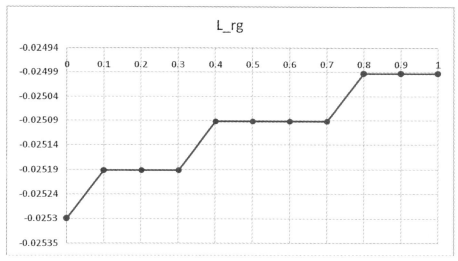

图 4　社会福利损失值

表 4　福利损失值

敏感性参数	通货膨胀缺口系数 phi_pi	产出缺口系数 phi_y	货币增长率缺口系数 phi_u	资产价格缺口系数 phi_q	国债收益率缺口系数 phi_rg	福利损失 L（百分比）
贝叶斯估计先验值	1.31	0.125	1.6885	1.41	1	—
贝叶斯估计后验值	1.3175	0.1500	1.6825	1.1404	0.4379	−0.0251
模型 1	1.3175	0.1500	1.6825	1.1404	0	−0.0253

续表

敏感性参数	通货膨胀缺口系数 phi_pi	产出缺口系数 phi_y	货币增长率缺口系数 phi_u	资产价格缺口系数 phi_q	国债收益率缺口系数 phi_rg	福利损失 L（百分比）
模型2	1.3175	0.1500	1.6825	1.1404	0.1	−0.0252
	1.3175	0.1500	1.6825	1.1404	0.2	−0.0252
	1.3175	0.1500	1.6825	1.1404	0.3	−0.0252
	1.3175	0.1500	1.6825	1.1404	0.4	−0.0251
	1.3175	0.1500	1.6825	1.1404	0.5	−0.0251
	1.3175	0.1500	1.6825	1.1404	0.6	−0.0251
	1.3175	0.1500	1.6825	1.1404	0.7	−0.0251
	1.3175	0.1500	1.6825	1.1404	0.8	−0.0250
	1.3175	0.1500	1.6825	1.1404	0.9	−0.0250
	1.3175	0.1500	1.6825	1.1404	1	−0.0250

资料来源：根据模拟结果整理

"L"表示社会福利损失值，"L_rg"表示国债收益率缺口系数变化与社会福利损失值之间的关系。如表4和图4所示，社会福利损失值的绝对值随着政策利率对货币增长率缺口反应系数的增大而减小。

（1）在货币政策规则中纳入国债收益率情况

经济体的社会福利损失值的绝对值在 phi_rg 取最小值 0.1 的时候达到最大值约 0.0252，而后随着 phi_rg 的增加不断下降。在 0 到 1 的区间内，phi_rg 取 0.4~0.7 时，表现较为稳定，取 0.8~1 时，对应的福利损失值的绝对值最小，约 0.0250。

从社会福利损失变动趋势看，似乎随着 phi_rg 的增加，福利损失的绝对值仍有下降空间，作为尝试性探索，模拟社会福利损失在 phi_rg 取 1 到 3 区间值时的变化情况。结果列示如表5，福利损失绝对值随着 phi_rg 的增加继续下降。

表 5　福利损失值

通货膨胀缺口系数 phi_pi	产出缺口系数 phi_y	货币增长率缺口系数 phi_u	资产价格缺口系数 phi_q	国债收益率缺口系数 phi_rg	福利损失 L（百分比）
1.3175	0.1500	1.6825	1.1404	1	−0.0250
1.3175	0.1500	1.6825	1.1404	1.1	−0.0249
1.3175	0.1500	1.6825	1.1404	1.2	−0.0249
1.3175	0.1500	1.6825	1.1404	1.3	−0.0249
1.3175	0.1500	1.6825	1.1404	1.4	−0.0249
1.3175	0.1500	1.6825	1.1404	1.5	−0.0248
1.3175	0.1500	1.6825	1.1404	1.6	−0.0248
1.3175	0.1500	1.6825	1.1404	1.7	−0.0248
1.3175	0.1500	1.6825	1.1404	1.8	−0.0248
1.3175	0.1500	1.6825	1.1404	1.9	−0.0247
1.3175	0.1500	1.6825	1.1404	2.0	−0.0247
1.3175	0.1500	1.6825	1.1404	2.1	−0.0247
1.3175	0.1500	1.6825	1.1404	2.2	−0.0247
1.3175	0.1500	1.6825	1.1404	2.3	−0.0247
1.3175	0.1500	1.6825	1.1404	2.4	−0.0246
1.3175	0.1500	1.6825	1.1404	2.5	−0.0246
1.3175	0.1500	1.6825	1.1404	2.6	−0.0246
1.3175	0.1500	1.6825	1.1404	2.7	−0.0246
1.3175	0.1500	1.6825	1.1404	2.8	−0.0245
1.3175	0.1500	1.6825	1.1404	2.9	−0.0245
1.3175	0.1500	1.6825	1.1404	3	−0.0245

资料来源：根据模拟结果整理

（2）货币政策规则中不纳入国债收益率的情况

phi_rg 取 0 时，也即货币政策不对国债收益率变化做出反应（模型 1）的情况下，社会福利损失值的绝对值为 0.0253，明显大于模型 2 情况下的福利损失绝对值的最大值。相比较于模型 2 中 0 到 1 区间内的最好情况下社会福利损失值绝对值 0.0250，模型 1 的社会福利恶化 1.20%；相比较于模型 2 中 0 到 3 区间内的最好情况下社会福利损失值绝对值 0.0245，模型 1 的社会福利恶化 2.86%。

（三）货币政策传导分析

（1）传导路径分析

外生冲击表示非模型内生决定的变量发生突发性变化。一个外生冲击会导致有直接联系的内生变量迅速发生变化，通过内生变量之间的关联关系，引起模型所有内生变量发生连锁反应，在模型中表现为内生变量对外生冲击的脉冲响应结果。为说明问题，本文以国债收益率冲击为例。假定由于外部原因，国债收益率发生一个标准差的跳升，内生变量的响应结果如图 5。

货币政策规则方面，国债收益率突然偏离稳态值上升，政策操作利率为引导国债收益率回归稳态水平，迅速调降，表现为"r"的跳降，在政策利率调降的作用下，存贷款以及与之关联密切的企业债券收益率也发生跳降。

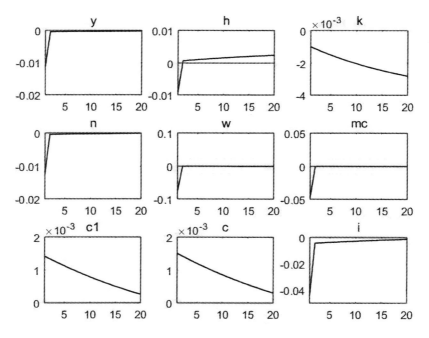

图 5　内生变量对国债收益率冲击反应

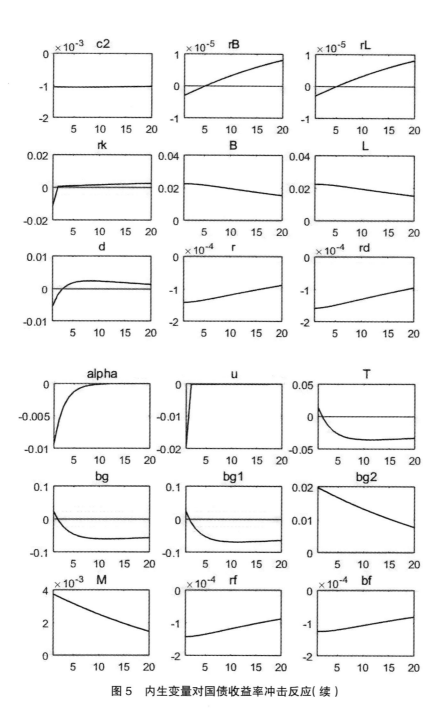

图 5　内生变量对国债收益率冲击反应(续)

国债收益率的突然上升会打破国债交易市场的买卖平衡，国债的需求方是工薪家庭和金融机构，国债的供给方是政府，供需平衡时国债供给量为一个稳态值，国债收益率的突然上升会刺激政府逐渐减小国债的供给量，表现为国债成交量"bg"逐渐远离均衡值缓慢下降。但随着政策利率的调整，国债收益率下降的影响逐渐减弱，国债成交量逐渐向均衡值靠近，表现为"bg"达到最低点后逐渐向稳态值靠近的趋势。

对于工薪家庭来说，资金的使用渠道包括消费、存款、购买债券，国债收益率上升、存款利率下降，脉冲响应图显示工薪家庭购买的国债量基本未变，因存款利率下降，存款量降低，工薪家庭减少储蓄、增加消费，表现为存款量"d"的跳降和消费"c1"的跳升。

对于企业家来说，通过贷款和发行企业债券进行融资，贷款利率和企业债券发行利率下降，企业家筹资成本降低，刺激企业家的融资需求，表现为贷款量"L"和企业债券发行量"B"的跳升，市场需求强劲，企业家出于逐利原则会减少当期消费以扩大投资，表现为企业家消费"c2"的跳降，而对于最终形成的投资量来说，影响因素较多，金融市场国债收益率利率上升、货币市场政策利率下降，再叠加税收因素和资本利用率决定的折旧因素等其他因素，这些因素综合作用，最终导致投资下降，并快速回升到均衡值附近，然后逐渐回归均衡。

对于金融机构来说，国债收益率上升，对国债的配置需求增加，交易量上升，表现为金融机构交易的国债量"bg2"的跳升。因为贷款在企业家的强大需求下大幅跳升，金融机构根据贷款创造存款机制，不断提高经济体的货币供给量，表现为"M"的跳升。对于国际市场来说，我国国债收益率上升，会吸引国际资金入境，导致本币升值，名义汇率下降，净出口下降，表现为

"e"的跳降、"NX"的跳降。国债收益上升，导致消费上升、投资下降、净出口下降，三者相互作用，最终导致产出下降，表现为"y"的跳降，然后迅速回升状态。

（2）经济波动幅度分析

提取两模型产出、投资、净出口、资本、劳动、贷款利率等关键内生变量对技术冲击和资本利用率冲击的脉冲响应结果数据，绘制对比图如图6、图7。从图6和图7中可以明显看出，关键变量对冲击的响应方向一致，但是幅度不同。

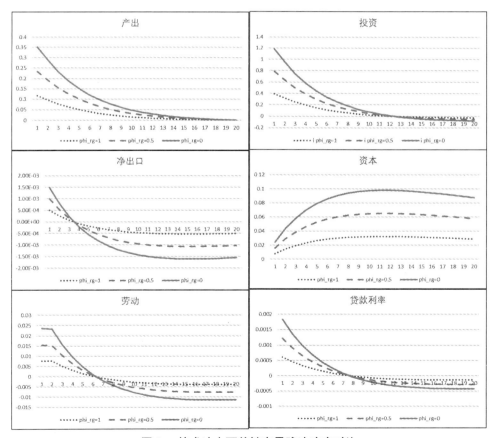

图6　技术冲击下关键变量脉冲响应对比

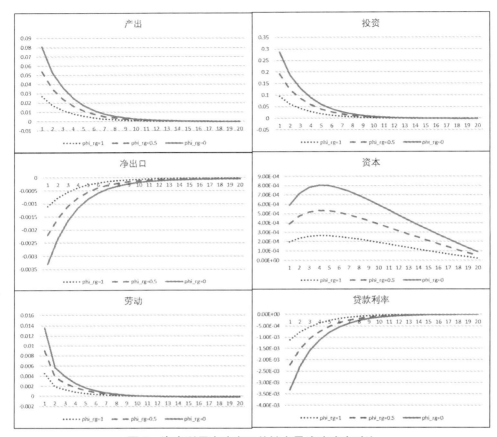

图 7 资本利用率冲击下关键变量脉冲响应对比

主要从两个对比关系中讨论关键内生变量对技术冲击和资本利用率冲击的响应幅度。一是对比 phi_rg=0 与 phi_rg=0.5（或 phi_rg=1）的情况，确定内生变量在模型 1（phi_rg=0）与模型 2（phi_rg ≠ 0）中的反应差别。二是对比 phi_rg=0.5 与 phi_rg=1 的情况，确定模型 2 中，内生变量在政策利率对国债收益率缺口反应强度不同的条件下的波动情况。

如图 6 所示，在技术冲击下，投资、净出口、产出、劳动、贷款利率跳升，资本缓慢增加，然后向关键变量逐步向均衡回归。对比 phi_rg=0 与 phi_ rg=0.5（或者 phi_rg=1）的曲线，模型 1（phi_rg=0）对应的关键变量跳升幅度较大，离均衡轴的距离较远，波动幅度显然大于模型 2（phi_rg ≠ 0）中的情况。对比 phi_rg=0.5 与 phi_rg=1 的曲线，显然 phi_rg=1 的对应的曲线波幅较小，即关键变量在技术冲击下，波幅随着政策利率对国债收益率缺口反应程度的增强而减小。这两个特征在投资、净出口、劳动和贷款利率的波动上表现更加明显：当关键变量向上偏离均衡值时，模型 2 上升的幅度较小，且随着 phi_rg 的增大，上升幅度递减；当关键变量向下偏离均衡值时，模型 2 下降的幅度较小，且随着 phi_rg 的增大，下降幅度递减。

如图 7 所示，在资本利用率冲击下，投资、产出、劳动跳升，资本跳升后继续缓慢增加，净出口、贷款利率跳降，然后关键变量逐步向均衡回归。资本利用率冲击下，关键变量同样表现出波幅在模型 2 中较小、随着政策利率对国债收益率缺口的反应程度的增强而减小的两个特征。即，这两个特征不随着冲击的不同而变化，具有很强的稳定性。

需要说明的是，一是其他内生变量在技术冲击和资本利用率冲击下的变动趋势，也存在与关键变量同样的波动特征；二是所有变量在其他冲击下的变动趋势，也表现出与在技术冲击和资本利用率冲击下同样的波动特征；篇幅限制，不再一一列示。

政策含义是：将国债收益率作为货币政策锚定目标之后，经济变量受到外生冲击后对均衡值的偏离幅度减小，经济指标表现更加平稳。这种平稳性，随着政策利率对国债收益率缺口反应程度的增大而增强。

五、结论建议

（一）本文结论

（1）将国债收益率作为货币政策锚定目标之一，虽不影响宏观经济变量的波动方向，但能够减少宏观经济波动幅度。在货币政策中考虑国债收益率偏离均衡值变化因素对应的模型中，与不考虑国债收益率变化的货币政策对应的模型相比，投资、消费、净出口、产出、资本、货币量等关键经济变量受到技术冲击、资本利用率冲击、需求冲击、利率冲击、政府购买支出冲击、税收冲击、货币供给冲击等影响时，对均衡值的偏离程度较小，但波动方向和趋势变动较为一致。

（2）将国债收益率作为货币政策锚定目标之一，宏观经济波动幅度减小的程度随政策利率对国债收益率反应系数的增加而增大。将国债收益率引入货币政策方程之后，逐步提高政策利率对国债收益率的反应系数，投资、消费、净出口、产出、资本、货币量等关键经济变量受到技术冲击、资本利用率冲击、需求冲击、利率冲击、政府购买支出冲击、税收冲击、货币供给冲击等影响时，对均衡值的偏离程度逐渐减小，即波幅递减。

（3）将国债收益率作为货币政策锚定目标之一，能够增进社会福利水平。政策利率对国债收益率的反应系数取零（模型1）时，福利损失值的绝对值为 0.0253，相比较于政策利率对国债收益率的反应系数非零（模型2）的情况，福利损失出现了一定程度的恶化。具体来说，当政策利率对国债收益率的反应系数取值在 0 到 1 区间内时，最好情况下的福利损失值的绝对值 0.0250，模型1较之社会福利恶化1.20%；当政策利率对国债收益率的反应系数取值在 0 到 3 区间内时，最好情况下的福利损失值的绝对值 0.0245，模型 1 较之社会福利恶化 2.86%。

（4）将国债收益率作为货币政策锚定目标之一，社会福利水平的改善程度随政策利率对国债收益率反应系数的增加而提高。基于我国实际经济数据所进行的贝叶斯估计，结果显示，政策利率对国债收益率的反应系数为 0.4379，在 90% 的置信区间内，上限为 0.9892。而福利损失值的绝对值在此区间内随着政策利率对国债收益率反应系数的增大而不断减小，取 0.8 到 1 之间的数值时，福利损失值的绝对值最小。而突破 1 的上限，继续增加政策利率对国债收益率的反应系数，福利损失值的绝对值会进一步减小。

（二）政策建议

（1）将国债收益率作为货币政策锚定目标之一，以平抑经济波动，增进社会福利水平。国债收益率与物价、经济增长、就业等货币政策最终目标之间的联系性非常紧密，并且具有很强的市场灵敏性，具备成为货币政策锚定目标的基础条件。随着我国经济环境制度的变化以及国债市场的发展，中央银行在价格型货币政策中利用国债收益率曲线进行货币政策传导的条件日益成熟。从本文模型中也可以看到，在货币政策规则中增加国债收益率指标，可以平缓经济波动幅度，增进社会福利水平，且宏观经济的波动减小程度和福利水平的改善程度均随政策利率对国债收益率的反应系数的增加而增大。政策利率对国债收益率的反应系数具体应该使用多大的数值，则要依据货币政策的具体实践确定。如果货币政策的目标是在考虑到货币政策实施成本的背景下尽可能地减少整个经济体的社会福利损失，那么政策利率对国债收益率的反应系数取到 0.8 左右就相对比较适宜。如果货币政策目标是不惜一切代价以尽可能地减少整个经济体的社会福利损失，那么政策利率对国债收益率的反应系数就可以探索取更大的数，突破 1 的区间上限继续增加到更加适宜的参数值。

（2）将国债收益率作为贷款市场定价基准之一，以打通资金市场壁垒，疏通货币政策传导路径。当前贷款市场定价基准 LPR 是由具有代表性的全国性银行、城市商业银行、农村商业银行、外资银行、民营银行等根据市场化方式报价形成，2020 年 4 月以来，国内经济受新冠疫情、国际形势、自然灾害等因素影响，剧烈波动，财政货币政策随经济波动持续发力，而代表贷款市场基准利率的 LPR 却能连续 16 个月保持不变至今（2021 年 7 月），这种报价基准难言"市场化"。LPR 是报价利率，期限点少且连续性弱，市场化资金价格应该是由买卖双方依据真实供求关系确定的交易价格，国债等债券收益率是综合报价与成交形成的利率，其期限结构完整且连续性强。鉴此，打破国债交易市场与存贷款市场之间的壁垒，创新贷款定价机制，将国债收益率作为贷款定价基准之一，给予市场成员充分的选择权利，是市场化探索资金基准价格，疏通货币政策传导渠道的有益尝试。

（3）增加国债发行量、提高国债流动性、增强国债金融属性，强化政策利率在债券市场的传导效率，促进国债收益率曲线更好反映资金市场价格。国债收益率虽具备成为货币政策锚定目标、贷款基准利率的条件，但也存在一定的进步空间。作为债券市场的定价基准，乃至整个金融市场的定价基准，国债收益率曲线准确反映国债真实交易情况，就显得尤为关键。国债发行受赤字规模限制，免税效应带来国债流动性下降，不利于国债市场价格发现和国债收益率曲线的完善。国债市场除了满足财政赤字筹资需要的财政属性外，还担负着培育基准利率，形成整个社会基准利率体系的任务，随着金融市场发展不断深化，国债金融属性需求越来越强。我国国债存量显著低于美债存量、交易活跃性不足、流动性不高、金融属性不强等因素仍然是当前制约我国国债收益率曲线精准性的关键因素。因此，大幅提高国债发行量，为财政政策备足空间；拓展国债使用渠道，凸显国债金融属性；改革国债税收政策，活跃国债交易市场，提高国债流动性等，是当前健全反映市场供求关系的国债收益率曲线、促进金融市场稳定健康发展的可行之策。

（4）国内债券市场改革，应坚持防风险底线，更好发挥国债收益率曲线定价基准作用。推进债券市场发展，健全基准利率和市场化利率体系，更好发挥国债收益率曲线定价基准作用，既要坚持防风险底线，又要坚持市场化原则，保障金融机构自主选择定价基准的权利，提升金融机构自主定价能力。债券中央一级托管可熨平同一券种在不同市场的价差，为市场提供统一的定价基准，促进国债收益率定价基准功能的发挥。因此，推进国内债券市场互联互通等改革，要坚持实施中央一级托管。非中央一级托管模式依赖于账户之间的层层嵌套，无法穿透到国债的最终持有人，中央托管机构不掌握国债持有人明细数据，加剧债券市场碎片化程度，不利于形成反映市场供求关系的国债收益率曲线，容易积聚系统性金融风险。中债国债收益率曲线，在国内债券定价中最具影响力，亦获国际认可，是市场化自发形成的定价基准，国内债券市场改革宜朝着更好发挥中债国债收益率曲线定价基准作用的方向努力，而非相反方向。

（5）债券市场对外开放，要坚持"中央确权，穿透式管理"原则，掌握金融定价权，维护国家金融安全。近年来，国际货币政策"放水"，债券收益率处于历史低位，社会主义市场经济体制下的我国经济韧性十足，国债收益率相对较高，对国际投资者具有较强吸引力，此时推进债券市场对外开放不宜为迎合国际投资者而盲目照搬他国所谓"多级托管模式"。多级托管模式下，我国国债交易和持有者明细信息游离于我国中央托管机构穿透式管理之外，掌握在欧美主导的国际托管机构手里，形成离岸债券市场后，我国编制的不含境外投资者持债信息的国债收益率曲线准确性将会受到质疑，依此确立的人民币资产定价权也将受到冲击。"中央确权，穿透式管理"是我国在对外开放过程中掌握人民币资产定价权、更好维护国家金融安全所应坚决坚持的基本原则。

附表：

参数含义

参数	含义	参数	含义
C_t	总消费	α_t	存款准备金率
C_{2t}	企业家消费	R_t^R	存款准备金利率
D_t	存款	B_t^F	金融机构买入外国债券量
R_t^D	存款利率	NCO_t	资本净流出
R_t^G	国债收益率	IB_t	同业拆入资金量
$B_t^{G_1}$	国债购买量	$B_t^{G_2}$	金融机构买入国债量
N_t	劳动供给	R_t^{IB}	同业拆借利率
R_t^F	外国债券收益率	β_b	银行业贴现因子
$B_t^{F_1}$	外国债券购买量	κ	贸易开放度
e_t	名义汇率	ψ	贸易价格弹性
w_t	工资率	ς	中间产品价格弹性
E_t	期望算子	p_t^F	外国物价指数
T_t	家庭税负	p_t^H	本国物价指数
β_1	工薪家庭贴现因子	P_t	国内总体物价水平
β_2	企业家贴现因子	A_t	技术冲击
π_t	通货膨胀	Y_t	产出

续表

参数	含义	参数	含义
σ_1	消费的跨期替代弹性	G_t	政府购买支出
φ	劳动供给的跨期替代弹性	B_t^G	国债发行量
z_t	总需求冲击	S_t	贸易条件
F_t^S	中间厂商利润分配	P_t^*	国际物价指数
F_t^B	金融机构利润分配	Q_t	资产价格
R_t^L	贷款利率	u_t	货币增长率
L_t	贷款量	R_t^K	资本收益率
R_t^B	企业债券利率	K_t	资本存量
B_t	企业债量	h_t	资本利用率
I_t	投资	δ	折旧率

参考文献

［1］曹金飞.金融冲击对产出波动影响的动态分析——基于 DSGE 模型 [J]. 宏观经济研究，2019(12): 48–59.

［2］陈昆亭，龚六堂.粘滞价格模型以及对中国经济的数值模拟——对基本 RBC 模型的改进 [J]. 数量经济技术经济研究, 2006(08): 106–117.

［3］郭立甫，姚坚，高铁梅.基于新凯恩斯 DSGE 模型的中国经济波动分析[J]. 上海经济研究，2013(3): 3–12.

［4］郭栋.灾难风险经济冲击效应与货币政策机制选择研究——基于 DSGE 模型的新冠肺炎疫情经济模拟 [J]. 国际金融研究，2020(08): 24–34.

［5］郝大鹏，王博，李力.美联储政策变化、国际资本流动与宏观经济波动 [J]. 金融研究，2020(07): 38–56.

［6］何青，钱宗鑫，郭俊杰.房地产驱动了中国经济周期吗？ [J]. 经济研究，2015、50(12):

41–53.

［7］贺聪，项燕彪，陈一稀. 我国均衡利率的估算 [J]. 经济研究，2013(8): 107–119.

［8］惠恩才. 国债收益率曲线与宏观经济相关性的实证研究[J]. 经济社会体制比较，2007 (06): 52–56.

［9］李威，吕江林. 利率市场化对中国宏观经济的冲击效应——基于 DSGE 模型的分析 [J]. 金融论坛，2016, 21(03): 48–63.

［10］李威，朱太辉. 基于 DSGE 模型的货币供给内生性检验——兼对非常规货币政策效果的解释 [J]. 国际金融研究，2018(02): 43–53.

［11］李松华. 基于 DSGE 模型的利率传导机制研究 [J]. 湖南大学学报 (社会科学版)，2013(3): 42–48.

［12］刘斌. 我国 DSGE 模型的开发及在货币政策分析中的应用 [J]. 金融研究，2008(10): 1–21.

［13］刘方. 中国利率市场化改革效应的 DSGE 模拟分析 [J]. 南方金融，2014(02): 12–18.

［14］吕江林. 我国的货币政策是否应对股价变动做出反应 [J]. 经济研究，2001(3): 80–90.

［15］瞿强. 资产价格与货币政策 [J]. 经济研究，2001 (7): 60–67, 96.

［16］史本叶，王晓娟，冯叶. 流动性管理视角下中国货币政策工具有效性研究 [J]. 世界经济，2020, 43(09): 147–172.

［17］隋建利，张龙. 货币政策、消费偏好与双预期管理 [J]. 国际金融研究，2021(04): 33–42.

［18］夏春. 实际经济时间序列的计算、季节调整及相关经济含义 [J]. 经济研究，2002(03): 36–43, 94.

［19］赵星，崔百胜. 中国货币政策对美国的溢出效应研究——基于两国开放经济 DSGE 模型的分析 [J]. 中国管理科学，2020, 28(07): 77–88.

［20］Bernanke B, Gertler M, Gilchrist S. The Financial Accelerator in a Quantitative Business Cycle Framework[M]. Elsevier, 1999.

［21］Chen Q, Funke M, Paetz M. Market and Non-Market Monetary Policy Tools in a Calibrated DSGE Model for Mainland China [J]. Quantitative Macroeconomics Working Papers, 2012.

［22］Christiano L J, Eichenbaum M, Evans C L. Nominal Rigidities and the Dynamic Effects of a Shock to Monetary Policy [J]. Journal of Political Economy, 2005, 113(1): 1-45.

［23］Gerali A, Neri S, Sessa L, et al. Credit and Banking in a DSGE Model of the Euro Area [J]. Journal of Money Credit & Banking, 2010, 42(Supplement s1): 107-141.

［24］Funke M, Paetz M. Financial System Reforms and China's Monetary Policy Framework: A DSGE-Based Assessment of Initiatives and Proposals [J]. Social Science Electronic Publishing, 2012, 90(347): 401-412.

［25］Iacoviello, M. House Prices, Borrowing Constraints, and Monetary Policy in the Business Cycle [J]. American Economic Review, 2005, 95(3): 739-764.

［26］Justiniano, Alejandro, and Giorgio E. Primiceri. Measuring the Equilibrium Real Interest Rate [J], Federal Reserve Bank of Chicago Economic Perspectives (1st Quarter), 2010, 14-27.

［27］King, R.G., Rebelo, S. T. Resuscitating Real Business Cycles [J]. Handbook of Macroeconomics, 1999, 1(99): 927-1007.

［28］Litterman, R., Scheinkman, J. and Weiss, L. Volatility and the Yield Curve [J]. Journal of Fixed Income, 1991(1), 49-53.

［29］Neiss, Katharine, and Edward Nelson. The Real Interest Rate Gap as an Inflation Indicator [J], Bank of England Working Paper No. 130, 2001.

［30］Smets F, Wouters R. Forecasting with a Bayesian DSGE Model: an Application to the Euro Area [J]. Working paper no. 389, 2004, European Central Banks: Frankfurt.

［31］Smets, F., Wouters, R. An Estimated Stochastic Dynamic General Equilibrium Model of the Euro Area [J]. Ssrn Electronic Journal , 2002, 1(5): 1123-1175.

［32］Woodford M. Control of the Public Debt: a Requirement for Price Stability？ [J]. Working paper no. 5684, 1996, National Bureau of Economic Research: Cambridge, MA.

［33］Woodford, M. Interest and Price: Foundations of a Theory of Monetary Policy[M]. Princeton University Press, 2003.

企业债券发行利率与中债企业债收益率曲线偏差影响因素分析

李栋

摘　要: 作为企业融资的重要工具,企业债券以其违约风险低、双市场发行等优势成为市场认可和信赖的信用债券品种。经过观察发现,企业债券发行利率波动通常较大,不同的评级、发行人所处地区、债券期限、债券发行规模及当时的市场环境等因素都会对企业债券发行利率产生较大影响,本文希望通过构建模型,对影响企业债券发行利率与中债企业债收益率曲线 ① 偏差的因素进行分析。

关键词: 企业债券　发行利率　中债企业债收益率　偏差

---

① 中债企业债收益率曲线涵盖的企业范围更广,除涵盖企业债外还涉及发行公司债、中票短融等种类,可能会存在一定的偏差,仅以此代表非金融企业信用债券的整体利率情况。

一、研究背景

作为企业融资的重要工具，企业债券以服务国家重大战略及重大规划、支持实体经济中的重点领域及薄弱环节、违约风险低、可双市场发行等特点，成为市场认可和信赖的信用债券品种。2020 年，注册制改革后企业债券得到了进一步发展，发行规模有所提升，监管部门也通过出台相关政策对企业债券市场发展提供了大力支持。经过观察发现，企业债券发行利率波动通常较大，不同的评级、发行人所处地区、债券期限、债券发行规模及当时的市场环境等因素都会对企业债券发行利率产生较大影响，规律性不明显。本文希望通过构建模型，对企业债券发行利率与中债企业债收益率曲线偏差影响因素进行分析，以便贴近市场与投资者，了解企业债券定价逻辑，更好地服务企业债券市场，支持企业债券发行。

二、企业债券发行情况概览

首先对 2014—2020 年间的企业债券发行量、发行期次、发行人地区分布、信用评级情况、债券期限分布、发行利率与中债企业债收益率曲线偏差等要素进行描述分析，以便后文进一步构建统计模型。

（一）发行基本情况

总体来看，企业债券发行量自 2018 年起呈稳定增长态势，企业债券日益受到市场融资主体和广大投资者的欢迎。2020 年，企业债券（不含铁道债）发行总量为 3947.89 亿元，发行期次 389 期，同比增长 9.38%。2021 年以来，受市场环境好转及疫情因素逐渐减弱的影响，截至 6 月底，企业债券发行量为 2181.7 亿元，发行期次 224 期，同比增长 13.50%。

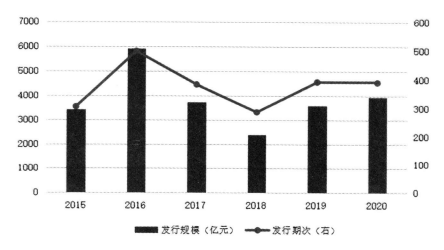

图 1　2015—2020 年企业债券发行规模及期次

数据来源：中债信息网

分地区来看，不同省份发行人发行量相差较大，通常经济体量大、经济发达地区企业债发行规模较大，2014 年企业债券集中簿记建档以来，发行

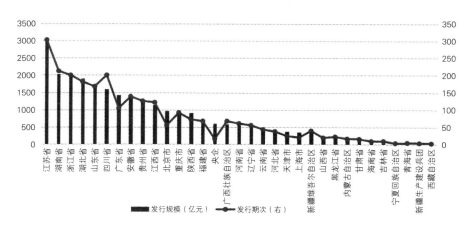

图 2　2014 年 6 月至 2020 年不同地区企业债券发行规模及期次

数据来源：中债信息网

量排名前十的分别为江苏省、湖南省、浙江省、湖北省和山东省，这些省份经济体量大，融资主体多，融资需求相对旺盛。

从发行期限来看，2014—2020 年间，企业债券以 5~10 年（含 5 年、不含 10 年）的中期限为主，发行规模约占总发行量 80%，2020 年占比 77.52%。其中 7 年期企业债券的发行规模占比最大，在 50%~80%，2020 年占比 51.39%。近年来，中期限债券发行量占比略有下降，短期（5 年以下，不含 5 年）和长期债券（10 年以上，含 10 年）的发行量占比稍有增加，企业债券融资期限结构进一步丰富，能够满足不同主体、不同期限项目的融资需求。

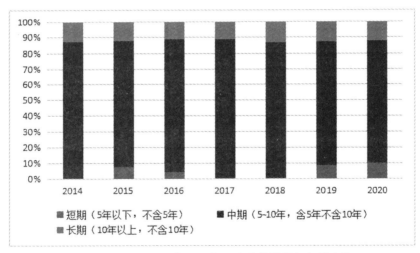

图 3　2014—2020 年不同期限企业债券发行规模占比

数据来源：中债信息网

从评级方面来看，2014 年 6 月至 2020 年，企业债券债项评级以 AAA 为主，发行规模约占总发行量的 47%。近年来，债券评级 AAA 债券的发行量占比持续增加，2020 年占比为 68.9%。更多优质项目融资，促进企业债券成为优质投资标的，吸引投资人，利率降低，从而进一步吸引优质主体和项目通过企业债券进行融资，形成良性循环。

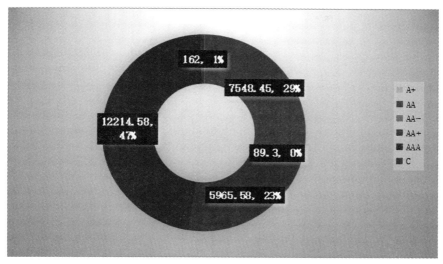

图4　2014 年 6 月至 2020 年不同评级企业债券发行规模(亿元)及占比

数据来源：中债信息网

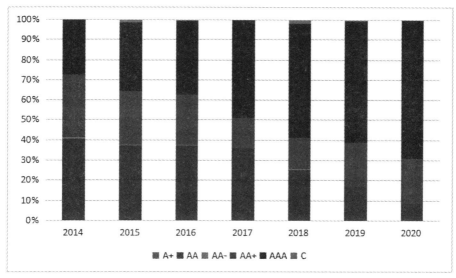

图5　2014 年 6 月至 2020 年各年份不同评级企业债券发行规模占比

数据来源：中债信息网

从发行规模来看，2014 年 6 月至 2020 年，企业债券发行规模从 0.3 亿至 80 亿元不等，以 5 亿元至 10 亿元规模为主，发行期次占比约为 55%。其中，又以发行规模为 10 亿元的企业债券期次占比最高。

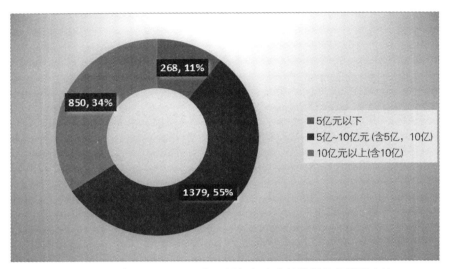

图 6 2014 年 6 月至 2020 年不同评级企业债券发行规模及占比

数据来源：中债信息网

（二）企业债券发行利率与中债企业债收益率曲线偏差（以下简称发行利率偏差）时间序列情况

将 2014 年 6 月至 2020 年间的企业债券发行明细数据去除含权因素影响，以债项评级为 AAA 企业债为例，对 2014—2020 年企业债加权平均发行利率和加权平均发行利率偏差进行分析，结果如下图。2017 年前，发行利率偏差较小，2017 年后发行利率偏差呈波动上升趋势，2020 年后总体趋势稍有下降。总体来看，企业债券发行利率与中债同期限同级别企业债收益率曲线的偏差波动较大，受到各种内在因素、外在因素及市场情绪影响较大。

用期限匹配的国债收益率代表无风险利率，并求月度均值，将三条曲线进行比较。图中显示，企业债券发行利率与无风险利率的走势基本相似，发行利率偏差走势尽管波动较大，但整体走势也与无风险利率走势大致类似，证明当时的市场情况（当月无风险利率均值）会对企业债券发行利率及发行利率偏差产生较大影响。

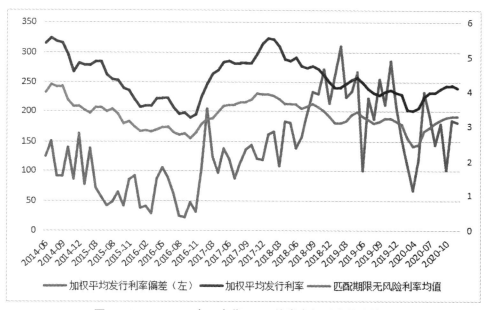

图 7　2014—2020 年 7 年期 AAA 债券发行利率偏差情况

数据来源：中债信息网、Wind

三、企业债券发行利率与中债企业债收益率曲线偏差影响因素重要性分析

本文中以 2014—2020 年间全部未含权企业债券作为样本，首先采用随机森林回归模型进行拟合，筛选对企业债券发行利率偏差影响较大的特征，再通过多元线性回归模型生成更加直观的参数化模型，从而解释每一特征

对企业债券发行利率偏差的影响。

（一）随机森林理论介绍

随机森林算法（Random Forest）模型是由 Leo Breiman（2001）提出的集成学习算法，该算法是在 CART 决策树模型的基础上发展而来。随机森林通过自助法（bootstrap）重采样技术，从原始训练集中有放回地进行抽样，随机生成一棵决策树的样本。与样本选取类似，每一棵决策树在分裂过程中并未使用全部的待选特征，而是从全部待选特征中随机选取一部分，并通过相应算法选取最优分裂特征，完成分裂过程。最终每一棵子分裂树得到的结果通过投票方式从而确定随机森林的输出结果。随机森林模型因精度高、能够有效处理具有高维特征数据集、训练速度快、无须拟定样本分布等优点，是当今机械学习中广泛使用的算法。

随机森林的构建过程如下：

1. 对于 N 个样本，有放回地随机选择 N 个样本（每次抽取一个样本，并将其放回），选择出的 N 个样本进行一次决策树训练，作为当前节点样本。未被选取的样本作为袋外数据（out of bag, OOB），用于后续计算测试集误差。

2. 如每个样本具有 M 个属性，在决策树节点需要分列时，随机从 M 个属性中抽取 m 个属性，满足 m<<M。从 m 个属性中采用信息增益或基尼指数等策略，筛选出 1 个属性作为该节点的分裂属性。

3. 重复步骤二的分裂过程，直到该节点所有训练属性均属于同一类。

4. 当测试新样本时，样本会进入随机森林的每一棵决策树并进行判断。对于分类问题，各个决策树进行投票，投票最多的结论作为该样本的输出结果；对于回归问题，采用简单平均法，各个子树得到的回归结果进行算数平均后作为该样本的输出值。

随机森林可以计算模型中各变量重要性,对变量筛选具有重要意义。随机森林度量特征重要性的原理如下:

1. 对于决策树,选取相对应的袋外数据(OOB),计算袋外数据误差,记为 errOOB1。

2. 随机对袋外数据的全部样本特征 X 加入噪声干扰,并再次计算袋外数据误差,记为 errOOB2。

3. 如随机森林中包含 N 棵决策树,则:

特征 X 的重要性 $= \Sigma$(errOOB2−errOOB1)/N

4. 若当特征 X 在加入噪声后袋外数据准确率大幅降低,则该特征对于样本的分类结果影响较大,即该特征重要程度较高。

(二)模型构建

本文选择 2014—2020 年间未含权企业债券作为样本[①](剔除极端评级因素影响),分析发行量、发行地区、发行期限、债项评级、无风险利率、付息方式等特征向量对企业债发行利率偏差的影响。

1. 数据预处理

2014—2020 年间由国家发展改革委审批的不含权(包括投资人选择权及发行人选择权)企业债券共 2016 只,其中各特征中包含缺失值数据 32 条,占比约 1.59%。删除缺失值后所得样本 1984 条。发行利率偏差采用债券发行利率与当日相同期限、相同评级中债企业债收益率曲线之差,单位为 1 基点(Basis Point, BP)。数据发行收益率偏差极小值为 −159.96、极大值为 440.26、平均值为 114.83、中位数为 94.43,其质量分布图如图 8 所示:

_____

① 企业债券数据来源: Wind;无风险收益率数据来源:中债信息网。

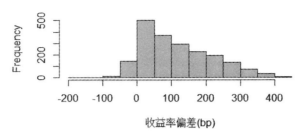

图 8　收益率偏差质量分布图

通过检验处于偏差分布图边缘债券并结合实际情况可知各债券不存在异常情况，故得以保留。样本数据整体质量较高。

2. 随机森林回归

以企业债发行利率偏差为因变量，债券发行量、发行地区、发行期限、债项评级、匹配期限的国债收益率、3 月国债收益率、付息方式作为特征构建随机森林回归模型，其袋外误差在 400 棵树以上时趋向于稳定。每一节点随机选取的分裂特征根据经验选取特征变量数的开方[1]，取值为 2。

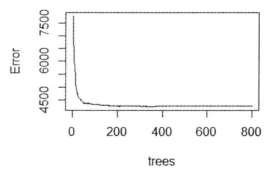

图 9　随机森林模型误差

---

[1] Breiman，L，Manual On Setting Up，Using，And Understanding Random Forests V3.1，2002.

运行模型结果如下：

```
Call:
 randomForest(formula = traindata$收益率偏差bp ~ ., data = traindat
a,       ntree = 400, mytr = 2, important = TRUE, proximity = TRUE)
               Type of random forest: regression
                    Number of trees: 400
No. of variables tried at each split: 2

          Mean of squared residuals: 4294.681
                    % Var explained: 57.65
```

结果中，% Var explained 体现各特征向量对发行利率偏差方差的整体解释率。此处代表所选特征解释了 57.65% 的发行利率偏差变动，这可能主要是模型样本量较小且部分特征变量（如地区）分割较多导致的。对模型特征进行重要性计算，结果如下图所示：

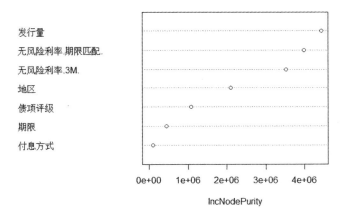

图 10　输入变量重要性测度散点图

图 10 中可以看到随机森林模型中不同特征的重要性计算结果，数值越大代表其对模型影响越高。此处无风险利率分别选用期限匹配的国债收益率与 3 月期国债收益率。

四、企业债券发行利率与中债企业债收益率曲线偏差影响因素多元回归分析

（一）变量选取及理论分析

首先，根据经验及随机森林模型筛选出对发行利率偏差影响较大的因素包括：发行人地区、债券发行规模、债项评级、债券期限、市场宏观环境（期限匹配的无风险利率）等因素，由于中债企业债收益率曲线本身大致能够反映市场上不同评级和期限企业债的收益率情况，因此本文假设单只企业债的发行利率及发行利率偏差最终将更多受到市场投资者认可情况的影响。同一评级、同一期限的企业债券，若投资者认可，则发行利率可能更接近甚至低于中债企业债收益率，若投资者不够认可，则发行利率可能高出中债企业债收益率很多。本文选取上述因素分析其如何影响市场对债券的认可程度，从而分析对发行利率偏差的影响，并进行数据分析。

去除极端情况影响（很少的 A+ 和 C 评级），去除含权因素影响，对 2014 至 2020 年发行企业债的加权平均发行利率偏差进行分析[①]。

1. 发行人地区

本文假设企业债发行人地区的经济实力越强，企业债券发行利率偏差越低。一方面，企业债券发行主体受市场认可程度一定程度上受到当地经济实力的影响，所处地区整体实力较强，企业债发行主体的市场认可程度将一定程度增强，更容易降低发行利率及利率偏差。另一方面，企业债券募集资金用途多为区域相关的基础设施建设项目及公用事业项目，发行地区经济

---

① 数据来源：中债信息网、Wind。

实力越强,市场对企业债募投项目的认可程度也就越高。

利用数据分析,去除发债过少随机性因素带来的干扰,可以看出:一是央企发行利率和发行利率偏差明显低于地方企业债;二是经济发达省份发行利率和发行利率偏差均较低,如上海、北京、广东、天津等。

地区	加权平均发行利率 %	加权平均发行利率偏差 bp	地区	加权平均发行利率 %	加权平均发行利率偏差 bp
央企	4.15	−8.16	山东省	4.91	90.51
上海市	4.60	−4.25	吉林省	4.97	94.51
北京市	4.27	12.03	内蒙古自治区	5.40	104.84
广东省	4.22	19.47	湖南省	4.68	104.99
天津市	4.73	36.66	河南省	4.78	106.69
新疆维吾尔自治区	5.42	51.06	陕西省	4.52	115.11
青海省	6.11	57.58	四川省	4.72	134.27
福建省	4.60	67.23	黑龙江省	5.20	136.31
浙江省	4.91	71.75	甘肃省	5.08	136.32
江苏省	4.60	73.79	山西省	4.96	141.60
河北省	4.57	79.98	江西省	4.77	143.08
辽宁省	5.27	82.22	云南省	5.17	145.35
重庆市	4.79	86.25	广西壮族自治区	4.72	147.02
湖北省	4.62	86.42	贵州省	5.03	148.86
安徽省	4.76	89.91	宁夏回族自治区	4.35	264.75

2. 发行规模

企业债的发行规模受到发行主体整体实力、债券募投项目的影响,债券的发行规模越大,说明发行主体规模越大,募投项目规模越大。同时发行规模越大,也反映该发行主体的融资能力和投资者认可程度越高。因此,本文假设债券的发行规模对企业债发行利率偏差有着负影响,即发行规模越大,发行利率利差越小。

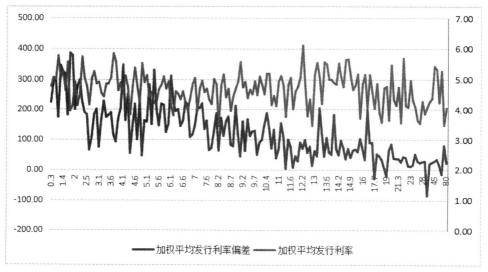

图 11　不同发行规模对应的企业债券发行利率偏差

数据来源：中债信息网

3. 期限和评级

期限方面，一方面债券存续期限越长，面临的风险越大，资质较好的企业债券才能得到市场认可。因此，债券发行期限较长的发行主体一般为更优质的企业，相应会有更小的发行利率偏差。但同时期限越长，投资者要求的溢价更高，可能会相应提高发行利率偏差。因此，本文假设债券发行期限对城投类企业债发行利率偏差的方向不确定。

评级方面，债项评级能够涵盖主体评级、增信措施等综合因素，是投资者决策是否申购某只债券的重要依据，也是投资者报价高低的主要参照指标。一般情况下，债项评级越高，投资者认可程度越高，发行利率会越低，发行利率偏差可能也会相应降低。但债项评级越高，含有增信措施的可能性也提高（2014 年以来 AAA 级企业债券中，含有增信措施的债券期次占比超过50%），即主体评级低于债项评级，在这种情况下，受到发行主体资质不足的影响，可能会相应提高发行利率偏差。因此，本文假设债项评级对发行利率偏差方向不确定。

利用数据分析，去除发债较少的 AA– 债券对结果的影响，可以看出：一是同一期限，评级越高，通常发行利率偏差越小，如 3 年、5 年、10 年等，AA+ 高于 AAA。二是 AA 与 AA+ 的发行利率偏差通常 AA 低于 AA+，如 3、6、7、8 年。三是 7 年期发行量最大，但发行利率偏差规律不明显。四是同一评级，期限的因素影响规律不明显。由此可以简单看出，评级和期限因素对于发行利率偏差的影响方向不明确。

加权平均发行利率偏差	AA	AA–	AA+	AAA
3 年	26.62		183.52	39.23
4 年				123.83
5 年	155.57		108.37	35.21
6 年	41.52		131.91	45.61
7 年	85.00	−53.76	94.22	123.03
8 年	85.03	35.06	149.40	29.68
9 年				−17.97
10 年	100.01		56.35	46.47
15 年				7.07

4. 市场情况影响

从中债企业债收益率曲线自身规律来看，曲线本身基本能够反映债券本身内在因素（包括评级及期限）的影响，发行利率的偏差除受一部分内在因素影响（发行规模、发行人地区）外，应受当时市场情况的影响。

市场情况因素对于发行利率偏差的影响较为复杂，此处不一一展开，仅使用匹配期限的国债收益率代表无风险利率，表示当时的市场情况，包括经济发展情况、通胀情况、货币市场流动性水平及市场情绪等因素。从直观表现来看，当无风险利率低时，反映债券市场情况较好，市场资金相对充足，债券市场较为景气，因此投资者对信用利差等要求可能相对降低，通常企业债券发行利率和发行利率偏差都会降低。因此，本文假定无风险利率的影响方向以正向为主。

（二）数据选择及变量说明

从中债信息网选取 2014 年 6 月企业债券集中簿记建档以来至 2020 年底的企业债券发行数据，去除评级极端情况的影响（很少的 A+ 和 C 评级），去除含权因素影响，得到样本共 2016 个。

SPERAD：企业债券发行利率与当日同期限、同评级中债企业债收益率曲线偏差，单位 bp。

AREA1、AREA2、AREA3：发行人地区的虚拟变量，并进行分组，AREA1 代表央企和东部地区，AREA2 代表中部地区，AREA3 代表西部和东北地区，本文将 AREA1 和 AREA2 放入模型。

分区	包含省（区）①
东部地区	北京市、天津市、河北省、上海市、江苏省、浙江省、福建省、山东省、广东省、海南省
中部地区	山西省、内蒙古自治区、安徽省、江西省、河南省、湖北省、湖南省
西部地区	四川省、重庆市、广西壮族自治区、贵州省、云南省、西藏自治区、陕西省、甘肃省、宁夏回族自治区、青海省、新疆维吾尔自治区
东北地区	辽宁省、吉林省、黑龙江省

GRADE1、GRADE2、GRADE3：债项评级的虚拟变量，GRADE1 为 AAA，GRADE2 为 AA+，GRADE3 为 AA 和 AA−，本文将 GRADE1 和 GRADE2 放入模型。

AMOUNT：债券发行量，单位为亿元。

TERM：债券发行期限，单位为年。

RF：无风险利率，选取簿记建档日当日的同期限国债收益率为无风险

_____
① 分类标准：根据资料整理得来。

利率代表。

（三）模型构建

以企业债券发行利率偏差为因变量，债券发行规模、债券发行期限、债项评级、发行人地区、无风险利率作为自变量，构建多元回归模型。

$$SPREAD = \alpha_0 + \alpha_1 AREA1 + \alpha_2 AREA2 + \alpha_3 GRADE1 + \alpha_4 GRADE2 + \alpha_5 AMOUNT + \alpha_6 TERM + \alpha_7 RF$$

1. 多重共线性分析

首先，本文采用方差膨胀因子（VIF）检验回归模型的多重共线性，VIF越大表示共线性越严重，从检验结果来看，各因子的 VIF 均不超过 10，可以进行多元线性回归。

Variable	Centered VIF
AREA1	1.50
AREA2	1.47
GRADE1	1.37
GRADE2	1.30
AMOUNT	1.06
TERM	1.07
RF	1.07

2. 结果分析

根据上述模型进行多元回归分析，得出结果如下表：

Variable	Coefficient	Std. Error	t–Statistic	Prob.
AREA1	−67.41183	4.884723	−13.80054	0.0000
AREA2	−29.25579	5.017415	−5.830850	0.0000
GRADE1	57.10480	4.667281	12.23513	0.0000
GRADE2	27.83833	5.110582	5.447194	0.0000
TERM	−0.973145	1.790125	−0.543619	0.5868
AMOUNT	−5.741041	0.295991	−19.39603	0.0000
RF	9.327015	4.489425	2.077552	0.0379
C	156.9051	18.47471	8.492970	0.0000

Variable	Coefficient	Std. Error	t–Statistic	Prob.
R–squared	0.263629	Mean dependent var		114.8272
Adjusted R–squared	0.261020	S.D. dependent var		100.3140
S.E. of regression	86.23384	Akaike info criterion		11.75603
Sum squared resid	14694080	Schwarz criterion		11.77858
Log likelihood	−11653.98	Hannan–Quinn criter.		11.76431
F–statistic	101.0613	Durbin–Watson stat		1.393701
Prob（F–statistic）	0.000000			

由结果可以看出，模型整体显著，且发行人地区、债项评级、债券发行规模、无风险利率均在 5% 的置信水平下显著，均对企业债券发行利率偏差有较大影响。期限因素的影响不够显著。

其中，AREA1 系数符号为负，且结果显著，表明债券发行主体若是央企或是在东部地区，则发行利率偏差明显降低，AREA2 系数符号为负，但 t 值的绝对值小于 AREA1，表明债券发行主体若是中部地区，则发行利率偏差相对西部地区和东北地区较小，但降低程度弱于东部地区。而西部地区和东北地区债券发行利率偏差相对较高，即发行人地区的经济实力越强，市场对当地企业的认可程度越高，发行利率偏差越低。

GRADE1 和 GRADE2 系数符号为正，表明评级越高，发行利率偏差反而越大，这可能是受到 AAA 主体中含增信措施债券的影响。含有增信措施的债券由于主体评级低于债项评级，会使得发行利率偏差扩大。

TERM 的影响不显著，表明期限的影响没有明确线性规律，这与上文分析结论一致。

AMOUNT 的系数为负，且结果显著，表明债券发行规模越大，发行利率偏差越小，即发行规模越大，表明企业实力及募投项目规模越大，越容易得到市场认可，从而发行利率偏差降低。

RF 系数符号为正，表示无风险利率越高，发行利率偏差越高，当无风险利率高时，投资者对信用利差等要求可能相对提高，通常企业债券发行利率和发行利率偏差都会提高。因此，发行人需要谨慎选择发行时机。

五、结论

本文就企业债券发行利率与中债企业债收益率曲线的偏差进行了理论和实证分析，结果表明发行当天的市场情况、发行人地区、债券发行规模、债项评级等因素都会对偏差有较大影响，当天无风险利率越低，市场情况越好，发行利率偏差越低；发行人地区经济发展水平越高，发行利率偏差越低；债券发行规模越大，发行利率偏差越低。

因此，对于企业债券发行主体来说，在有融资需求的情况下，一方面应着力于提升自身资质，整合资金需求，适度提升单次债券发行规模，从而向市场传达自身实力强劲的信号；另一方面也应密切关注市场情况，在适当的窗口期发行债券筹资，从而降低融资成本。对于地方政府来说，也应进一步增强地区经济实力，为区域内的企业提供更好的融资环境，激发区域内企业活力，进而促进经济发展，形成良性循环。

本文希望通过理论及实证分析对企业债券发行利率的偏差进行深入了解，以往文献主要研究的是信用利差的影响因素，对于企业债券发行利率相对于中债企业债收益率曲线偏差的研究较少。但本文仍存在不足之处，根据实际经验及参考其他研究表明，影响企业债券发行利率的因素有很多，例如是否有增信措施、企业债券簿记管理人及承销团的综合实力、企业的综合实力、债券含权等因素都会对利率偏差存在一定的影响。本文只是选取了部分关注因素进行研究，尚有许多重要但是未纳入模型的解释变量，因此，回归模型对发行利率偏差的解释程度有限。

参考文献

［1］颜志强 . 城投类企业债发行信用利差影响因素研究 [D]. 南京大学 , 2017.

［2］Breiman, L, Manual On Setting Up, Using, And Understanding Random Forests V3.1, 2002.

ESG 评价指标在企业债券品种创新中的应用

贾舍　吴茜　陈芷名　曹敬晨

摘　要： ESG 是 Environmental（环境）、Social（社会）、Governance（治理）的缩写，是一种关注企业在环境绩效、社会责任和公司治理三个方面表现的价值理念和评价标准。目前，转变经济发展方式、绿色发展、关注生态文明建设已经是我国经济转型的重要方向。有研究发现，ESG 表现较为优异的企业在同行业竞争中更有优势、违约风险更低。将 ESG 指标应用在企业债券的评价及品种创新中，对于债券的发行端和投资端均可以起到显著作用。本文旨在分析设计 ESG 专项企业债券的可行性，并提出专项债券的适用范围和支持政策等方面的建议。

关键词： ESG　企业债券

一、ESG 评价指标体系概述

（一）概念和历史

ESG 是责任投资中的专有名词，是三个英文单词首字母的缩写，即环境

（Environmental）、社会（Social）和治理（Governance）。联合国提出的责任投资原则（PRI）框架中，将 ESG 范围界定为：

E（环境）：与自然环境的质量和运作循环有关的因素，集中在关注气候变化和可持续发展两个维度。具体包括气候变化和碳排放、空气和水污染、生物多样性、能源利用、废物回收等。

S（社会）：与人和社会的权利、福利和利益有关的因素，分别为多元化问题、员工福利问题、消费者权益问题。具体包括客户满意度、数据保护和隐私、性别平等、社区关系、人权和劳工标准等。

G（治理）：与本公司和子公司治理有关的因素，更为具体表述应为 corporate governance，重点集中在三个领域，一是组织内部治理框架，包括公司管理层构成、内部管理程序和控制机制（治理结构、独立性、股东权利）；二是组织内部员工之间的关系；三是公司内部薪酬问题。具体包括董事会组成、监事会结构、违规赔偿等。

根据经合组织（OECD）于 2020 年发布的报告《ESG 投资：实践，进展和挑战》（*ESG Investing: Practices, Progress and Challenges*），由于投资者希望对环境和社会产生正面影响，所以推动世界各成员国行动起来，为可持续发展做出贡献，这一大趋势让可持续金融（sustainable finance）在全球不断的增长。而 ESG 指标中的环境、社会责任和公司治理三个核心因素恰恰是可持续金融背景下投资者制定投资决策时需要考量的因素。因此，ESG 评价指标其实是在可持续发展的宏观背景下应运而生的。

环境、社会和公司治理（ESG）投资理念衍生于社会责任投资（SRI），是 SRI 中最重要的三项考量因子。社会责任投资是指投资者在选择投资的企业时不仅关注其财务、业绩方面的表现，同时关注企业社会责任的履行。

20世纪60至70年代，人们逐渐意识到环境保护、可持续发展的重要性，初步形成了"社会责任投资"。1997年，美国非营利环境经济组织（CERES）和联合国环境规划署（UNEP）共同发起成立了全球报告倡议组织（GRI），该组织从可持续发展的角度，建立一套有关于经济、环境和社会影响的标准。2006年，联合国责任投资原则组织（UN PRI）的成立推动责任投资迈向国际化成熟发展阶段。之后，UN PRI 首次提出了 ESG 理念并在全球推动践行。2007年，高盛公司将环境和社会因素与投资者高度关注的公司治理因素相整合，首次明确了 ESG 概念。

随着 ESG 理念飞速发展，国内监管部门也开始高度重视起来，在最开始阶段，国内关注焦点在环保、绿色领域等方面，自 2008 年上海证券交易所颁布《关于加强上市公司社会责任承担工作的通知》后，市场才开始逐步关注上市公司规模增长以外的环境与社会责任因素。2015 年，香港证券交易所要求上市公司披露 ESG 报告，促使上市公司有意识主动对 ESG 相关信息进行披露。2016 年以来，随着新的相关政策法规不断出台，ESG 理念发展进入全面深化阶段。

表 1　ESG 相关政策法规梳理汇总

时间	政策法规
	国内 ESG 萌芽阶段：2008 年及以前
2006	深圳证券交易所推出了《上市公司社会责任指引》，要求上市公司积极履行社会责任，定期评估公司社会责任的履行情况，自愿披露企业社会责任报告
2008	上海证券交易所发布《关于加强上市公司社会责任承担工作的通知》
	国内 ESG 初步发展阶段：2009—2015 年
2012	香港联合交易所发布第一版《环境、社会及管治报告指引》，建议上市公司发布 ESG 报告。同一年银监会发布《绿色信贷指引》
2015	香港交易所对《环境、社会及管治报告指引》进行修订，要求上市公司披露 ESG 报告，同时将部分指标分阶段提升至"不遵守就解释"

时间	政策法规
	国内 ESG 深化阶段：2016—2020 年
2017	证监会颁布《公开发行证券的公司信息披露内容与格式准则 2 号——年度报告的内容与格式（2017 年修订）》，规定上市公司在报告期内以临时报告的形式披露环境信息内容的，应当说明后续进展或变化情况
2018	证监会发布修订后的《上市公司治理准则》，确立了环境、社会责任和公司治理（ESG）信息披露基本框架
2018	中国证券投资基金业协会正式发布《中国上市公司 ESG 研究报告》和《绿色投资指引（试行）》，构建了衡量上市公司 ESG 绩效的核心指标体系
2019	香港联合交易所发布《环境、社会及管治报告指引》及相关《上市规则》条文的咨询文件，进一步强化 ESG 信息披露要求
2020	深圳证券交易所发布《上市公司信息披露工作考核办法》，对上市公司履行社会责任的披露情况进行考核，并首次提及了 ESG 披露
2020	上海证券交易所发布《上海证券交易所科创板上市公司自律监管规则适用指引第 2 号——自愿信息披露》中表示，科创板公司在信息披露时，可根据所在行业、业务特点、治理结构，进一步披露 ESG 方面的个性化信息

总结来看，2020 年新型冠状病毒肆虐和愈加明显的气候变化风险迫使大家进一步探讨和实践责任投资，将环境、社会和公司治理（ESG）因素纳入投资考量已经逐渐深入人心，成为国内监管机构和市场各方的共识。

（二）ESG 应用于固定收益领域的合理性和必要性

2020 年，AAA 企业违约事件频发、个别企业逃废债等行为对信用市场产生了巨大的冲击。许多同地区、同行业的企业纷纷表态与违约企业不同，但由于市场信心受挫、投资人无法判断企业真实情况，这些企业融资仍然受到不同程度的波及，比如山西的煤炭企业、永煤违约后的河南地区企业等。

目前的外部评级体系无法体现企业内部治理和社会责任方面，导致同一信用等级的不同个体债券利差区间较大，评级区分度不足，没有起到评级应有的风险定价功能。而且，目前的评级下调存在滞后于风险事件的问题，无法在事件发生前起到风险预警的作用。而 ESG 就能够有效对这些问题形成有效补充。ESG 三个维度衡量的是企业长期的、持续的发展能力和偿债能力。中债估值的统计显示，ESG 评级具有一定的企业违约预警作用，一方面 ESG 得分和中债市场隐含评级具有一定的相关性，评级越高、信用资质越好的企业，ESG 平均得分越高；另一方面，企业违约前 ESG 得分或有变化，从对 2020 年出现违约的发行主体的分析来看，20% 的企业在违约前两年得分明显下降。

从微观角度来看。ESG 对债券市场交易双方都有益处：对于发行人来说，ESG 能够更全面地反映企业风险，进而获得更准确的风险溢价、信用利差，发挥优胜劣汰的功能，有效降低 ESG 债券发行人的发行成本；对于投资人来说，越来越多的投资者已将 ESG 纳入公司研究和投资决策的框架中，希望能够通过投资 ESG 降低风险、获得超额回报。根据中国证券投资基金业协会发布的《中国基金业 ESG 投资专题调查报告（2019）》，在调查的 324 家证券投资机构中，近九成对 ESG/ 绿色投资有所关注，且普遍认为，降低风险是采纳责任投资的首要驱动力。从疫情期间全球债券市场的实际表现来看，ESG 主题的固定收益指数与其他指数相比表现更优。

二、ESG 固定收益评价指标介绍及对比

对于发达国家来讲，ESG 投资历经多年发展，已经通过萌芽阶段进入完善阶段。随着 ESG 理念的深入发展，更多的国外企业意识到，ESG 评价指标对公司财务绩效和投资回报的影响权重越来越大，从而催生出更多专业 ESG 评级机构，以协助企业衡量其 ESG 绩效。

目前，国际上 ESG 评价体系发展较为成熟，评价机构众多，在评价体系的设计上，大多基于联合国责任投资原则（PRI）提出的 ESG 核心要义构建

基本框架，在此基础上形成各自的特色化设计。评价框架一般采用三级指标体系，一级指标为 E、S、G 3 个维度，二级指标延伸为 10~20 个主题，三级指标为细化的关键事项，指标数目从 20 个到 100 多个不等。

相比于股票市场，ESG 在固定收益领域起步较晚，关注度也相对较低。然而在近几年，ESG 理念越来越多地被整合到债券投融资策略中，ESG 主题债券发展势头强劲，ESG 评价体系在固定收益信用评价中的作用也在逐步加强。由于不同机构对 ESG 框架下包含的具体内容、"最佳实践"的考评存在差异，ESG 评估方法目前全球没有统一标准。目前国际上较流行的有 MSCI 的 ESG 评价体系，国内有中债估值中心构建的 ESG 评价体系。

（一）国外指数编制机构

1.MSCI ESG 评价体系（MSCI FIXED INCOME）

MSCI 为全球指数编制公司。MSCI 的 ESG 评价体系主要包含 3 大类和 10 项主题以及 37 项关键指标，侧重考察各指标对企业的影响时间和行业的影响程度。MSCI 公司每年基于全球 5500 多家上市公司，编制 100 多只 ESG 指数以满足市场需求。体系概况如下：

表 2　MSCI ESG 评价体系

分项	维度	因素
E	气候变化	碳排放 产品碳足迹 融资环境影响 气候变化脆弱性
	自然资源	水资源稀缺性 原材料采购 生态多样性与土地利用
	污染物与废弃物	有害排放与废弃物 包装材料与废弃物 电子垃圾

续表

分项	维度	因素
E	环境机会	清洁技术机会 绿色建筑机会 再生能源机会
S	人力资本	人力资源管理 健康与安全 人力资本开发 供应链劳动标准
	产品责任	产品安全和质量 化学品安全 金融产品安全 隐私和数据安全 尽职调查 健康和人口风险
	利益相关者反对意见	有争议的采购
	社会机会	交流机会 融资机会 卫生保健 营养与健康方面机会
G	公司治理	董事会 薪酬 股东 会计审计
	公司行为	商业道德 反竞争行为 税收透明度 腐败与不稳定 金融体系不稳定

2. 路孚特（Refinitiv）

Refinitiv 是汤森路透旗下的子公司，其 ESG 评价体系自上而下包括 E、S、G 3 个评价分项，10 个评价维度，29 个评价因素，186 余个具体计算指标；此外，Refinitiv 还有 23 个指标用于衡量企业的负面舆情情况，并在 ESG 评分之外给出舆情得分。体系概况如下：

表 3　Refinitiv ESG 评价体系

分项	维度	因素
E	排放	排放 污染物 生物多样性 环境管理
	创新	产品创新 绿色收入 / 研发 / 资本支出
	资源利用	水资源 能源资源 可持续包装 环境供应链
S	社区	（未具体披露）
	人权	人权
	产品责任	责任营销 产品质量 数据安全
	劳工	多元化与包容性 职业发展和训练 工作环境 健康和安全
G	企业社会责任策略	企业社会责任策略 ESG 报告和披露透明度
	管理	结构(独立性、多样性、委员会) 报酬
	股东	股东权益 反收购

3. 对比

（1）MSCI、Refinitiv 计算方法复杂程度不同

MSCI 的得分计算过程最为复杂，体现了多层次的分析框架。MSCI 在计算因素得分时，均分成两步进行考察，即考察发行人在该因素下的风险敞口和风险管理。这种区别使模型可以调整达到给定因素分数所需的管理系统的强度：面临较高风险敞口的公司必须采取更强有力的管理措施来应对。相反，如果公司面临最低的特定风险敞口，则该模型不会惩罚那些采用最低管

理措施的公司。对于风险敞口的分析，MSCI 一般从业务线条和地区线条进行，即会对发行人进行深度拆解，探究各个类型业务在各个地区中所面临的挑战，最后将其进行加权汇总。对于风险管理的分析，MSCI 一般从战略与治理、举措与计划、绩效三个角度去进行评判，并且会考虑舆情信息。在得到风险敞口和风险管理得分之后，MSCI 进行该因素得分的计算，若为风险类指标，总体原则是一定风险敞口下，管理能力越强则因素得分越高，但是有一些基础的敞口。计算过程如下：

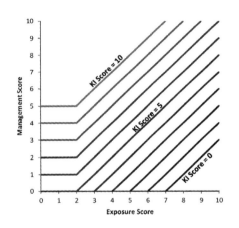

$$Key\ Issue\ Score = 7 - (MAX(exposure, 2) - management)$$

(Constrained 0-10, rounded to one decimal)

图 1　MSCI 风险类因素得分计算

对于机会类指标，总体原则是，面对较大机会时，管理能力强则得分高，管理能力低则得分低。计算过程如图 2 所示：

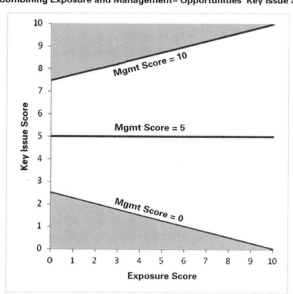

Combining Exposure and Management–'Opportunities' Key Issue Score

$$Key\ Issue\ Score = \left(0.5 + \frac{exposure}{20}\right) \times management + \left(0.5 - \frac{exposure}{20}\right) \times 5.0$$

(Constrained 0-10, rounded to one decimal)

图 2 MSCI 机会类因素得分计算

Refinitiv 的得分计算过程与 MSCI 相比相对简单。主要将指标区分成布尔型和数值型，总体采用计算指标数值，排序，根据相对位置打分的原则。其指标得分计算公式如下：

$$score = \frac{no.\ of\ companies\ with\ a\ worse\ value + \dfrac{no.\ of\ companies\ with\ the\ same\ value\ included\ in\ the\ current\ one}{2}}{no.\ of\ companies\ with\ a\ value}$$

主要输入参数包括该指标有值的个数、该指标值低于该发行人值的发行人个数、该指标值等于该发行人值的发行人个数。

（2）评价体系包含维度和因素略有不同

在 E 项下，在维度层面，3 个 ESG 评价基本一致。因素层面，MSCI 有碳排放、产品碳足迹、包装材料废弃物、电子垃圾废弃物等因素，Refinitiv 有可持续包装等因素。

在 S 项下，在维度层面，MSCI 有利益相关者反对意见、社会机会等维度，Refinitiv 有人权维度。在因素层面，产品安全区分了化学品安全和金融产品安全，社会机会维度下包含了交流机会、融资机会、卫生机会、健康机会等因素，具体评估了企业在多大程度上利用发展中国家和服务不足的市场的增长机会。

在 G 项下，在维度层面，MSCI 分公司行为和公司治理进行分析，Refinitiv 分企业社会责任策略、管理、股东进行分析。在因素层面，MSCI 在公司行为维度下包括了反竞争行为、税收透明度、金融体系不稳定等因素；Refinitiv 有 ESG 报告和披露透明度、反收购等因素。

在因素的设置上，MSCI 总体对某子行业的因素的增加和减少依据以下原则，即当该因素外部性的大小（基于该子行业中公司的平均 ESG 风险暴露得分）达到或超过所有子行业的 80% 时，建议为该子行业添加一个因素。

（3）权重设置考虑不一样

MSCI 的因素权重设置原则：每个因素权重通常占 ESG 总评级的 5%~30%，权重考虑了与所有其他行业相比，该行业对环境或社会的负面或正面影响的贡献，以及 MSCI 预计该行业公司实现风险或机遇的时间线，如下概念所示。

		Expected Time frame for Risk/Opportunity to Materialize	
		Short-Term (<2 years)	Long-Term (5+ years)
Level of Contribution to Environmental or Social Impact	Industry is **major** contributor to impact	Highest Weight	
	Industry is **minor** contributor to impact		Lowest Weight

Refinitiv 维度权重设置原则：每个维度有代理指标，取每个行业计算代理指标中位数，进行全行业排序，根据行业排序的截面计算该行业中该维度的权重。部分维度权重是所有行业统一的，例如 S 下边的 Community 维度。

（4）舆情处理方法不同

MSCI 对于舆情的处理大致如下：一方面，每个争议案例都会评估其对社会或环境影响的严重程度，并因此被定为非常严重、严重、中度、轻微，为了达到这些评估，每个案例都从两个维度进行了分析，即影响的性质和范围。MSCI 指出，虽然每一个争议案件都可能预示着声誉风险，但并非每一个争议都会被判定为构成重大风险，因此，并非每一个争议都会影响公司的整体评级。另一方面，ESG 评级通常评估争议案例是否表明公司风险管理能力存在结构性问题。在 ESG 评级模型中，分析员认为表明可能对公司构成未来重大风险的结构性问题的争议案件，比被认为是近期业绩的重要指标但不是未来重大风险的明确信号的争议案件，从因素得分中扣减的分数更大。最后，综合考虑严重程度和结构性判断结果，对舆情从总体管理得分中进行 0 到 5 分的争议扣分。

Scale of Impact	Nature of Impact			
	Egregious	Serious	Medium	Minimal
Extremely Widespread	Very Severe	Very Severe	Severe	Moderate
Extensive	Very Severe	Severe	Moderate	Moderate
Limited	Severe	Moderate	Minor	Minor
Low	Moderate	Moderate	Minor	Minor

Refinitiv 将舆情单独打分得到一个独立于 ESG 评价分数的 ESG Controversies score，与 ESG 评价分数可以汇总成一个 ESG combined score，该分数取 ESG 评价分数和 ESG Controversies score 孰低。Refinitiv 舆情得分

根据 23 个舆情点进行记录，选取舆情发生个数，根据发行人市值进行调整，将调整后的结果进行排序，采用普通指标的得分计算方法计算舆情得分。

（二）国外评级机构

目前已经有评级机构在实践中将 ESG 纳入债券评级体系，国际三大评级机构也均开发了自己的 ESG 评估系统。以惠誉为例，其于 2019 年 11 月推出全球首个整合了 ESG 因素的信用评级系统——ESG 相关性评分（ESG Relevance Scores），为全球固定收益指数中 80% 以上的债券提供评级服务。该评分体系包含 ESG 一般议题和行业特定问题，对所有细项加总得到信用评级的实质性影响的总评分。

ESG 评级相关性评分对公司的 14 个 ESG 风险因素（5 个 E 因素，包含温室气体排放、污水处理、废物材料管理等；5 个 S 因素，包含人权、产品质量安全、劳动关系等；4 个 G 因素，包含管理战略、治理结构、财务透明度等）进行评分，每个要素的评分结果为"1"到"5"，反映每个要素与信用评级决策的相关性和重要性，评分越高表示该 ESG 风险因素与信用评级的相关性和重要性越高，评分"1"和"2"为无影响，"3"为低影响，"4"为中等影响，表示该 ESG 风险因素不是主要驱动因素，但与其他因素一起共同对信用评级产生影响，可能会在评审委员会中讨论或在已发布的评级报告中提及，"5"为高影响，表示该 ESG 因素是对主体、交易或计划评级有重大影响的关键评级驱动因素。

与其他 ESG 评价体系不同，惠誉的 ESG 相关性评分的结果显示的不是一个发债实体的 ESG 表现优劣，而是代表不同要素如何影响分配给该实体的信用评级，得出哪些 E、S 和 G 风险因素正在影响信用评级决策。2019 年 1 月，惠誉发布了 1534 家发行人的详细 ESG 评级相关性评分结果：有 22%

的公司受到了 E、S 或 G 因素的影响（一个或多个得分为"4"或"5"），有将近 3% 的公司有一个 E、S 或 G 子因素本身导致评级发生变化（得分为"5"）。总体来看，G 因素是推动评级变化的最常见因素，但对于某些行业，如公用事业、零售、医疗健康等行业，环境或社会因素影响更大。

（三）国内估值机构——中债 ESG

中债 ESG 评价自上而下包括 E、S、G 3 个评价分项，14 个评价维度，39 个评价因素，160 余个具体计算指标，体系概况如下：

表 4　中债 ESG 评价体系

分项	维度	因素
E	环境管理	绿色战略与规划 环境管理要求 环境信用
	绿色发展	环保投入 绿色主营
	资源利用	能源利用 水资源利用
	污染防治	废水污染防治 废气污染防治 固体废弃物处理
	生态保护	土地保护与修复
S	员工	基本权益保障 职业福利 职业成长 利益保护
	供应商和客户	产品持续性 质量保障 售后服务 客户隐私保护
	投资人	债券发行文件中投资者保护条款：事件类条款 债券发行文件中投资者保护条款：限制类条款

续表

分项	维度	因素
S	社区与社会贡献	捐赠与投资 就业与纳税 重大技术研发 响应政策
G	股东权益保护	股东权益保护机制 股东决策效率
	董监高治理能力	人员素质 制衡机制 董监高内部独立性 董监高外部独立性 董监高构成合理性及稳定性
	激励机制	激励水平 激励形式
	信息披露	及时性 可靠性 完备性
	管理规范性	诉讼或仲裁 经营风险

中债 ESG 评价体系是中债估值中心结合国际主流框架方法,融合中国国情与债券市场特点,自主研发的 ESG 评价体系。通过金融科技手段集成大量非结构化数据和另类数据,进而对债券发行主体 ESG 信息进行全面采集分析,是全球首个实现中国债券市场公募信用债发行主体全覆盖的 ESG 评价体系。中债 ESG 评价体系具有以下特点:

与国际主流评价框架一致。中债 ESG 评价体系充分吸纳国际主流方法和经验,同时参考重要的规则文件和国际学术研究成果,评价方法与国际主流评价框架整体一致,例如环境绩效评价方法参考了国际标准化组织 ISO 的环境标准体系、多篇代表性学术论文和各行业发展规划和清洁生产标准文件;社会责任评价方法参考了全球报告倡议组织 GRI 发布的《可持续发展报告指南》、香港证券交易所发布的《环境、社会与管治报告指引》

等；公司治理评价方法参考了经济合作与发展组织（OECD）发布的《公司治理准则》等。

兼顾中国政策环境和债券市场特点。中债 ESG 评价体系充分考虑国内各行业和债券市场发展、信息披露的实际情况，重点选取可得性强、可比性好、具备中国特色的指标。环境绩效评价指标选取参考国内行业发展阶段、工艺流程和行业发展规划、指导意见、清洁生产标准等文件；社会责任评价指标选取考虑债券市场特点，例如将债券投资人保护条款设置情况纳入评价体系，依据国内脱贫攻坚政策环境，考虑扶贫相关专项基金设立情况等；公司治理评价指标选取参考国内法律法规和制度文件，关注中外差异，例如股权集中度过高将影响市场机制的发挥，我国国有企业第一大股东持股比例通常较高，根据实践情况，公司治理评价对部分指标针对国企和非国企分别制定细分标准。

评价体系考虑行业差异。环境绩效评价方法依据行业在资源节约、污染防治、应对气候变化、生态保护等方面的整体表现，将国民经济分类涉及的 90 余个行业进行分类确定行业间差异，并综合考虑生产经营过程中对环境的主要影响因素，进一步归类分析，最终确定覆盖全部行业的 60 套评价指标，各行业评价指标体系兼顾通用指标和分行业个性指标。社会责任评价方法在统一框架的基础上也兼顾了行业特点。例如，在客户责任维度下，制造业额外考察产品回收机制相关情况；在社会贡献维度下，金融行业额外考察扶贫贷款发放情况。

科学设置关键参数。环境绩效评价方法依据各行业发展规划、清洁生产标准等国家政策文件逐一确定分行业个性指标的先进值、平均值、准入值，形成 60 套评价指标的全部参数，例如饮料制造类行业的能耗类指标，按照

《清洁生产标准　果蔬汁及果蔬汁饮料制造》《清洁生产标准　葡萄酒制造业》《清洁生产标准　酒精制造业》等清洁生产标准的相关指标平均值设置参数;社会责任和公司治理评价主要依据市场和行业总体情况设置评价的参数,例如董事会的规模过大或过小都会影响董事会的运行效率,不利于公司治理,而具体阈值在学界中并没有具体明确,中债 ESG 评价根据债券市场发行人董事会规模的实际数据情况,分析研究形成了最优区间,评价结果更加符合我国市场情况。

三、ESG 专项企业债券的设计要点和政策建议

（一）ESG 理念符合企业债券的特点和发展方向

企业债券是贯彻落实国家战略部署、释放政策信号、引导产业发展的重要政策工具。企业债券紧跟国家战略规划方向和产业政策走向,精准发力,持续加大对经济发展关键领域、国家规划重点区域、社会民生薄弱环节的融资支持力度,有效支持了电网改造、三峡水利等全国重大工程建设和能源、交通、环保等重点产业发展。同时,企业债券坚持不断创新,多品种企业债券体系引导债券资金配置到城市更新、产业升级、绿色发展、科技创新等领域,有力发挥了债券资金对于重点领域投资的先行带动作用。

与其他公司信用类债券品种相比,企业债券始终坚持与实体投资项目挂钩,采用"发债主体和投资项目"双审核模式,坚持引导债券资金投向符合国家宏观调控政策和产业政策的项目建设。可以说,坚持企业债券募集资金必须和建设项目挂钩是企业债券的特色和核心定位。同时,为匹配项目建设周期需要,企业债券在期限设置上以中长期为主,有利于发行人提前锁定

资金成本，形成有效投资，避免投融资期限错配，是企业筹资中长期、低成本建设资金的重要工具。

而就 ESG 与企业债券的一致性来说，首先，ESG 主题行业符合企业债券的支持方向。目前国际上通用的 ESG 债券认定标准来自国际资本市场协会 ICMA，它将 ESG 主题债券分为四类，即绿色债券、社会责任债券、可持续发展债券、可持续发展挂钩债券，其中，绿色债券本身就是企业债券的专项品种；社会责任债券的募投项目范围包括可负担的基础生活设施、健康和教育等基本服务需求、可负担的住宅等，这些领域也都属于企业债券的支持范围。

其次，ESG 理念关注企业关注中长期发展，这也与企业债券的期限设置初衷不谋而合。ESG 主题债券的期限一般较长，集中在 5~10 年，原因是 ESG 主题项目一般都是投资回收期较长的项目，而企业债券由于具有始终与募投项目挂钩的特点，期限一般为中长期以匹配项目建设需要，这也与 ESG 债券的设计一致。

（二）中债 ESG 评价体系应用于企业债券品种设计的可行性

根据中债估值中心对存续企业债券发行主体的 ESG 打分结果显示，1418 个企业债券发行主体的平均 ESG 总分得分为 4.53 分，其中 E 项平均分 3.77 分，S 项平均分 2.12 分，G 项平均分 6.4 分，G 项得分较为集中，E、S 项得分较为分散。

从 ESG 得分结果来看，与目前的外部主体评级较为一致，评级越高、信用资质越好的企业，ESG 平均得分越高：

表 5　ESG 平均得分情况

外部主体评级	个数	ESG 平均得分	E	S	G
AAA	191	5.35	4.44	3.08	7.07
AA+	234	4.75	3.93	2.09	6.61
AA	821	4.34	3.61	1.94	6.24
AA−	149	4.21	3.43	1.9	6.08

同时,ESG 评分还能够对外部评级起到有效补充作用,比如某些外部主体评级较高的企业属于高污染、高能耗行业,则 E 项评分较低;发行文件缺少投资者保护相关条款,则 S 项评分较低;信息披露不及时不完备则 G 项评分较低。同样地,对于某些资产规模不大,但在环境、社会责任和公司治理等方面表现优异的企业,可以在外部主体评级一般的情况下通过较高的 ESG 评分传递较好的市场信号,获得发行 ESG 专项债券的机会。

（三）ESG 专项企业债券适用范围和支持重点

ESG 专项债券适用的发行主体范围为中债 ESG 得分总分不低于 4 分且单项得分不低于 3 分的企业,鼓励优质企业申报 ESG 专项债券。

在募集资金使用方面,ESG 专项债券的募集资金主要用于支持符合 ESG 主题范围内的募投项目:环境（E）方面主要包含《绿色债券发行指引》支持领域;社会（S）方面需符合履行社会责任和产生社会效益的要求,如保障性住房、交通运输、市政基础设施、健康医疗、养老、文化旅游、教育、体育、金融创新支持（小微企业、中小企业、受疫情影响严重企业）等企业债券品种的支持领域;治理（G）方面需符合可持续发展的要求。鼓励发行人提供社会责任报告作为评分依据的补充。

为了鼓励在 ESG 方面表现优秀的企业申请发行 ESG 专项债券,可适当在部分准入条件上给予放宽:

（1）允许用于募投项目的募集资金规模不超过项目总投资的比例放宽

至 80%。

（2）允许企业使用不超过 50% 的债券募集资金用于补充营运资金。

（3）支持中债 ESG 评分总分在 5 分（含）以上且单项得分 4 分（含）以上的企业，以自身信用发行本专项债券。

（4）鼓励设置与 ESG 评价结果相挂钩的浮动利率定价机制。为激励发行人在存续期内提升环境、社会和公司治理方面的表现，专项债券允许设置与 ESG 评分变动情况相挂钩的浮动利率条款，发行人可自主设定债券利率的浮动区间。

在 ESG 债券的存续期管理方面，发行人应严格按照发行文件约定的用途使用募集资金，加强存续期信息披露管理，提高募集资金使用透明度。发行人应于每年 8 月 31 日前披露上一年度募集资金使用情况、募投项目进展情况、ESG 评分变化情况。同时，债券存续期内发行人 ESG 评分发生变动的，应及时发布公告披露 ESG 评分变动情况和变动原因。对于连续两年 ESG 评分下降导致发行人不符合专项债券发行条件的，不得再次申报 ESG 专项债券。对于在存续期内违规使用募集资金的发行人，由各省级发展改革委提出整改要求，并对相关责任方进行惩戒。情况严重的应及时报告国家发改委，记入企业债券信用信息档案，并在事中事后监管、信用评价工作中予以体现。

参考文献

[1] 国家发展改革委 . 绿色债券发行指引 [S], 2015.

[2] 刘璐，吁文涛 . 企业 ESG 评价和传统信用评级体系比较研究 [J]. 新金融，2021(4).

［3］牛玉锐 . ESG 在固定收益投资领域的应用难点及对策 [J]. 清华金融评论 , 2020(11).

［4］司盛华 , 赵怡 . ESG 指数投资策略在债券市场的应用 [J]. 债券 , 2021(2).

［5］王超群 , 张超 , 曹敬晨 . ESG 在固定收益投资领域的应用研究 [J]. 金融纵横 . 2020 (11).

［6］中国证券投资基金业协会 . ESG 研究专栏 [J], 2020(4).

［7］中国证券投资基金业协会 . 中国基金业 ESG 投资专题调查报告 (2019 年)[R], 2020(3).

［8］Fitch Ratings. 2020 ESG in Credit White Paper.

［9］MSCI. MSCI ESG Ratings Methodology, 2020(12).

［10］OECD. ESG Investing: Practices, Progress and Challenges, 2020.

中债方案之"多级服务"法律视角初探

谭思瑶　李军南　崔格非　胡羽珺

摘　要：中央结算公司顺应时代需要提出"中央确权、穿透监管、多级服务、合作共赢"的中债方案，本文首先分析该方案出台背景，简要介绍方案内涵以及其中"多级服务"的公司实践，之后从法律角度分析"多级服务"可能面临的有关问题。接着文章从比较法角度介绍了德国、英国及美国对于多级托管模式的立法安排，为下文的法律问题解决建议提供思路铺垫。最后，文章从推进立法、健全制度、大力发展金融科技等方面提出本文所述法律问题的解决路径及对公司的发展建议。

关键词：中债方案　多级服务　债券立法

一、中债方案之"多级服务"的内涵及实践

（一）出台背景及内涵

我国"十四五"规划的开局之年也是中央国债登记结算有限责任公司（下称"中央结算公司"或"公司"）五年战略规划新征程的第一年。近年来

公司发挥我国债市重要金融基础设施的先锋引领作用，立足核心职能，落实国家战略，从多维度提升服务能力，各项工作取得了显著成效。在中国债券市场对外开放的大背景下，面临瞬息万变的市场环境，公司抓住机遇，迎接挑战，提出"中央确权、穿透监管、多级服务、合作共赢"的中债方案，以顺应时代需要，支持债券市场高效运行。

中债方案虽简短，但其中蕴含的发展理念极为丰富。"中央确权"是前提与根本，根据我国财政部和中国人民银行的部门规章^①，中央结算公司是总托管国债及地方政府债的银行间市场债券登记托管结算机构，以电子簿记方式确认债券持有人持有债券的事实以及享有债券所有权的效力^②；而"穿透监管"是必备要求，即公司在主管部门指导下应充分发挥监管支持作用，从业务运行到数据报送全周期满足监管机构各类任务、技术需求。"多级服务"是中债方案中内容最多元的指导方针，其内涵既可理解为是对公司与时俱进、不断提升不同业务模式下客户服务能力的多元化要求，也可理解为公司在各类多级托管业务模式中持续摸索创新，更好地满足多层级客户需要等；而"合作互赢"是方法方式，也是目标结果，"合作"不仅局限于公司与其他基础设施的互联互通，还包括与各类市场主体的多方面合作，通过互补以实现全面发展。

---

① 根据财政部的《关于印发〈中华人民共和国国债托管管理暂行办法〉的通知》（财国债字〔1997〕25 号）及《关于印发〈地方政府债券发行管理办法〉的通知》（财库〔2020〕43 号），中央结算公司是财政部唯一授权的国债及地方政府债总托管人，主持建立、运营全国国债托管系统；根据《全国银行间债券市场债券交易管理办法》（中国人民银行令〔2000〕第 2 号），中央结算公司是中国人民银行指定的银行间市场债券登记托管结算机构。

②《关于印发〈中华人民共和国国债托管管理暂行办法〉的通知》（财国债字〔1997〕25 号）第十条规定了国债持有人"对进入已托管的国债拥有唯一的所有权、处置权和收益权"；《银行间债券市场债券登记托管结算管理办法》（中国人民银行令〔2009〕第 1 号）第二十条规定："债券持有人持有债券以其债券账户内记载的债券托管余额为准"。

（二）中债方案之"多级服务"实践初探

针对境内债券市场，"多级服务"主要体现为多级托管模式下公司对具有债券代理资格的金融机构及间接持有债券的投资者所提供的全方位服务。对于托管在公司的跨市场债券，中国证券登记结算有限责任公司（以下简称"中证登"）在公司开立代理总账户并担任二级托管机构；对于商业银行柜台市场，商业银行本身在公司开立具有自营及代理资格的债券账户，并作为二级托管机构通过营业网点（含电子银行系统）与投资人进行债券买卖并办理相关托管与结算等业务。近年来，银行理财子公司产品入市的债券托管业务也成为新形态的多级托管模式。

公司已围绕"多级服务"开展各项创新举措，如针对银行柜台市场推出的"中债方案柜台项目"，中央结算公司作为柜台市场的一级托管人，与商业银行建立数据传输和复核机制，通过数据穿透控制风险，保障市场的安全与效率，更好地服务于商业银行及柜台市场债券投资者；与此同时，公司还响应财政部号召，在政府债券业务、理财子公司产品入市、担保品管理等领域将试点应用相应的"中债方案"。① 在技术支持方面，对于境内的广大客户群体，公司践行"多级服务"和"合作共赢"理念，从减税降费角度，与运营商合作启动原数据中心外联专线迁移至新数据中心的工作，并同步推广一站式接入服务项目为客户提供更好的外联接入服务。

针对境外债券投资者，多级服务应理解为：公司不断强化债券市场对外开放的"主门户"作用，通过"一级托管＋结算代理"的全球通模式、多级托管债券通"北向通"模式以及"镜像账户、同步登记、中央确权"的澳门MOX债券信息通模式为境外债券投资者及相关金融基础设施提供全方位、

---

① 参见《中央结算公司领导班子2020年度述职报告》（2021年1月）。

多层次服务。

公司积极参与澳门本地金融基础设施建设,与澳门金融资产交易股份有限公司(下文简称"MOX")合作推出"债券信息通"服务,创设MOX模式。2019年7月财政部在澳门发行人民币国债,由MOX对该债券进行登记、结算及托管[①],公司通过与MOX互通债券登记结算数据,对债券持有人的开户及债券余额变动情况予以全面登记,体现了公司在以互联合作为契机向境外机构及金融基础设施提供多级服务的同时,有效贯彻落实"穿透式监管"要求。

二、中债方案之"多级服务"相关法律问题分析

(一)多级托管法律关系性质不明确

根据托管层级的不同,债券托管体系可以分为一级托管和多级托管。一级托管是指实际投资者以自己的名义将债券托管于中央托管机构(Central Securities Depository, CSD),由CSD直接管理投资者的债券权益;多级托管是指实际投资者将债券托管于中介机构,中介机构再以自己的名义托管于上一级中介机构,直至CSD,中介机构是其托管债券的名义持有人,实际投资者只能通过中介机构主张债券权利。

一级托管中,债券的实际权利人即CSD登记的债券权利人,在权利归属上"名""实"一致。[②]所以,发行人、投资者以及托管机构之间的法律关系十分清晰,投资者对于债券的各项权利和权益享有直接的所有权,投资者

---

① 参见新闻来源:http://www.ccdc.com.cn/ccdc/cn/news/c145185725/20190708/152000856.shtm,中央结算公司官网。

② 参见中国人民大学课题组:《证券登记结算法律制度完善研究》,载于《证券法苑》2014年第1期。

权益得到了有效保障。[1]

多级托管中，CSD 登记的债券权利人是投资者委托的中介机构，其作为名义持有人持有债券。因此在这种情况下，债券的所有权与受益权因名义持有人制度而分离，中介机构隔断了实际投资者和发行人之间直接的法律关系，实际投资者无法直接向发行人主张债券权利。并且，实际投资者对中介机构的权利也仅仅是债权请求权，当名义持有人不当处置债券或破产时，投资者面临损失部分甚至全部债券利益的风险。

我国法律目前没有关于多级托管法律关系的明确规定，因此无法充分保护名义持有模式下的实际投资者权益。我国现有的银行间债券市场法律法规主要是以直接持有模式为蓝本设计的，缺乏对多级托管的法律支持。目前仅有《银行间债券市场债券登记托管结算管理办法》《全国银行间债券市场柜台业务管理办法》等部门规章对多级托管作出了初步规定。而债券托管体系涉及债券持有人享有、行使债券权利这类基本民事法律关系问题，前述部门规章在法律层级上不足以确定如此基本的民事法律关系。因此，在现行法律法规制度下，暂且没有关于多级托管法律关系的明确规定，也缺乏必要的关于"多级服务"等相关内容的法律支撑，长此以往，可能造成权责不明、管理混乱等现象。

从公司角度看，在践行中债方案的过程中，如债券通"北向通"的多级托管业务中[2]，如何约束中介机构行为，防止在多级托管中实际投资者的权利受到过分减损，切实保护投资者在"多级服务"中享有可靠的财产权益，成为中债方案实行过程中必然要解决的难题。

---

① 参见夏晶晶：《〈证券间接持有体系立法指南〉视角下的账户持有人权利保护研究》，上海交通大学硕士论文，2018 年 5 月。

② 在债券通"北向通"中，境外投资者在 CMU 开户，将债券托管于 CMU 中，CMU 在中央结算公司开立名义持有账户，用于记载其代境外投资者名义持有的全部债券余额。

（二）"中央确权"在部分业务模式下效力不确定

债券登记是指债券登记机构依据法律法规，受债务人委托，以簿记方式记录债券信息，确认债券权属的行为。债券登记具有如下效力：一是具有对债券权利归属的确认效力；二是对债券权利的公示效力；三是债券登记是债券权利转让和设立质押的生效条件。"中央确权"即强调债券登记确权职能应当由中央托管机构履行。在 CSD 系统中记载的债券信息，应是判断债券权属的最终标准。

在中国银行间债券市场中，公司履行债券登记职能、实现债券的中央确权有着坚实的法律基础：根据《银行间债券市场债券登记托管结算管理办法》第五条第二款规定，公司是人民银行指定的债券登记托管结算机构；第六条明文规定了债券登记托管结算机构承担债券中央登记、一级托管及结算职能；根据《中华人民共和国国债托管管理暂行办法》第五条和第十一条规定，公司是财政部唯一授权的国债总托管人；根据《企业债券簿记建档发行业务指引》第七条和《企业债券招标发行业务指引》第七条规定，无论是簿记建档发行还是招标发行，在企业债券发行过程中公司的职能之一是总登记托管服务。

但是在"多级服务"的中债方案中，中央确权能否实现仍存在一定的不确定性。例如在澳门 MOX 模式中，虽然公司通过与 MOX 合作互通债券登记结算数据，根据传输信息对持有该债券的投资机构的开户及债券余额变动情况予以登记，但此登记在实质上仍与一级托管机构的债券实时登记存在区别，在某个时点是否能实现中央确权的法律效力，存在不确定性。换而言之，在不同的业务模式下，公司系统登记的债券信息是否具有中央确权效力，这是目前公司在"多级服务"中所面临的法律困境。

（三）现行法律制度下的债市困境

1. 无法有效进行穿透式监管

根据《银行间债券市场债券登记托管结算管理办法》第十六条，"债券登记托管结算机构应当对债券登记、托管和结算活动进行日常监测"。然而，在多级托管模式下，一级托管机构对于详细完整的债券持有人名册无法有效及时获取，甚至对于交易结算信息也掌握不完全，无法有效完成对实际投资者债券交易结算的日常监测工作，难以配合监管机构对实际投资者的债券账户及资金等情况进行穿透式监管。二级托管机构托管债券的安全性更多取决于其自身的良好信誉和完善的内部控制制度。① 由于二级托管机构可能数量众多，且自身管理情况良莠不一，债券挪用、垫支、串户等风险均难以避免。

2. 影响收益率曲线趋势，价格发现机制失灵

在传统的多级托管模式下，二级托管机构的诸多托管账户均由一级托管机构的一个交易账户完成，可能会对政府债券等市场重要锚定债券品种关键期限的价格走势造成干扰。如果多个投资者在同一交易账户下由一个价格而非多个价格完成结算的话，无法形成有效的市场价格发现，也无法剔除非法无效的成交价格，对收益率曲线的走势造成干扰。

3. 降低债券市场运行效率

在二级、甚至更多层级的托管模式下，债券发行人与实际投资者之间存在多级中介，参与托管、结算的机构较多，指令确认、数据传输、各级资金结算等环节都将耗费大量时间，结算链条长、清算账户资金占用的情况较为明显，在占用金融资源的同时，也将加大市场运行成本，严重降低债券市场运

---

① 参见秦方舟：《证券多级托管视阈下的投资者利益保护——基于多级托管的特殊风险及证券权益分析》，载于《山西省政法管理干部学院学报》2019 年第 3 期。

行效率。

（四）债券违约纠纷处置方式存在立法空白

近年来受国际经济环境竞争加剧、国内部分行业产能过剩导致企业利润下降等因素影响，我国公司类信用债违约规模不断扩大。关于债券违约的市场化处置方式，目前没有统一的流程模式，从历史经验来看，未进入司法程序的违约处置方式主要包括协商延期兑付、债务重组、处置变现抵质押物、第三方代偿；而进入司法程序后的违约处置方式，主要包括诉讼求偿、破产重整与清算。① 针对市场形势，2020 年 6 月中国人民银行、发展改革委及证监会三部门发布《关于公司信用类债券违约处置有关事宜的通知》（下称"《通知》"）②，就债券违约事件提出建立受托管理人制度及债券持有人会议等集体行动机制的解决路径。具体到银行间市场违约债券转让有关事宜，《中国人民银行公告〔2019〕第 24 号》规定了违约债券转让的交易平台和债券托管结算机构以采用券款对付结算方式办理债券结算和资金结算③，公司和上清所就此联合发布相关业务规则④。

《通知》对于一级托管模式下的债券违约事件提供了较全面的指导方案；但对于多级托管模式，《通知》并未就此进行明确规定，名义持有人是否可被认定为其中的"债券持有人"值得讨论。鉴于多级托管中的 CSD 提供的债券持有人名册只能明确到名义持有人一级，那么由其代理的实际投资者应享有的一系列救济补偿的证券权益将如何实现是应首先解决的问题。

① 参见应明：《债券违约市场化处置方式》，载于《中国金融》2019 年第 3 期。
② 详见《中国人民银行　发展改革委　证监会关于公司信用类债券违约处置有关事宜的通知》（2020 年 6 月）原文。
③ 详见《中国人民银行公告〔2019〕第 24 号》第二条规定。
④ 详见关于发布《全国银行间债券市场债券托管结算机构到期违约债券转让结算业务规则》的通知（中债字〔2020〕107 号）。

从法律关系上看，中介机构作为名义持有人如通过集体行动机制参与违约债券处置，应有义务获得与就处置违约债券事务有关的实际投资者的合法有效授权。由此可见，多级托管中债券违约纠纷的处置程序及要求仍存在立法空白，也可能会成为公司提供多级服务过程中面临的法律问题。

三、从比较法角度看"多级服务"法律关系的确定

公司"多级服务"在各类业务模式中尝试突破多级托管在间接持有方面的桎梏，为便利及保护中介机构和实际投资者作出了开创性贡献。下文将通过考察不同国家对多级托管中间接持有模式的制度规则，来寻求在我国法律语境下的解释路径。

（一）德国：共同持有模式

德国将证券间接持有模式分为两类，即特别托管与混合托管。在特别托管模式之下，实际投资者要求中介机构对其托管的证券进行特别标记后予以特别托管。而在混合托管模式之下，实际投资者未作出明确特别托管的指示，其证券与其他投资者证券相混合托管，不作特别区分，所有投资者对于混合托管的证券享有按份共有的所有权。[①] 由于所有权为对世权，所以实际投资者可以在名义持有人不当处置证券或者破产时对抗其他债权人，优先主张自己的权利。

（二）英国：信托所有权模式

英国将债券间接持有模式认定为一种信托结构，债券的名义持有人是受托人，对债券享有法定所有权；实际投资者是委托人，对债券享有衡平法

---

① 参见秦方舟：《间接持有模式下的证券权益性质研究——基于比较法上的考察分析》，载于《河北企业》2019 年第 8 期。

的所有权。作为信托财产的债券本身具有独立性,与名义持有人的自有财产相隔离,既不属于名义持有人的债权人要求偿还债务的范围,也不属于破产财产的范围。

（三）美国：证券权益模式

美国的《统一商法典》创造了"证券权益"概念,其内涵是指实际投资者对于在中央托管机构的证券并不享有任何追溯性的财产权利,仅对与其有直接合同关系的中介机构享有一整套的权利和利益；而对于中介机构来说,保障实际投资者对于持有证券的所有经济利益是托管机构的根本义务。[①]这种规定将投资者通过中介机构持有的证券定义为一种新型的证券权益,该证券权益不仅仅是对中介机构的一项对人请求权、单纯的契约上请求权,[②]而是新创设的一种带有所有权特征的法定契约性权利,可不受中介机构破产清偿的影响。

以美国托管信托和结算公司（The Depository Trust & Clearing Corporation, DTCC）为例,在一级托管层面,DTCC 与中介机构签订集中托管协议,为中介机构开立托管账户并办理簿记过户；在二级托管层面,由中介机构与实际投资者建立契约关系并托管债券,中介机构不对 DTCC 披露账户下各实际投资者信息。从法律架构上看,DTCC 与众多国内外的实际投资者不产生法律关系,只对中介机构享有权利义务。

（四）小结

以上三种模式虽方法不同,但观其立法目的,却无不体现了投资人权利优先的原则。通过赋予间接持有关系高于普通债权的效力等级,降低实际投

---

① 参见秦方舟：《间接持有模式下的证券权益性质研究 ——基于比较法上的考察分析》,载于《河北企业》2019 年第 8 期。

② 参见中国人民大学课题组：《证券登记结算法律制度完善研究》,载于《证券法苑》2014 年第 1 期。

资人权利受侵害的风险，避免所涉债券受中介机构破产清算的牵连。同时，以上三种模式均未能实现穿透监管，留下了债券市场动荡的隐患。

四、"多级服务"法律问题解决路径及发展建议

（一）推进统一证券立法，多级服务有法可依

从根本上来看，只有通过借鉴国际先进经验，不断地完善债券相关法律法规，才能为中国债市蓬勃发展提供更具有确定性的法律环境。

我国交易所债券市场与银行间债券市场适用不同的立法规范，目前来讲只有公司债券明确受我国证券法规制，而规模庞大的银行间市场债券在法律层面缺乏制度依据。国外证券立法实践大多数都将债券作为广义证券，通过证券相关立法来统一规定，因此，建议我国今后建立起更加统一的证券立法体系，将所有债券纳入证券法的调整范围之内，并对一些基本概念和法律关系予以规定。以多级托管为例，可在"证券登记结算机构"类似章节明确规定债券的实际投资者和名义持有人之间的法律关系，并对实际投资者享有的证券权益进行具体规定，从而对名义持有人的行为进行约束限制，实现"多级服务"有法可依。

（二）细化债券制度规定，确权监管多点发力

针对具体情形，证券法这一国家法律层级无法做到事无巨细，而银行间债券市场又存在着一定的特殊性，因此基于中央确权和穿透监管的需要，急需以规章制度形式就 CSD 所掌握的债券登记情况的最终权威性予以规定，例如：在互联互通这类多级托管模式下，CSD 通过要求中介机构或二级托管机构上报债券持有数据的方式实现债券登记，当出现不一致时，债券确权

效力以 CSD 的簿记数据为准。如此规定不仅是 CSD 实现中央确权效力的有力保障，也能使 "多级服务" 体系下登记托管的制度逻辑更为清晰，CSD、托管行、投资者的职责划分更为明确，从而为我国债市穿透式监管提供制度支撑。

而对于多级托管体系下违约债券的处置事宜，鉴于《通知》已对各相关事项进行开创性规定，在此基础上，建议今后能对该类规章进行补充修订，需要考虑的问题包括但不限于：名义持有情形下，债券实际投资者的利益诉求如何实现，如何实现中介机构被充分授权，以及对于代多个投资者持有债券的机构，该如何区分不同投资者的利益，制度层面怎样保证其不会权益混同，等等。

（三）健全公司业务制度，整合优化业务协议

除了立法层面，广义的债券制度体系也包括行业中的业务规则，从公司角度，建议在现有法律法规的基础上，健全并完善与中债方案相配套的公司业务规则，细化方案中涉及每一级市场投资者相关的具体制度安排与措施，确保将方案中 "多级服务" 的要求落实到公司的业务与日常操作中。具体完善建议如下：在业务规则中明确为托管行开设代理总账户的同时，也为托管行代理的每个终端投资者开立单独的债券账户，管理投资者权益，由公司向终端投资者提供债券券款对付（DVP）结算服务。除此之外，公司还应为终端投资者提供实时查询或对账服务。托管行或其他机构所提供的数据与公司数据不一致时，以公司数据为准。①

在债券市场中，业务协议与业务规则相辅相成，如果说业务规则是从横向贯穿债券市场的每一个业务环节，那么业务协议就是纵向串联起业务环

---

① 参见冯源、刘爽：《债券登记托管：基本概念、历史沿革和现实选择》，载于《债券》2021 年 4 月刊。

节上的每一个市场主体。建议在充分征求市场主体意见的基础上，有效整合并完善公司业务协议，通过合同文本中的相关条款约定，将"多级服务"涉及的权利义务关系细化在上述业务协议中，以公司的中央登记托管职能为纽带，有效串联起发行人、承销商、各级投资者等每一个市场主体，最终达到"合作共赢"的目的。

（四）立足金融科技创新，提升公司服务能力

"多级服务"要求公司深化金融基石市场作用，全面优化服务升级，在服务水平方面，公司提升潜力依旧巨大。如今的金融基础设施不仅是政策含量高的传统金融企业，还是科技含量高、专业性强的科技密集型产业公司，根据公司未来五年规划的战略任务，"科技治理、科技支撑、科技引领"是需要深耕的三大领域[①]，高质量、高标准的金融基础设施信息科技核心竞争力是提升公司服务能力、顺应时代发展的基础与前提。

时代潮流下，研究与应用如区块链、大数据、云计算以及人工智能等金融科技的重要性愈发凸显。以区块链技术为例，澳交所结算公司（ASX）自2015 年至今一直在探索使用区块链分布式账本技术（DLT）取代其现有清算及结算系统，其计划成为世界上第一个使用 DLT 进行盘后交易清算的证券交易所；[②] 新加坡证券交易所（SGX）已于 2008 年参与开发了一种可以在不同区块链中通用的代币化资产结算系统，该系统可利用智能合约简化交易后流程并缩短结算周期[③]，2020 年 9 月 SGX 正式宣布已部署其数字资产

[①] 参见《中央国债登记结算有限责任公司 2021—2025 年战略规划》（中债字〔2021〕6 号）。

[②] 参见 FX168 财经网新闻：《澳大利亚证券交易所：将用分布式账本解决方案取代现有 CHESS 清结算系统》，https://www.baidu.com/link?url=hOkI0r6J7WSLJdJHIDj1CzMB3UgbdiaXlndzunAxRXrwwXQfIeNyr_vAtRyrygGvxmkyTaad6aYPmyrsKrK07a&wd=&eqid=d8871acd000b8cc7000000035e4221de，最后访问日期：2021 年 7 月 30 日。

[③] 参见区块链铅笔网新闻：《新加坡央行与新加坡交易所开发区块链结算系统》，http://www.chainb.com/?P=Cont&id=12116，最后访问日期：2021 年 7 月 30 日。

发行平台并发行首支基于区块链技术的数字债券①；而据报道，美国 DTCC 已启动了两个关于提供资产数字化和代币化的项目，旨在改善公共和私人市场的交易后结算，该项目可以帮助制造商更好地理解分布式分类账技术（DLT）和资产数字化的应用，DTCC 希望加密资产的全球交易后标准将确保稳定的交易结算。②

公司作为债市的先行者，应不断关注并投入力量参与新兴信息科技项目的立项研发活动，并将成熟技术逐步推广到主要业务领域，通过抢占金融科技的制高点来实现公司实现飞跃式发展，为实现中债方案提供安全有力的技术支撑。金融科技的创新还会促进实现更低成本和更高效率，有助于公司在开展各项创新业务的同时仍保证安全稳健的运营，增效和风控缺一不可，效率变革才能成本降低，从而更好实现"多级服务"。

公司未来五年的战略规划彰显公司的决心和力量。从完善中债方案之"多级服务"的角度来看，公司需要在增强自身软硬件实力的基础上不断探索，深化国际合作，通过实现中央确权以发挥监管支持作用，通过提供专业优质的产品和服务激发市场内在活力，多措并举推动公司向全方位、多层次、纵深化的新格局不断迈进。

参考文献

［1］中国人民大学课题组 . 证券登记结算法律制度完善研究 [J]. 证券法苑，2014（1）.

［2］夏晶晶 .《证券间接持有体系立法指南》视角下的账户持有人权利保护研究 [D]. 上海：

---

① 参见搜狐网新闻：《新加坡交易所利用区块链发行约 3 亿美元数字债券》，https://www.sohu.com/a/416893736_100217347，最后访问日期：2021 年 7 月 30 日。

② 参见陀螺财经新闻：《美国证券托管结算公司 DTCC 使用区块链进行资产代币化》，https://www.tuoluocaijing.cn/article/detail-10008597.html，最后访问日期：2021 年 7 月 30 日。

上海交通大学，2018.

［3］秦方舟. 证券多级托管视阈下的投资者利益保护——基于多级托管的特殊风险及证券权益分析 [J]. 山西省政法管理干部学院学报，2019（3）.

［4］应明. 债券违约市场化处置方式 [J]. 中国金融，2019（3）.

［5］秦方舟. 间接持有模式下的证券权益性质研究 ——基于比较法上的考察分析 [J]. 河北企业，2019（8）.

［6］刘正峰. 证券账户名义持有人制度研究 [J]. 社会科学战线，2008（7）.

［7］李东方. 证券登记结算的法理基础研究 [J]. 中国政法大学学报，2018（5）.

［8］冯源、刘爽. 债券登记托管：基本概念、历史沿革和现实选择 [J]. 债券，2021（4）.

担保品范围调整会影响债券流动性吗

乔博　胡晓霁　尹航

摘　要: 央行担保品管理框架作为现代中央银行制度的重要组成部分,关系着合格担保品范围债券的流动性和资产价格。本课题利用 2018 年 6 月 1 日中国人民银行扩大中期借贷便利(MLF)的担保品范围这一准自然实验和债券市场微观数据,采用三重差分法(DDD)验证了担保品范围调整会导致被纳入范围的合格担保品流动性的提升。央行可以合理运用基于担保品的货币政策来调节债券流动性,从而降低融资成本。通过设置对应的担保品池、调节担保品资产质押率水平来调整金融结构和经济结构、优化资源配置,辅助政策实施,以促进经济高质量发展。

关键词: 创新型货币政策　债券　流动性担保品　MLF

一、引言

自 2012 年以来,为应对外汇占款迅速放缓且流动性加大对基础货币投放格局产生的影响,中国人民银行通过公开市场操作、再贷款、再贴现和其他流动性支持工具主动供给基础货币，并先后创设了公开市场短期流动性调节工具（SLO）、常备借贷便利（SLF）、中期借贷便利（MLF）、定向中期借贷便利（TMLF）及抵押补充贷款等丰富的新型货币政策工具。上述货币政策创新应用过程中，由信用模式转向担保模式投放基础货币、向市场提供流动性的特征逐步凸显。相较于传统信用模式下风险难以控制，新型货币政策工具往往需要一定的金融资产作为合格担保品，这一性质既提升了中央银行在资产端的安全性，同时也体现了中央银行调整经济结构的任务和目标。表1总结了中国人民银行以担保品框架为基础的创新货币政策工具的主要特征。

表1 以担保品为基础的货币政策

政策工具	操作方式	期限	资金投放渠道	工具性质
常备借贷便利（SLF）	以抵押方式发放，合格抵押品包括高信用评级的债券类资产及优质信贷资产等	1~3个月	政策性银行、全国性商业银行	数量、价格引导复合型。正探索让其利率发挥货币市场利率走廊上限的功能
中期借贷便利（MLF）	以质押方式发放，需提供国债、央行票据、政策性金融债、高等级信用债等优质债券作为合格质押品	3个月、6个月、1年	政策性银行、全国性商业银行	数量、价格引导复合型。利率发挥中期政策利率的作用，引导金融机构降低贷款利率和社会融资成本
抵押补充贷款（PSL）	以抵押方式发放，合格抵押品包括高新用评级的债券类资产及优质信贷资产等	3~5年	政策性银行，主要是国开行和进出口银行	数量、价格引导复合型

资料来源：参考华西证券《宏观研究宝典：详解央行资产负债表》整理

纵观全球，中央银行在货币政策操作过程中，要求商业银行或者其他金融机构等交易对手方提供直接交易或者偿债资产作为担保品已经是通行做法。在担保品制度框架下，是否有合格担保品资产是商业银行获取中央银行流动性的重要前提。从现行的实践基础出发，中央银行关于担保品的规定主要涉及两方面的内容：一方面是合格担保品的范围。各国央行从多个维度对合格担保品范围进行限制,按照资产性质、发行人类型、信用级别、币种以及关联关系等多个层次对合格担保品条件予以规定。以欧央行的担保品框架为例,其合格担保品整体分为可在市场交易的资产和不可交易的资产两大类。可交易的资产类别分为债券、资产支持证券、股票、货币市场基金以及黄金。更为详尽地,债券进一步按照发行人性质、信用评级、发行人所在地、清偿顺序、币种进行了规定。而不可交易的资产主要包含了银行信贷资产和不可流通交易的不动产抵押贷款证券。另一方面是例如折扣率、集中程度等限制性规则设置以防范担保品风险。为了规避担保品的信用、利率、汇率以及市场风险,中央银行对于不同性质的担保品资产设置了对应的折扣率,以充分体现担保品价格的波动性、信用水平、期限及流动性对资产价值的影响。而资产集中比例的限制规定进一步强化了风险防范措施,控制出质方过度使用风险水平较高的担保品资产以将整体风险控制在合理水平。通过必要的担保品制度框架设计,中央银行能够灵活地实现对于经济波动的逆周期调节,当市场信用周期低谷、流动性紧张时,适当放宽合格担保品资产标准或者是折扣率等关键参数。而当市场信用周期扩张、流动性充沛时,适当提升合格担保品资产标准或者折扣率等关键参数。通过上述灵活的规则调整,中央银行能够熨平经济周期的波动。一个典型的实例是各国央行在新冠疫情流行期间对担保品政策框架的调整,通过各种举措扩大合格担保品范围,以向市场注入流动性。相关调整措施总结如表 2 所示:

表 2　新冠疫情期间各国担保品框架调整措施

国别	调整措施
美国	扩大货币市场共同基金流动性工具(MMLF)合格担保品范围,将市政可变利率需求票据(VRDN)和银行存款证券纳入合格担保品池;扩大商业票据融资便利(CPFF)合格担保品范围,将高质量、免税的商业票据纳入合格担保品池

续表

国别	调整措施
澳大利亚	澳大利亚储备银行（RBA）扩大公开市场业务的合格担保品范围，包括非银行公司发行的投资级证券
加拿大	加拿大银行（BOC）将定期回购业务的合格担保品清单扩大到流动资金机制的所有合格担保品，但非抵押贷款组合除外
智利	智利中央银行将公司证券列为中央银行流动资金业务的抵押品，并将高等级商业贷款列为融资机制业务的抵押品
欧元区	欧洲中央银行（ECB）为支持欧元区的信贷而临时提升该央行的风险容忍度，放宽使用银行信贷债权作为抵押品的条件；总体减少对抵押品估值的折减；免除对希腊主权债工具在欧元系统信贷操作中作为抵押品的要求
日本	日本银行扩大符合条件的交易对手和私人债务（包括家庭债务）抵押品的范围
韩国	韩国银行扩大符合条件的公开市场业务参与者名单；扩大符合条件的公开市场业务抵押品，包括银行债券、公共企业和机构的某些债券以及韩国住房金融公司发行的政府担保抵押债券，放宽韩国银行支付系统净结算的抵押品要求
墨西哥	墨西哥银行扩大流动资金供给，接受更宽泛的抵押品，并降低参与机构门槛
摩洛哥	马格里布银行扩大回购和信贷担保所接受的抵押品范围，包括公共和私人债务工具（包括抵押贷款）
瑞典	瑞典中央银行放宽使用担保债券作为抵押品的规则

资料来源：国际可持续金融政策研究与交流网络（INSPIRE）研究简报

将目光重新投向中国的货币政策，中期借贷便利（MLF）业务中合格担保品范围的调整也是担保品框架调整的重要体现之一。表3总结了MLF业务合格担保品的调整情况。

表3　中国央行MLF业务合格担保品调整情况

时间	部门	文件／会议	涉及MLF担保品范围的内容
2014/11/15	央行	2014年9月创设中期借贷便利	国债、央行票据、政策性金融债、高等级信用债等优质债券作为合格质押品
2015/05/16	财政部、央行、银监会	明确2015年采用定向承销方式发行地方政府债券有关事宜	地方债纳入中央国库现金管理和试点地区地方国库现金管理的质押品范围，符合条件的地方政府债券，按中国人民银行规定，可纳入SLF、MLF和PSL等部分货币政策操作的抵押品范围

续表

时间	部门	文件／会议	涉及 MLF 担保品范围的内容
2018/06/14	央行	决定适当扩大中期借贷便利（MLF）担保品范围	新增的担保品主要包括：一是不低于 AA 级的小微、绿色和"三农"金融债券；二是 AA+、AA 级公司信用类债券，包括企业债、中期票据、短期融资券等，优先接受涉及小微企业、绿色经济的债券；三是优质的小微企业贷款和绿色贷款
2019/01/24	央行	创设央行票据互换工具为银行发行永续债提供流动性支持	将主体评级不低于 AA 级的银行永续债纳入中国人民银行中期借贷便利（MLF）、定向中期借贷便利（TMLF）、常备借贷便利（SLF）和再贷款的合格担保品范围

资料来源：根据财政部、央行、银监会相关文件整理

事实上，调整担保品框架、扩大合格担保品范围能够发挥效用的前提是资产持有者对资产的预期收益持有乐观态度，并愿意将资产作为抵押品反复参与借贷活动，增加杠杆以扩大预期收益。因而高抵押率使得对于资产预期价格更高的购买者具有更强的借贷能力，也就能购买更多资产，在资产供给保持不变的前提情况下，对应的资产的流动性也会因此而提升。

这一视角启发了对于担保品框架的调整是否会影响债券的流动性的思考，即当更多的债券被纳入合格担保品范围（即抵押率不再是 0）是否会提升投资者购买、交易债券的意愿，从而提升债券流动性。我国银行间债券市场自 1997 年全面开放以来，经过数十年的改革与发展，债券发行量逐年增长，存量规模稳步扩大，交易结算量持续攀升，目前已经形成了我国债券市场的"主力军"。数据统计[1] 显示，2020 年我国债券市场共发行各类债券 57.3 万亿元，其中银行间债券市场发行规模达到 48.5 万亿元，占比为 84.64%。而截至 2020 年 12 月末，债券市场托管余额为 117 万亿元，其中银行间债券市场托管余额为 100.7 万亿元。既然银行间债券市场如此重要，由

---

[1] 参考《2020 年债券市场统计分析报告》。

此研究我国银行间债券市场的流动性就尤其重要。流动性作为证券市场的生命力所在，一个高流动性的证券市场除了能够维持金融市场的健康运行之外，还能提升资源的配置效率从而促进经济增长。

因而从上述基础事实出发，本课题基于 2018 年 6 月 1 日中国人民银行扩大银行间市场的中期借贷便利（MLF）担保品范围的自然实验场景，利用中国债券市场的特殊结构，采用三重差分（difference-in-difference，DDD）方法检验合格担保品范围的调整是否会影响债券的流动性。本课题实证结果显示在将银行间市场的 AA+ 及 AA 级公司信用类债券纳入担保品范围后，债券的流动性均有所提升，体现为债券交易量的提升和非流动性指标的下降。

本课题的创新和贡献主要体现在以下三个方面：第一，本课题研究将提供担保品范围调整对债券流动性影响的直接证据，构成对债券流动性相关研究的补充。现有关于债券流动性的相关研究多从债券本身的特质、发行人因素、交易机制等层面进行讨论，本文将从货币政策和担保品框架视角提供补充证据；第二，本文通过检验 MLF 业务担保品范围扩容给债券流动性带来的影响，将为货币政策实施效果提供经验证据；第三，本课题为担保品管理实践提供参考，调整合格担保品范围将成为提升债券流动性的重要方式之一。

本课题接下来的结构安排如下：第二部分对基于担保品渠道的货币政策及债券流动性相关文献进行梳理，并在此基础上提出本课题的研究假设；第三部分为本课题的实证结果；第四部分为本课题的结论与政策建议。

二、文献综述与研究假设

（一）文献综述

1. 央行担保品框架

央行担保品管理框架中重要组成部分之一是合格担保范围的确定，即银行可以用于从中央银行获取流动性或者再贷款资金。作为货币金融体系的基本制度特征，相关学者从如下角度开展了研究。

一方面是关于担保品框架的政策效果，不少研究探讨了担保品框架对经济与金融稳定的影响。Choi et al.（2021）的研究指出高质量担保品虽然能够保证中央银行避免借款方违约发生时的损失，但是与此同时也会由于高质量担保品被占用而对融资市场的担保品池产生不利影响；而低质量担保品向央行融资可能会让央行面临潜在的损失风险，但是能够改善私人市场的担保品池，从而降低银行从私人市场借款的流动性风险。同样地，Koulisher & Struyven（2014）研究指出央行相对宽松的担保品政策能够降低利差，缓解信贷紧张并增加经济产出。而担保品资产紧缺或者供应减少则会引发实体经济中利率上升。虽然上述研究都表明担保品框架有助于发挥经济调控的作用，但是部分研究认为担保品框架的实施对于金融稳定具有消极作用。Fecht et al.（2016）以2006—2010年德国央行回购和担保品数据作为样本，研究发现担保品框架的实施会使得银行倾向于将低质量的担保品质押给央行，并在市场上配置流动性好的资产，这种系统性套利增加了银行间市场的脆弱性。类似地，Nyborg（2017）以欧元系统的担保品框架展开案例研究，分析认为担保品框架可能会对金融市场和实体经济造成扭曲，一定程度上助长了高风险和低流动性担保品的应用。

另一方面是关于货币政策的担保品渠道。部分研究从宏观视角验证了担保品渠道是央行货币政策的重要举措。Van Bekkumet al.（2018）、Corton & Metric（2009）及 Fegatelli（2010）均研究认为央行能够调整担保品资产合格性从而影响金融机构的投资和决策，从而最终传至实体经济，发挥信用创造功能。国内黄振和郭晔（2021）以 2013 年央行担保品管理框架设立这一准自然实验，采取双重差分模型验证了被纳入合格担保品范围债券利差会有所下降，从而能够降低企业的融资成本。同样地，王永钦和吴娴（2019）发现提高新增担保品债券的质押率能够显著降低这些债券的平均利差，并且这一影响对小微债尤为显著，同时由于抵押品稀缺性的缓解，银行间市场整体的公司类信用债券及金融债券利差也会有所下降。上述证据均体现了央行可以合理运用基于担保品的货币政策来降低企业融资成本，从而改善金融和经济结果、调节熨平经济周期。

2. 债券流动性

影响债券流动性水平的因素，主要可以概括为如下几个方面：第一是债券自身特征因素。债券的发行量、年龄、剩余期限、票面利率及特殊条款的设置等均是影响债券流动性的主要因素（Hotchkiss & Jostova，2017；Friewald et al.，2012；Alexander et al.，2000）。Amihud & Medelson（1991）研究发现到期年限越长的债券越不容易进行流通交易，这一结果对于国库券和中期票据尤为明显。第二是债券发行主体决定因素。具体包括发行主体所处的行业、发行主体的信用及信息披露情况。例如 Lee & Cho（2016）基于韩国债券数据研究发现通过提升公司信息透明度、减少信息不对称程度将有助于降低交易成本，从而提升债券流动性。第三是市场环境决定因素。包括宏观经济波动、关键利率水平、市场交易制度及其他金融资产价格等均是影响债券流动性的关键因素。例如 Chakravarty & Sarkar（1999，2003）的研究发现关键利率的上升将导致公司债券交易量的增加，相反关键利率的下降会减少公司债券交易量。

（二）研究假设

当债券被纳入央行货币政策合格担保品范围之后，其流动性会有所提升，其作用途径可以分析如下：

一方面是直接需求的增加。包括股票和债券等在内的所有企业金融资产的流动性均依赖于特定经济个体和影响个体获利能力的经济环境，而当相应债券资产被接受为 MLF 业务担保品后，其用途无疑被拓宽。为了获取流动性，市场机构增强了持有相应债券的意愿，需求的提升提高了流动性。

另一方面是流动性自我强化的进一步影响。市场微观结构理论显示，市场流动性具有自我强化机制，如果市场参与者预期市场的流动性在可预见的将来继续保持一个较高的水平，他们就会更积极地从事交易。相应地市场流动性会进一步提升，即时交易成本也越低。本课题通过建立如下自我强化模型说明这一特征。

假设在该模型中，交易行为是一个需要买卖双方共同付出努力，并会产生累计价值的行为。在该交易中，存在 j 和 k 两名交易者，利润分别是 B_j 和 B_k。任何一方从交易中获得利润都会导致自身交易行为增加（分别是 P_j 和 P_k）和对方交易行为增加（分别是 P_k 和 P_j），双方的利润是对称的。设交易成本为 C，边际交易成本为 c，那么每个交易者的最优交易水平是使交易的边际成本等于边际收益。假设机构参与交易所产生的收益可以表述为：

$$B_j = A P_j^\alpha P_k^\beta$$

该方程反映了双方的边际收益递减和对方交易造成的正外部性。由于参加者增加将造成边际收益递减，因而 $\alpha + \beta < 1$。假设外部性是有限的，每个交易者从参与交易中获得的收益大于从对方参与交易中间接获得的好处（$\alpha > \beta$），并假设交易成本与交易量成正比：$C_j = cP_j$。

在上述假设条件下，从利润最大化原则出发，边际成本（$MC = c$）等于边际收益（$MB_j = \alpha A P_k^\beta P_j^{\alpha-1}$）。因而交易者 j 的最大化参与程度为 $P_j = \left(\dfrac{\alpha A P_k^\beta}{c} \right)^{\left(\frac{1}{1-\alpha} \right)}$。

在另一方的参与下，交易者 j 的参与程度增加。最初其参与程度急剧增加，因为此时的边际收益很高。随后，由于边际收益递减，交易者 j 的参与程度增加趋于平缓。同理得到交易者 k 的最大化参与程度为 $P_k = \left(\dfrac{\beta A P_j^\alpha}{c} \right)^{\left(\frac{1}{1-\beta} \right)}$。但交易双方的市场参与程度相同时市场出清，此时 $P_j = P_k = P^*$，求解得到 $P^* = \left(\dfrac{\alpha A}{c} \right)^{\frac{1}{1-\alpha-\beta}}$ 或者 $P^* = 0$。

上述模型结果表明交易双方有可能积极参与，也有可能无人参与。虽然市场参与程度高可使双方境况变好，但是如果交易双方无法进行交流，就不能保证能够达到这种结果。加之，同质交流者之间的不信任使得交流十分困难，致使单个市场参与者缺乏足够的促进和维持市场流动性的积极性和主动性。因而除了借助于市场自发形成的规则、建立行业组织和政府监管来促成市场交易者合作以提高参与程度外，市场规模也是提高市场参与程度的一个重要因素。因而当债券被央行纳入合格担保品范围后，债券需求增加会进一步导致供给的增加，从而打破原有平衡，表现为模型中交易成本的降低、交易量的增长。事实上，对交易收益的重新认识会增强市场参与者的投资信心，交易量会急剧增长，降低交易成本和增强市场参与者对高交易量的信心，由此实现流动性的自我强化。

三、方法、数据与实证结果

（一）实证方法

本课题采取 DDD 方法检验扩大合格担保品范围是否会提升银行间市场上相应债券的流动性。基准回归如下：

$$Liquidity_{ijt} = \beta_1 Post_t \times IB_j \times Treat_i + \delta_{ij} + \gamma_{it} + \theta_{jt} + \epsilon_{ijt} \#$$

其中下标 i 代表债券，j 代表所在市场，t 代表日期。被解释变量 $Liquidity_{ijt}$ 为债券流动性。流动性概念丰富，一般包含交易速度、宽度、深度及弹性四个维度的内涵，并基于日内高频和日间低频数据对应不同测算方式。考虑到数据的可得性，结合已有文献研究做法，课题分别采用 Amihud 流动性测度（$Illiq$）及平均交易量度量（$Tradingvolume$）[①]。$Post_t$ 为时间虚拟变量，若交易日期在 2018 年 6 月 1 日以后，则取 1，否则为 0；IB_j 为市场虚拟变量，若债券在银行间债券市场发行，则取 1，否则取 0；$Treat_i$ 为新增担保品债券虚拟变量，若该债券为不低于 AA 级的小微、绿色和"三农"金融债券，或者为 AA+ 或者 AA 级公司信用类债券，则取 1，否则取 0。核心解释变量为上述三项虚拟变量的交乘项 $Post_t \times IB_j \times Treat_i$，变量系数 β_1 反映了银行间市场受到新政策影响的债券相对于其他债券在 2018 年 6 月 1 日以后的平均流动性变化。

为避免对估计结果干扰，对其他可能影响因素予以控制：（1）δ_{ij} 为债券固定效应，包括债券 i 的特征，如债券发行量、偿还期、付息期、票面利率、是否有担保措施、是否有特殊条款、发行主体属性等债券固有属性。值得注

---

① 平均每笔交易金额（百万元）的对数。

意的是，δ_{ij} 还包括了在不同市场交易的同一支债券被赋予了不同固定效应，以刻画债券不随时间变化、仅由于不同市场发行和交易产生差别。此外，δ_{ij} 还吸收了市场效应 IB_j、政策处理效应 $Treat_i$ 及其交乘项 $IB_j \times Treat_i$。（2）γ_{it} 控制了债券同时间交叉的固定效应。一方面是债券评级可能随时间发生变化，另一方面宏观经济波动例如降准、公开市场操作随时间发生变化。此外交叉项 γ_{it} 也吸收了时间虚拟变量 $Post_t$ 和政策处理效应 $Treat_i$ 的交叉项 $Post_t \times Treat_i$。（3）θ_{jt} 控制了市场同时间交叉的固定效应，刻画不同市场随时间变化的可能影响，同时也吸收了时间虚拟变量 $Post_t$ 和市场虚拟变量 IB_j 的交叉项 $Post_t \times IB_j$。

（二）数据来源

本文采用二级市场数据为 2018 年 1 月 1 日至 2018 年 9 月 30 日评级不低于 AA 级的公司信用类债券和金融债的日交易数据，交易数据及债券信息数据来源为 Wind 数据库。此外为尽量保证信息识别准确，参考 Schewert（2017）做法，在原始数据上按照如下步骤进行筛选剔除：（1）剔除信息不完整、未发生交易的债券样本数据；（2）剔除剩余期限不足一年的债券样本避免由于到期日临近造成交易波动；（3）剔除发行期限不足一年的债券样本避免由于新发债券的可能流动性影响。

此外考虑到流动性测度 Amihud 计算方式，将日度数据进行相应的月度转换。最终得到 28516 条债券月度数据。

表 4 展示了本文关键变量的描述性统计数据。

表 4　描述性统计结果

变量名	样本数	平均值	标准差	最小值	最大值	中位数
Illiq	28516	0.02	0.13	0	1.16	0
Tradingvolume	28516	−0.12	0.24	−0.92	0.03	−0.02
Post	28516	0.41	0.49	0	1	0
Place	28516	0.62	0.49	0	1	1
Treat	28516	0.63	0.48	0	1	1

表 5 展示了不同评级债券的比例分布情况。

表 5　不同评级债券比例分布

债券评级	样本数	样本比例（%）
AA	9121	31.99
AA+	8803	30.87
AAA	10592	37.14
合计	28516	100

（三）实证结果

表 6 展示了（1）式的回归结果。列（1）展示了以 Amihud 非流动性指标 *Illiq* 作为被解释变量的回归结果，核心解释变量 *Post × IB × Treat* 的回归系数为负，且在 10% 的显著性水平上显著，即扩大银行间市场 MLF 业务担保品范围后，受影响的债券的流动性会有所提升。列（2）展示了以平均交易量 *Tradingvolume* 作为被解释变量的回归结果，核心解释变量 *Post × IB × Treat* 的回归系数为正，且在 1% 的显著性水平上显著，表明受到政策影响的债券的交易量均有所提升。因而上述证据一致性表明新政策使得可作为担保品的债券的流动性显著性地上升。

表 6　不同评级债券比例分布

变量	（1） *Illiq*	（2） *Tradingvolume*
Post × IB × Treat	–0.0314*	0.0262***
	（–1.653）	（2.697）
债券 × 市场固定效应	控制	控制
债券 × 时间固定效应	控制	控制
市场 × 时间固定效应	控制	控制
债券固定效应	控制	控制
观测值	28516	28516
组内 R^2	0.0125	0.2194

注：***、** 和 * 分布表示 1%、5% 和 10% 的显著性水平，括号为债券层面的聚类标准误。

（四）平行趋势检验

使用三重差分法（DDD）的前提是控制组与实验组在事件发生前后具有平行趋势。本课题构建如下模型进行平行趋势检验：

$$Liquidity_{ijt} = \sum_{k=-5, k \neq 0}^{3} \alpha_k D_t^k \times IB_j \times Treat_i + \delta_{ij} + \eta_{it} + \theta_{jt} + \varepsilon_{itj}$$

其中 D_k^t 为时间段虚拟变量，每个月作为一个交易区间，本文样本时间段共包括 9 个月，在政策实施前交易日共 5 个月；在政策实施后的交易日共 4 个月。记政策实施月份 2018 年 6 月，将政策实施前 5 个月作为对照组。对于 $k = –5, –4, –3, –2, –1, 1, 2, 3$。若交易月份落在 $t + k$ 内则对应的虚拟变量 D_k^t 取 1，否则为 0。通过观察虚拟变量 D_k^t 的系数 α_k 是否显著不为 0，来判断在政策实施前是否存在平行趋势。

图 1 给出了以交易量作为被解释变量的系数 α_k 及 95% 的置信区间范围。线上每一个点表示对应的交易月份，可以看出在 2018 年 6 月前，α_k 不显著异于 0；在 2018 年 6 月后，α_k 显著为正。

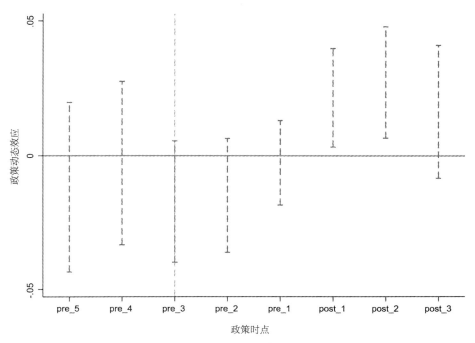

图 1　平行趋势检验

四、结论与建议

以 2018 年 6 月 1 日中国人民银行扩大银行间市场的中期借贷便利（MLF）担保品范围的自然实验场景，利用中国银行间市场和交易所市场存在的结构差异，基于 2018 年 1 月至 9 月的债券交易数据运用三重差分模型验证了合格担保品范围的调整会增加对应债券的流动性。基于上述结论，本课题的研究可以得到如下启示：

第一，被纳入合格担保范围的债券流动性的提升意味着担保品框架成为债券流动性调节的手段之一。因此央行可以通过担保品框架的调整，将国家想要支持的重点领域与薄弱环节企业的债券或信贷资产纳入合格担保品范围，引导对应债券的需求增加，从而提升其市场流动性。正如2018年6月合格担保品范围的扩容，加入不低于AA级的小微企业、绿色和"三农"金融债券、AA+、AA级公司信用类债券（优先接受涉及小微企业、绿色经济的债券），优质的小微企业贷款和绿色贷款，基于担保品的货币政策作为一种结构性的、灵活的货币政策，不仅可以用来实现经济发展的目标，也可以用来实现更多的社会发展目标。因而未来可配合支持国家政策方向例如绿色发展、应对气候变化风险、平衡区域发展等设置相应债券担保品池，引导市场需求，提升交易活跃程度。

第二，流动性提升导致的流动性溢价、利差和融资成本的降低对于担保品供给总量管理也提供了一定启示。除了本课题验证的公司信用类债券和金融债券之外，央行还可以进一步扩大国债和地方政府债券作为担保品的功能。相较于私人部门债券，国债作为更安全的抵押品，适度增加国债供给，会缓解经济和金融体系中的担保品稀缺问题，从而降低私人部门融资成本。与此同时，从长远来看，国债在国际金融体系中成为安全的担保品，也会进一步加快人民币国际化进程。

第三，未来还需要进一步完善担保品制度框架。一方面担保品的范围还较窄，仍以公共部门债券以及部分金融债券为主，企业债券、票据、商业银行优质贷款等占比较小。另一方面，担保品风险评价体系尚不健全，风险规避机制有待于完善。因而在保证灵活性的同时，中央银行应当审慎扩大担保品范围，同时在借鉴国际成熟经验基础上，结合自身情况，加强对新增担保品品种的信用评级和风险防范，构建以担保品折扣率、保证金追加制度、集中度等丰富参数组成的标准风险防范机制，根据市场环境变化动态调整，提升金融市场的广度、深度和弹性。

参考文献

［1］Alexander G J, Edwards A K, Ferri M G. The Determinants of Trading Volume of High-yield Corporate Bonds[J]. Journal of Financial Markets, 2000, 3(2): 177-204.

［2］Amihud Y, Mendelson H. Liquidity, Maturity, and the Yields on US Treasury Securities[J]. The Journal of Finance, 1991, 46(4): 1411-1425.

［3］Chakravarty S, Sarkar A. Liquidity in US Fixed Income Markets: A Comparison of the Bid-ask Spread in Corporate, Government and Municipal Bond Markets[J]. FRB of New York Staff Report, 1999 (73).

［4］Chakravarty S, Sarkar A. Trading Costs in Three US Bond Markets[J]. The Journal of Fixed Income, 2003, 13(1): 39-48.

［5］Choi D B, Santos J A C, Yorulmazer T. A Theory of Collateral for the Lender of Last Resort[J]. Review of Finance, Forthcoming, 2021.

［6］Fecht F, Nyborg K G, Rocholl J, et al. Collateral, Central Bank Repos, and Systemic Arbitrage[J]. Swiss Finance Institute Research Paper, 2016 (16-66).

［7］Fegatelli P. The Role of Collateral Requirements in the Crisis: One Tool for Two Objectives？[R]. Central Bank of Luxembourg, 2010.

［8］Friewald N, Jankowitsch R, Subrahmanyam M G. Illiquidity or Credit Deterioration: A Study of Liquidity in the US Corporate Bond Market during Financial Crises[M]//Managing and Measuring Risk: Emerging Global Standards and Regulations after the Financial Crisis, 2013: 159-200.

［9］Gorton G B, Metrick A. Haircuts[R]. National Bureau of Economic Research, 2009.

［10］Hotchkiss E, Jostova G. Determinants of Corporate Bond Trading: A Comprehensive Analysis[J]. Quarterly Journal of Finance, 2017, 7(02): 1750003.

〔11〕Koulischer F, Struyven D. Central Bank Liquidity Provision and Collateral Quality[J]. Journal of Banking & Finance, 2014, 49: 113–130.

〔12〕Lee H J, Cho I. Corporate Governance and Corporate Bond Liquidity[J]. Global Economic Review, 2016, 45(2): 189–205.

〔13〕Nyborg K G. Central Bank Collateral Frameworks[J]. Journal of Banking & Finance, 2017, 76: 198–214.

〔14〕Van Bekkum S, Gabarro M, Irani R M. Does a Larger Menu Increase Appetite？ Collateral Eligibility and Credit Supply[J]. The Review of Financial Studies, 2018, 31(3): 943–979.

〔15〕黄振，郭晔.央行担保品框架、债券信用利差与企业融资成本[J].经济研究，2021，56(01): 105–121.

〔16〕王永钦，吴娴.中国创新型货币政策如何发挥作用：抵押品渠道[J].经济研究，2019，54(12): 86–101.

金融科技赋能防范化解债券市场重大风险
——基于集成学习的债券违约风险预测模型

王延昭　唐华云　黄鑫玉

摘　要: 本文使用我国 2017 年至 2020 年已到期企业债样本数据,深入挖掘企业基本信息数据、财务信息数据、财务报表数据、发行兑付数据、行情指标数据、风险收益数据、信用评级数据、持债数据等多维信息特征,基于集成学习构建债券风险监测模型,并使用实际数据进行了回测。回测结果表明,本文提出的模型在正常非违约样本、下季度违约样本和未来违约样本上分别达到了 0 错误率、9.52% 错误率和 4.38% 错误率,违约预测效果较好。

关键词: 企业债违约　集成学习　风险预测模型

一、我国债券违约基本情况

伴随着我国社会经济的高速发展和金融市场的逐渐成熟,融资规模不断扩大,债券市场风险经历了长期的积累。随着深化金融领域改革、推进金融产品市场化、取消政府兜底的刚性兑付模式,2014 年第一起公募债券违约事件发生，债券市场风险进入逐步释放的过程，此后债券违约数量和金额均呈现逐年升高趋势，2014—2017 年违约债券数量分别为 6、27、55、34 只；涉及金额分别为 13.4 亿元、121.77 亿元、391.77 亿元、312.49 亿元。近年来由于经济下行、全球新冠疫情、国际贸易环境、股市震荡的影响，债券违约数量及金额显著提高，2018—2020 年违约债券数量分别为 125、185、150 只；涉及金额分别为 1207.77 亿元、1501.19 亿元、1697.02 亿元，2021 年截至 5 月 25 日就已经出现了 68 只共计 662.81 亿元的违约债券。

尽管债券违约在全球范围内属于正常现象，对于完善债券市场成熟度、促进风险分担机制具有积极意义，但同时大量违约债券也会对金融体系稳定性造成冲击，不利于实体经济的融资和发展。为此，国内外学者对债券市场违约情况进行了广泛的研究，在宏观层面上提出消费者物价指数、地方生产总值、生产者价格指数、行业影响等一系列可能影响企业违约的指标，在微观层面上研究企业的财务数据、债券特征、债券发行主体特征等一系列变量与债券违约的相关程度，并形成了 Logistic 模型、神经网络模型、支持向量机模型、单一变量模型、债项评级模型和发行公司主体评级模型等一系列基于机器学习、统计规则或主观打分的方法，对防范化解债券市场违约风险起到了积极的作用。然而上述方法中信用评级等基于主观打分的方法模型较为简单、依赖专家经验且难以形成量化风险指标；基于统计规则的方法大多依赖财务数据，违约预警滞后，无法做到事前预测；基于神经网络和支持向量机等机器学习的方法以量化的方式对违约相关指标进行了特征提取，获得了较好的效果，但目前的研究较浅，以机器学习算法的跨领域应用为主，未能针对债券违约相关指标的特征设计泛化能力强、拥有反馈机制、预测效果好的专用模型。

　　因此为引导债券市场良性发展，助力监管机构及金融机构加强债券信用风险管理，完善债券市场体系和制度，支持投资决策和风险评估识别，本文通过挖掘债券发行主体特征数据、改进随机森林模型、加入反馈机制等步骤提出一种泛化能力强、预测效果好的基于集成学习（Ensemble Learning）的债券风险预测建模方法。相比于传统债券评级模型，本文提出方法的主要优势体现在以下几点：（1）深入挖掘债券发行主体数据特征，使用企业基本信息数据、财务信息数据、财务报表数据、发行兑付数据、行情指标数据、风险收益数据、信用评级数据、持债数据等多维特征，并为舆情数据、工商数据、司法数据等本文未能获得的数据预留接口，具备充分的可扩展性；（2）使用交叉检验、反馈剪枝策略改进决策树判别效果，通过重抽样及特征提取方法构建泛化能力强的随机森林模型；（3）使用近4年债券市场实际违约数据进行实证分析，为防范化解债券市场违约风险提供现实依据。

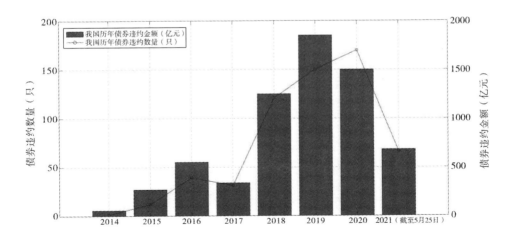

图1　我国2014—2021年债券违约数量及金额图

二、违约债券发行主体数据挖掘

1. 财务经营数据

国内外对于计量违约模型的研究已有较多成果，其中最为广泛使用的是企业财务经营指标，大量对于股票市场违约案例的分析证明财务经营指标对于企业违约风险的预测具有积极作用。但对于本文关注的国内债券市场而言，由于面临企业财务数据披露不完全、债券违约样本稀少、违约企业存在财务造假等因素的影响，企业财务经营指标的真实性及有效性亟待进一步提高。以企业债为例，本文使用 Wind 已到期企业债数据，分析包含财务信息数据、财务报表数据、风险收益数据等在内的百余个财务经营指标，对其完整性绘制 CDF（Cumulative Distribution Function）图如下：

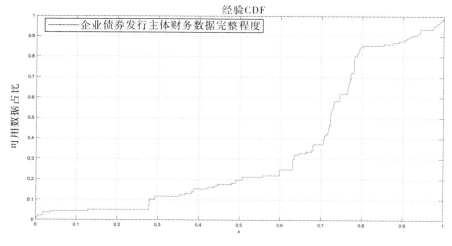

图 2　企业债券发行主体财务数据完整性 CDF 图

可见，选取的众多指标中数据完整性达到一半的只有不足 30%，财务数据披露的不完善制约了财务经营指标构建发债企业风险监测模型的性能，对数据进行填补、插值等预处理是有必要的。本文首先设置动态阈值，将完整性不足阈值的指标进行剔除；再对按季度披露的财报中缺失的数值类型数据使用本次统计四年度的线性插值，对缺失字符数据选取本次统计四年度内最近一次披露值进行填充；若企业在统计四年度内均无披露值，则对于数值类型数据和字符类型数据分别填充 0 和字符"–"。由于版面有限，表 1 从本文使用的数十种财务经营数据中选择并展示部分变量的统计性描述。

表 1　财务经营数据统计性描述表

变量	均值	标准差	最大值
净资产收益率 ROE	0.6225	19.6517	189.1755
总资产报酬率 ROA	1.2128	1.9387	74.5200
总资产净利率 ROA	0.6287	1.4820	54.4753
现金比率	0.4849	0.5948	14.8604
有形资产 / 负债合计	0.7447	0.8691	23.7946

2. 行情指标数据

Eugene Fama 提出的有效市场假说（Efficient Markets Hypothesis, EMH）认为在法律健全、功能良好、透明度高、竞争充分的股票市场中，一切有价值的信息已经及时、准确、充分地反映在股价走势当中，因此本文引入行情指标数据衡量发债企业违约风险。所使用的指标包含季度涨跌幅、季度成交金额、估价修正久期、估价收益率、估价基点价值等，表 2 展示了部分本文使用的行情指标数据的统计性描述。

表 2　行情指标数据统计性描述表

变量	均值	标准差	最大值
季度涨跌幅	−2.5868	11.1899	133.1363
估价修正久期（中债）	4.2582	0.6776	3.5502
估价基点价值（中债）	0.6757	0.0064	0.0378

3. 企业特征数据

债券市场中信息的不对等性导致了众多债券违约风险未能及时被监管机构和投资者发现，造成恶劣后果。因此本文引入企业基本信息数据、发行兑付数据、信用评级数据等企业相关指标以突破财务数据的局限性，并使用持债数据衡量投资人对于债券的持有情况，以期从一定程度上挖掘掌握内幕消息或具备独特眼光的机构反映出的信息。

综上所述，本文在有限数据背景下通过研究数据特征，进行因子挖掘，选取可用于债券违约风险监测的企业基本信息数据、财务信息数据、财务报表数据、发行兑付数据、行情指标数据、风险收益数据、信用评级数据、持债数据等多维特征信息，并在随后章节进一步进行数据解耦，构造强泛化能力的风险模型。

三、基于集成学习的债券发行主体风险监测特征工程及模型构建

集成学习是一种组合分类器，首先利用 bootstrap 重抽样方法从原始样本中抽取多个新的子样本集，对每个 bootstrap 子样本集单独构建模型，然后将这些模型组合在一起，最终得出分类或预测的结果。集成学习除了预测准确率比较高之外，还具备不容易出现过拟合、对噪声容忍度高、对异常值和缺失值不敏感等优点。本文采用决策树作为基分类器，产生随机森林作为集成学习分类器。

决策树是一种由根节点、中间节点、叶子节点组成的树状单分类器。决策树中每个节点表示待分类对象的某项属性，从每个节点出发的分叉路径则代表该属性可取值的范围，因此从根节点到某个叶子节点所含有的所有

路径表示待分类对象在途中每个节点的属性范围都符合路径代表的取值范围。随机森林中的决策树模型的生成过程分为两个步骤,先通过对 bootstrap 子样本集进行程序递归生成倒立树状结构,再输出根据这棵树从根节点到叶子节点的路径代表的判别决策规则。根据离线产生的决策树模型对新输入数据进行分类或预测就是在线决策过程。因此,决策树模型从本质上是通过产生一系列分类规则并通过这些规则进行分析的数据挖掘过程。训练好的决策树模型是由训练样本决定的规则的集合,在决策时从根节点出发,经过若干中间节点后,到达唯一的叶子节点作为输出,经历的路径表示该数据符合的一系列规则。本文使用的 FDT 决策树将在后续章节详述。

将债券的单独一维特征数据记为特征 T,提取特征的整个输入空间为 S,其信息增益(Information Gain, IG)为:

$$IG(S,T) = Entropy(S) - \sum_{v \in Values(T)} \frac{|S_v|}{|S|} Entropy(S_v)$$

然而,当某个特征的取值较多时,根据此特征划分更容易得到纯度更高的子集,因此划分之后的熵更低,由于划分前的熵是一定的,因此,该特征的信息增益更大,也就是说信息增益倾向于选取取值较多的特征。为了克服这种方法的缺点,进一步计算特征 T 的信息增益率:

$$GainRatio(S,T) = \frac{IG(S,T)}{SplitInformation(S,T)}$$

$$SplitInformation(S,T) = -\sum_{i=1}^{s} \frac{|S_i|}{|S|} \log_2 \frac{|S_i|}{|S|}$$

本文采用的基分类器 FDT 树采用的点分类准则为信息增益率,使用的 FDT 树采用检测数据集中不同特征的相关性来判别所选择的特征子集是否最佳。

1. 构建 FDT 树

获得债券发行主体特征数据后，使用集成学习的方法建立风险监测模型。本小节采用的基分类器 FDT 树采用的点分类准则为信息增益率，构建流程的伪代码由表 3 给出。首先使用部分数据 X 作为输入数据集进行训练，FDT 树 T 作为输出，构建过程包含如下三个步骤：（1）数据预处理及初始化过程，在伪代码的 1~2 行；（2）节点分裂与停止准则，在伪代码的 3~13 行；（3）剪枝与反馈策略，在伪代码的 14~17 行。

表 3　FDT 树构建流程

Algorithm 1. Building phase of the Feedback Decision Tree
Input: dataset X;
Output: The Feedback Decision Tree (T);
1　Generate a new training set (X_t) and a new testing set (X_s) by feature selection and k fold cross-validation;
2　Initialize an empty tree (T);
3　**repeat**
4　　**for each** attribute $a \in X_t$ **do**
5　　　Compute information the gain ratio on a;
6　　**end**
7　　a_{split} is the best attribute according to the above computed criteria;
8　　Create a decision node that tests a_{split} in the root and attach this node to the corresponding branch of the tree (T);
9　　Partition the database to subdatasets based on a_{split};
10　　**for each** subdataset (X_i), **do**
11　　　the same operation occurs in line 4 to line 12;
12　　**end**
13　**until** X_i is "pure" or size of X_i less than $minNum$ **or** the algorithm reaches enough iterations;
14　Calculate the cumulative error of tree T and the error of every subtree;
15　Prune the subtrees with higher error rates;
16　Recalculate the distribution with set X_s;
17　**return** T;

数据预处理及初始化过程中，K 折交叉检验被用在选取训练子集上以提高不同子集的区分度，之后使用特征选择方法来创建一个新的训练集，并且初始化一棵新的 FDT 树，通常每棵 FDT 树中包含的特征数量为训练集所有特征数量的算术平方根。由于本文使用的债券发行主体特征数据维度较高，直接估计其分布并不是一种有效的方式，特征选择是多种定位问题及模

式识别问题中意义深远的一个步骤，这种方法同样也被用在 FDT 树的构建阶段。滤波器（Filter），前向 / 后向搜索（Forward / Backward Search），封装法（Wrapper）等常用的特征选择方法性能各异，主要体现在处理时间及准确率上。不同的特征选择方法使用不同的评价函数来选择适当的特征，譬如分类成功率、相关性、信息、一致性及距离，本文使用的 FDT 树采用检测数据集中不同特征的相关性来判别所选择的特征子集是否最佳。

当一个新的训练集生成完毕后，就可以计算出所有特征的信息增益率并选择具有最高信息增益率的最佳特征，同时在 FDT 树 T 对应的位置产生一个节点。在此之后进行节点分裂，需要说明的是对于连续型属性需要先转换成离散型属性再进行处理。对于有限的采样数据有 N 个不同取值，数据之间有 $N-1$ 种离散化的方法，然后计算 $N-1$ 种情况下最大的信息增益率。一种更优化的方法是先对属性进行一次排序，只在其类别发生变化的地方进行离散化计算。节点分裂所产生的新的子集循环进行此过程直到满足停止准则。停止准则由以下三种情况组成：（1）分裂出的子集为纯净的，即仅包含一个类别的元素；（2）分裂出的子集大小是一个超参数并且可以设置为经验值；（3）算法已经运行了足够的迭代次数，此时出于防止过拟合及降低复杂度的考虑不应该再继续进行。

根据需要更改超参数 S 并且将 S 棵 FDT 树构建完毕后，进一步通过十折交叉检验与反馈剪枝策略获得最佳性能的特征模型。使用减小误差策略的剪枝步骤被应用在每一棵 FDT 树上，目的是保留不可或缺的节点而去掉对预测帮助微小的节点。计算树 T 及其每一棵子树的累计误差并对累计误差过高的子树进行剪枝，把对应节点替换为此处子集中数量最多的类。有时会有不止一个节点达到剪枝条件，但需要注意的是最佳策略可能并不是将它们全部替换掉，因此需要使用测试集的反馈来测量出最佳的 FDT 树结构。此外，将原始训练集随机抽样十等分后用其中的一个子集作为新的测试集，另外 9 个作为新的训练集，并将这个过程重复十次，以此获得特征模型预测正确率的平均估计。

2. 构建随机森林

将调整好的 S 棵 FDT 树以投票思想组合起来，就可以获得特征模型。构建随机森林的过程中使用集成学习算法来准确分类测试数据。本部分使用 Breiman 提出的 Bootstrap Aggregation 算法来增强系统的健壮性并获得更高的定位准确率。以随机森林算法构建 CSI 特征模型的伪代码如表 4 所示。输入数据集债券发行主体多维特征，另外输入超参数 S 来设定随机森林的规模，即随机森林中 FDT 树的数量。X 为训练集，随机森林 F 为输出。随机森林构建阶段可以被分为三个步骤：（1）特征选择及数据集初始化，在代码的 1~5 行；（2）FDT 树的训练，在代码的 6~8 行；（3）随机森林的生成，在代码的 9~10 行。首先，使用 Bootstrap Aggregation 算法为每一棵 FDT 树生成专用的新的训练集和测试集：对每一个使用十折交叉检验生成的训练集使用 bagging 的方法有放回地抽取生成 S 个新的训练集，再使用同样的方法生成对应的测试集，此时同一个样本在新的训练集中有可能会出现不同，但同一个样本不可能会同时出现在新生成的训练集与测试集中。对于每一个新的训练集，进一步选取 K 个不同的特征用来进行节点分裂，K 通常选取训练数据及特征维度的算术平方根，由于不同的 FDT 树使用了不同的特征组合进行节点分裂，更多子载波的特征信息能够得到充足的利用，进一步提高了随机森林特征模型的性能。在所有 FDT 树生成完毕后，使用投票算法将它们结合在一起，就形成了随机森林特征模型。

表 4　随机森林构建流程

Algorithm 2: Random Forest Construction with Feedback Decision Tree

　Input: Features of bonds;
　Input: The size of the forest S;
　Output: The Random Forest F;
1　Initialize an empty forest F;
2　**for** $i = 1$ **to** S **do**
3　　Generate a new training set X_t^i and a new testing set X_s^i using the improved bootstrap aggregation;
4　　Calculate the sensing probability;
5　　Set $K = [sqrt(n+1)]$;
6　　Randomly Select K attributes from X_t^i and X_s^i;
7　　Train the ith Feedback Decision Tree in **Algorithm 1** without pruning, use X_{tK}^i, X_{sK}^i and sensing probability
8　**end**
9　Combined the basic thought of voting method and S Feedback Decision Trees;
10　**return** F;

四、债券违约数据回测及结果分析

本章使用前面描述的债券发行主体特征数据及集成学习模型进行企业债券发行主体风险监测。为验证模型预测能力的真实性与前瞻性，服务事前监管需求，本章以"不违约、下季度违约、未来违约"三档标签进行标注，例如 2020 年 8 月违约的 14 津房信债，选取其 2020 年二季度数据标注为下季度违约，2020 年一季度及之前数据标注为未来违约，进行违约样本构建。使用 2017 年至 2020 年共 3512 只已到期企业债数据，按季度构建特征数据库，采用十折交叉检验，选取集成学习中基分类器数量为 100 训练特征模型，得到结果如表 5 所示：

表5　债券风险监测模型回测分析指标

Class	TP Rate	FP Rate	Precision	Recall	F-Measure	MCC	ROC Area	PRC Area
common	1.000	0.050	1.000	1.000	1.000	0.975	1.000	1.000
default (next quarter)	0.571	0.000	0.706	0.571	0.632	0.635	0.992	0.478
default (future)	0.925	0.000	0.955	0.925	0.940	0.940	1.000	0.986

表6　债券风险监测模型回测结果

Class	common	default (next quarter)	default (future)
common	56011	0	0
default (next quarter)	2	12	7
default (future)	7	5	148

由表5可知，本文提出的基于集成学习的债券风险监测模型对于三类样本Precision分别达到100%，70.6%和95.5%；FP Rate仅为5%，0%和0%；ROC Area分别为1.000，0.992和1.000；PRC Area分别为1.000，0.478和0.986，模型性能较为出色。

由表6可知，对于56011次正常非违约企业债样本做到了100%正确识别；对于下个季度即将违约的21个企业债样本精确预测12次，并且预测未来有风险9次，仅有2个样本被预测为正常非违约样本，错误率仅9.52%；对于未来有违约风险的160个债券样本精确预测148次，预测下季度即将违约5次，仅有7个样本被预测为正常非违约样本，错误率仅4.38%。因此，本文提出的基于集成学习的债券风险监测模型在企业债数据上预测违约能力较强，能够有效识别出有违约风险的债券，且错误率较低。

五、结论与展望

近年来永煤、华晨等连续违约事件惊扰债市，国家发改委按照党中央、国务院的决策部署，将防范化解系统性金融风险放在重要位置，牢牢守住不发生系统性金融风险的底线。此前由于我国债券违约数据稀缺，针对债券违约预测和风险监测研究较少，而基于我国国情及债券市场现状探索一套先进有效的债券违约预测体系对我国债券市场平稳发展具有重大意义，因此我司作为国家重要金融基础设施，在债券风险监测体系构建探索上应敢于创新，勇于探索，力争掌握核心技术，获取行业内领先地位。

本文使用我国 2017 年至 2020 年已到期企业债样本数据，深入挖掘违约债券发行主体特征数据，基于集成学习构建债券风险监测模型，并基于实际数据进行了回测研究。研究结果表明，本文提出的模型在债券违约预测上表现较好，对三类样本的区分能力较强。但一方面，本文对债券风险监测模型的研究仍存在许多问题，例如原本考虑用于模型构建的超过一百维特征数据由于数据缺失问题仅能使用其中的数十维，对模型预测能力有较大影响，因此债券市场的数字化发展及企业数据披露的进一步加强将会为债券违约预测模型带来新的提升；另一方面，本文由于时间及数据限制未分析公司债、中期票据、短期融资券等债券类型，这部分工作将在未来的研究中得以体现。

参考文献

[1] 张浩 . 我国信用债市场风险的特征、影响及对策研究 [J]. 南方金融 , 2018(01): 57–67.

[2] Dietterich T G . Ensemble Methods in Machine Learning[C]// International Workshop on Multiple Classifier Systems. Springer, Berlin, Heidelberg, 2000.

[3] 霍雨佳 . 判别公司债券违约风险的财务指标研究——基于财务预警理论 [J]. 会计之友 , 2016(21): 36–40.

［4］童欣悦.债券违约风险因素及预警研究 [D]. 浙江大学 , 2018.

［5］俞宁子 , 刘斯峰 , 欧阳炎力 , 陈绿原.债券违约风险预警模型探究 [J]. 中国市场 , 2016(39): 18–29.

［6］杨国旗.我国企业债券违约的影响因素及其对策研究 [D]. 中国财政科学研究院 , 2017.

［7］Fama E . Efficient market hypothesis: A Review of Theory and Empirical Work, 1970.

［8］曹正凤.随机森林算法优化研究 [D]. 首都经济贸易大学 , 2014.

［9］姚红宇 , 施展.公司个体特征、地方经济变量与信用债违约预测——基于离散时间风险模型 [J]. 投资研究 , 2018, 37(06): 114–132.

［10］茅璐璐.基于异构信息处理的债券违约预测 [D]. 哈尔滨工业大学 , 2019.

［11］谭琳琳.基于神经网络的公司债违约预测模型与应用研究 [D]. 华东师范大学 , 2019.

［12］Altman E I , Hotchkiss E . Corporate Financial Distress and Bankruptcy: Predict and Avoid Bankruptcy, Analyze and Invest in Distressed Debt, 3rd Edition[M]. 2010.

［13］Ang A , Bai J , Zhou H . The Great Wall of Debt[J]. SSRN Electronic Journal, 2015.

信用债券市场投资者保护制度研究

张祎琼　彭伟琪

摘　要:近年来我国信用债违约事件频发,债券违约进入常态化阶段,在此背景下,投资者权益保护有待进一步优化完善。加大投资者保护力度,明确投资者保护范围,有利于建立健全市场化违约处置机制、提升债券市场法治化管理,同时培育更多元化风险偏好的投资者。本文通过对国际、国内制度的梳理,提出目前信用债券市场投资者保护制度的完善建议。

关键字:信用债　投资者保护　信息披露

一、信用债券市场投资者保护制度研究背景

(一)信用债券进入违约常态化阶段

自 2014 年"11 超日债"爆发信用风险事件以来,我国债券市场的违约事件逐渐增多,违约金额不断攀升,债券违约已渐趋常态化。根据中债资信研究统计,截至 2020 年末,我国债券市场发生信用债违约主体共计 166 家,违约债项共计 503 项,涉及债券违约规模共计 4687.94 亿元。其中 2020 年

新增违约金额达 1646.50 亿元，且有 82% 的违约金额发生在 AA+ 及以上的高等级发债主体中。整体看来，在近一年的新增违约事件中，因破产重整导致的债券违约金额快速上升，新增违约主体信用等级分布上移，国有企业违约风险也存在显著上升。

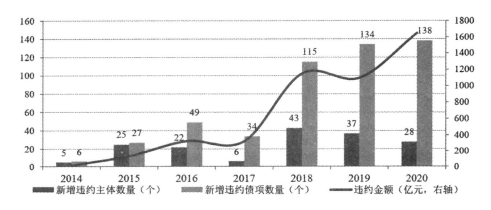

图 1　2014—2020 年债券市场违约统计

资料来源：中债资信

2020 年 10 月以来，一些违约事件严重冲击了信用债市场，其恶意"逃废债"的嫌疑更是超出市场预期，导致信用债市场剧烈波动。从一级市场来看，信用债发行难度短期内显著增加，永煤控股违约后，多只债券推迟或取消发行，发行主体与煤炭行业、地方国企、河南地区相关的尤为明显。从二级市场来看，多只债券价格出现大幅下跌，投资机构对低信用主体债券审核趋严、投资收紧。

综合来看，债券信用风险事件频发，逐渐打破了债券投资者的"刚兑"思想，导致投资者对于权益保护的关注度也日渐上升。然而，目前债券市场投资者保护制度尚不完善，导致在企业恶意违约的情况下，无法受到有效制约。债券违约事件一定程度上将导致投资者恐慌情绪的扩散，冲击市场平稳运行，因此亟待完善相关机制建设。

（二）投资者保护制度建设具备重要意义

信用债券以发行人自身信用作为定价核心，其市场根基是以投资者与发行人之间信任度为基础构建的，在公信力和约束力缺乏所导致失效机制的背景下将无法有效运转。

顾弦[①]认为，在投资者权利保护越强的国家（地区），企业越倾向于通过发行债券融资，由此带来的资本性投资比例也越高，该现象在中国等大陆法系国家（地区）表现得更为显著。陈超、李镕伊[②]研究发现，公司债的投资者保护条款设计越好，融资成本越低，同时担保对融资成本降低也能起到重要作用；发债主体可以通过债券契约设计提高对债券投资者的保护，从而降低融资成本。由此说明，信用债市场投资者保护制度的优化和完善，不仅有利于降低发行人融资成本、更好促进金融服务实体经济，同时有利于推动市场平稳、良性发展和壮大。

二、国际债券市场投资者保护制度经验

本文以美国为例，简述国际债券市场投资者保护制度主要特点。投资者保护是美国债券市场监管的核心，主要工作是防止和惩罚欺诈、市场操纵和内幕交易等不法行为，其核心是强化信息披露，重要手段是惩治执法。

---

① 顾弦. 投资者保护如何影响企业融资结构与投资水平 [J]. 世界经济，2015, 38（11）: 170-194.
② 陈超，李镕伊. 债券融资成本与债券契约条款设计 [J]. 金融研究，2014(1): 44-57.

（一）灵活的债券条款设计，增强投资者话语权

债券条款设计指在单个债券中，可以通过特别条款来限制发行人的某些行为，或要求发行人必须履行一些行为来保护债券持有人权益，主要作用是保障债券持有人在发行人信用恶化的情况下可以及时获偿本息。

1. 限制性条款与偿债能力约束

常见的限制性条款包括在债券契约中限制发行人继续借贷的规模，要求发行人的偿债指标（例如流动比率等）不能超过设定阈值，超过阈值则要求发行人控制其融资规模；或者规定该债券具有优先偿付权，其他的债务只有在该债券全部得到清偿后才有权获得偿付。

特别性条款主要针对发行人公司运营、兼并重组及出卖资产方面进行限制。例如条款可以要求，公司的合并计划不得导致净资产下降；当公司所有权结构发生变化，特别是控制权改变时，发行人应提出赎回债券。对于从事高风险业务使发行人偿债能力的不确定性增加，而债券投资者却不能从增加的风险中获得风险溢价的情况，债券投资者可在私募发行的债券条款中约定，发行人在从事高风险业务时必须征得其同意，以避免投资者风险与收益错配。最后，如果发行人的信用级别下降到某一级别以后，投资者可要求提高债券收益率，以补偿增加的信用风险。

2. 建立第三方托管的偿债基金

对于信用风险较高的债券而言，在发行时设立偿债基金的做法较为普遍。为了确保债券能在到期日有足够的现金偿还本息，发行人在债券未到期前就预先按期提存一部分基金，从而将还款压力分散至若干年内，并由指定银行作为其信托管理人。在债券实际到期之前，这部分基金并不能用以抵销发行人的其他债务，由于这部分偿债基金不在发行人掌握中，所以能够较好

保障投资者权益,防止恶意违约情况发生。

(二)完备的债券治理机制,保护投资者权益

1. 受托管理人利益冲突回避机制

当受托管理人和发行人存在利益关系,如受托管理人还担任发行人的承销商或投资了发行人的股票、为发行人发放了贷款等,按照要求都应进行回避。因此才诞生了以提供受托管理服务为主要业务的纽约梅隆银行。

国际债券市场上债券受托管理人多由纽约梅隆、花旗银行、渣打银行、德意志银行、摩根大通等几家大型金融机构担任,渎职将带来极大声誉风险,且在面向发行人时具备一定话语权,因而受托管理机制能够较好运行。在大型金融机构内部通常具有相应的隔离措施,承担受托管理职能的信托部门一般是机构内的独立实体,或是同一实体内的独立部门,与承销、贷款等部门均设置防火墙以保证受托管理人的独立性、中立性。因此与投资者之间出现利益冲突的可能性非常低。

2. 规范的破产重组程序

当公司没有和投资者在法庭外协议和解或达成廉价交易,公司将进入破产程序。美国司法部下属的托管财产管理会专门负责破产事务,会指定一个或多个委员会代表投资者和股东利益,与破产公司谈判制定重组方案。申请破产的公司并非直接暂停业务,仍能在破产法庭的监督下继续经营,并通常只在主要的或非常规交易(如财产出售)中需要征得破产法庭的许可。

当公司正式申请破产后,将由托管人对公司资产进行清算并偿还公司债务。根据《破产法》,最先偿还的是有抵押品的债权人,然后是无抵押品的债权人,如银行、供货商和债券投资者,最后是股东。在破产清偿过

程结束后，债券持有人有可能会得到债券利息及本金的全部或一部分。如果债券清偿次序较后，那么也可能在公司优先偿还抵押债权人后没有任何收入。

（三）充分的信息披露要求，规范发行人义务

1. 公开发行的披露义务

美国债券市场的核心就是建立以信息披露制度为核心的市场监管体系。自 1933 年以来，美国债券信息披露体系从法律、修正条款、监管条例以及监管体系等各方面不断完善明晰。1933 年证券法规定，任何人想要在证券市场上发行证券，都必须按照法律规定严格公开披露有关发行的信息资料，并具备法律承诺效力。债券存续期间也需要按规定及时披露年度财务报告、中期财务报告、季度财务报告、临时报告等信息。

2. 私募发行的披露要求

在私募发行方面，美国法律在便利融资与保护投资者之间谨慎地寻找平衡点。美国通过《证券法》《D 条例》与《144A 规则》等多项立法中规定，允许私募债券发行豁免公开发行时大多数的登记与信息披露义务，从而大量减少在证券发行中所需的费用，也有利于发行人保护公司敏感信息、获得融资便利性。但与此同时，私募发行的对象受到了严格限制，只能对法律认为不需要受强制信息披露制度保护、具备损失承受能力的对象发行。

但即使依据《144A 规则》的规定不必提交有关材料，并未豁免证券法要求下发行人的其他义务，尤其是反欺诈条款的规定。发行人或者转让证券的机构投资者需要向购买者提供相关的备忘录。美国《证券法》第 11 条中明确规定：如果在有价证券申请上市登记表中存在任何一处错误的资料，所

有债券发行主体的参与者都将承担因此带来的不良后果。如果债券并没有注册登记，根据《证券法》第 12 条，在提供的函件中如有任何错误的资料，所有债券发行主体的参与者仍要负责。

《证券法》第 11 条还规定，当证券注册报告书的任何部分在生效时含有对重大事实的不真实陈述，或规定应报却漏报了为使该报告书不致被误解所必要的重大事实时，任何获得这种证券的人可以有权对以下几类关系人提出司法诉讼，让其承担法律责任，包括：（1）在有价证券申请上市登记表上签名的债券发行主体的关系人；（2）在债券发行人发出表明其责任的注册报告书中的董事或合伙人中的每一个人；（3）所有鉴定有价证券申请上市登记表，认可并在有价证券申请上市登记表签名的专家；（4）所有债券包销人等。

3. 制定了信息披露过程中欺诈等行为的刑事处罚制度

美国《萨班斯－奥克斯利法案》将债券发行及存续期过程中以下行为界定为渎职犯罪，特殊情况下还将对当事人追加以刑事处罚：（1）蓄意提交虚假的资料信息；（2）知情情况下销毁任何审计工作文件；（3）破坏、更改或伪造记录，其意图是妨碍、阻挠或影响任何政府调查或破产清算程序；（4）在美国联邦调查局或法律执行中介调查发行人行为过程中，对提供线索、信息的人进行歧视及打击等。《萨班斯－奥克斯利法案》同时将起诉证券欺诈犯罪的诉讼时效由原来从违法行为发生起 3 年和被发现起 1 年分别延长为 5 年和 2 年，且根据新的法律时效，诉讼时效的延长将会挖掘出在原来规定的时效中已经过期的证券欺诈犯罪。

三、我国信用债券市场投资者保护制度

国内信用债券市场起步较晚，仍处在法规制度逐渐建立完善的过程中。2018 年以来监管部门陆续出台了各类相关制度，从统一监管、引入受托管理人、明确发行各方义务及违规责任、违约后诉求制度完善等方面加强市场规范和投资者保护。

新《证券法》（2019 年 12 月）新增信息披露和投资者保护两个章节并且在法律责任方面进行了相应修改，加大了违法违规的处罚力度。

信息披露章节方面，对信息披露内容进行详细规定，并规定相关责任人及连带责任人：（1）明确规定定期报告披露时间和临时报告披露的范围；（2）发生违规后，信息披露义务人、公司高管以及中介机构均须承担责任；（3）明确信披地点和监督机构。

投资者保护方面：（1）证券公司在销售产品时应对投资者进行详细评估、同时充分披露相关风险，提供与投资者相匹配的证券产品，并明确投资者分类；（2）对于公开发行债券，明确需设立持有人会议，并由发行人聘请受托管理人；（3）对发行人违法行为、投资人与发行人或证券公司纠纷等均可通过投资者保护机构或者法律诉讼解决。

（一）交易所市场投资者保护制度重点

1. 重视存续期管理

存续期管理是投资者保护重要举措，强调发行人和受托管理人的核心作用。《交易所公司债券存续期信用风险管理指引（试行）》（2017 年 3 月）、《进一步加强债券存续期信用风险管理工作有关事项的通知》（2018 年 2 月）

等文件对交易所上市公司债券存续期内持续动态监测、排查、预警债券信用风险，及时主动采取有效措施防范、化解信用风险和处置违约事件，以及投资者依法维护合法权益管理做了详细规定。主要内容涉及：（1）明确发行人、受托管理人应当在债券信用风险管理中发挥核心作用，规定增信机构、资信评级机构、承销机构、会计师事务所、律师事务所和资产评估机构的相关管理责任；（2）信用风险分类检测和分类；（3）信用风险的定期排查和不定期预警；（4）信用风险的化解和处置。2018年交易所针对后续风险管理落实不足和到期兑付压力增大的情况，下发了落实后续信用风险指引的通知，进一步细化各项要求。

2. 明确中介机构责任

2020年8月7日，中国证监会印发关于就修订《公司债券发行与交易管理办法》公开征求意见的通知，根据新《证券法》精神及公司债券市场发展实践中出现问题做出相应修订。除明确公司债注册制以及相关的流程之外，还特别强调了承销机构的相关责任，并对近几年出现的承销以及发行环节方面的恶性竞争和结构化问题进行规范。最后，结合新《证券法》新增的信息披露和投资者保护章节内容，重申了发行人、相关中介机构以及受托管理人的信息披露义务，为投资者权利维护提供了重要依据。

（二）银行间市场投资者保护制度重点

2019年12月27日，中国人民银行牵头制定《关于公司信用类债券违约处置有关事宜的通知》，提出坚持底线思维、市场化、法治化和各方尽职尽责、平等自愿原则，充分发挥受托管理人和债券持有人会议制度在违约债券处置中的核心作用，强化发行人契约精神、中介机构尽职履责和问责，建立健全多元化债券违约处置机制并提高处置效率，以及推动债券市场监管协调和统一执法，依法保障债券持有人合法权益，加大投资者保护力度。

相应的，交易商协会制定了《银行间债券市场非金融企业债务融资工具违约及风险处置指南》、《银行间债券市场非金融企业债务融资工具受托管理人业务指引（试行）》及其配套文件、《银行间债券市场非金融企业债务融资工具持有人会议规程（修订稿）》。聚焦银行间市场违约处置问题，重点聚焦市场问题提出规范要求，如进一步明确债券持有人会议分层次表决机制、强化债券持有人会议决议的约束力、强化发行人及中介机构配合受托管理人履职、明确受托管理人变更机制、提高到期违约债券转让信息的透明度和强化违约后的信息披露等。相关制度为建立健全债务融资工具违约处置机制、明确债券违约的处置路径、丰富市场化处置手段提供了制度保障，有利于进一步提高违约处置效率，保护投资者合法权益。

四、信用债券市场投资者保护制度存在问题及建议

（一）存在问题

债券市场违约已经呈现常态化趋势，但目前债券投资者的信用风险防范手段仍然不足，主要表现在募集说明书中缺乏限制类投资者保护条款、债券存续期信息披露质量不高、持有人会议与受托管理人制度仍不完善等。

1. 限制类条款使用不足

限制类条款包括财务指标承诺条款、事先约束条款和控制权变更条款等内容，目前仅在极少数非金融企业债务融资工具发行中使用，如 16 四川宏华 CP001 和 15 云峰 PPN 等。财务指标承诺条款要求发行人在债券存续期间确保发行人的财务指标符合要求，防止发行人利用经营风险绑架债券

投资者。事先约束条款与控制权变更条款涵盖了发行人重大资产出售、转移或实际控制人变更等重大事项。事先约束条款与控制权变更条款能够避免发行人为自身利益,通过股权变更、资产置换、资产出售等行为,擅自做出危害投资者利益的行为。出现上述情形时,如果募集说明书中没有约束条款,债权人无法提前采取措施,只能等待债券到期违约。

2. 债券存续期信息披露质量不高

一是部分债券信息披露质量低,缺乏对信息披露的明确规范和强制性要求。二是信息披露内容不充分,部分债券发行人在信息披露时隐瞒重要信息,不披露重大事项,故意误导投资者,严重损害投资者利益,但难以得到法律惩戒。三是信息披露可信度较低,部分债券发行人在违约前披露的财报情况与实际经营情况存在较大差距,也很难通过报表展现资产占用、母强子弱等内部经营情况。

3. 持有人会议及受托管理人制度尚未完全发挥作用

一是持有人会议制度存在召开难的问题。在交易所市场,公司债持有人单独持有或合计持有本期债券总额的 10% 以上,即可提议召开持有人会议。而银行间市场规定,非金融企业债务融资工具持有人须单独或合计持有 30% 以上才能提议召开持有人会议,在一定程度上降低了持有人会议的效率。二是召集人及受托管理人制度存在利益冲突。银行间市场的受托管理人多由主承销商担任,它们在担任债券承销商的同时,难以代表投资者监督发行人,天然存在潜在利益冲突。

(二)发展建议

为解决信息不对称、道德风险及外部性活动,更好完善和发展投资者保护机制,建议从完善信息披露制度、构建多元化纠纷解决制度、发行豁免制度入手。

1. 完善信息披露制度

一方面，为进一步完善信息披露制度，增进投资人的信息对称程度，应当从信息披露的范围、时间和监管协调及等多方面探索优化：一是应当扩大信息披露文件范围，由过去局限于财务报表、募集说明书等制式文件，扩充到一切涉及公司经营、债权人利益的真实数据和重大事项，利用企业征信机构等大数据分析手段多维度反映发行人信用风险和偿债能力。二是建立动态化信息披露制度，目前局限于年度报告与临时报告的披露文件存在一定滞后性和阶段性，导致投资人无法及时获取有效信息。充分发挥区块链等金融科技手段，在触发智能合约时可自动披露发行人动态信息，不仅可以确保投资者所接受信息的及时、准确，还可以有效监督发行人经营活动，促使发行人自我规范。三是加强信用债市场的监管协调联动，为有效应对中国债券市场的多头监管，应建立起包括证监会、国家发改委、人民银行、各债券市场基础设施、行业自律组织等多类机构在内的监管协调体系，加强数据与信息的互换、互通、互享，实现部门联动监管从而加强对投资者利益的保护。

另一方面，部分情况下，过于充分的信息披露可能会造成部分企业融资成本的明显提升，此时会造成负外部性经济活动，从而造成发行人、投资者利益同时受损。在某些特殊的情况下，高风险偏好的投资者在客观和主观上的保护需求并不是很高，此时在确保投资者充分知悉的情况下，可豁免企业遵守相关的发行注册程序规定，实施小额发行豁免等一些灵活度更高的信息披露制度。

2. 提升投资者话语权

面向大型发行人，投资者往往缺乏话语权。一是加强对投资者保护条款的事前协商，发挥好限制类条款对发行人的约束作用。二是优化法治建设，建立健全集体诉讼制度，将虚假陈述等举证责任倒置给发行人，提升投资者联合诉讼效力和效率。三是为有效斩断中介机构与发行人之间的利益链条，在中介机构信用评价中，提升投资者评价占比，探索实行投资者票选中介机构机制，推动中介机构充分反映真实、可信尽调信息，减少发行人与投资者间信息不对称程度，切实维护投资者利益。

3. 充分发挥受托管理人及持有人会议作用

一是探索拓展企业债券、公司债券主承销商和受托管理人机构范围，引入银行担任其长期信贷客户的主承销商或受托管理人。一方面，银行与企业之间由于信贷关系的绑定，信息交互更为密切，风险揭示将更为充分；另一方面，由于银行与长期客户之间关系稳定，相较于证券公司更不愿意发行人出现违约情况，因而有动力在发行人资金紧张的情况下做好流动性补充应急，发挥债贷组合的综合协调作用。二是进一步提升受托管理人、持有人会议职能事项的法治化、规范化。制定持有人会议规则和重大事项披露制度，发挥受托管理人监督管理职能，进一步督促发行人做好信息披露，对影响企业经营的重要事项如划转资产等，规定持有人会议提前通知时限。同时在持有人会议中参照股东大会实行累积投票制度，有效保护中小投资者利益。

参考文献

［1］顾弦. 投资者保护如何影响企业融资结构与投资水平 [J]. 世界经济 , 2015, 38(11).

［2］陈超，李镕伊. 债券融资成本与债券契约条款设计 [J]. 金融研究 (1).

［3］牛玉锐. 债券违约常态化下信用风险防范相关问题探讨 [J]. 债券 , 2019, 81(03).

［4］洪艳蓉.论公司债券市场化治理下的投资者保护 [J]. 兰州大学学报（社会科学版），2020, 48(06).

［5］赵博涵.新《证券法》下投资者保护研究——基于经济学分析 [J]. 经济研究导刊，2020(23).

［6］陈莎.债券增信对债券发行利差的影响研究 [D]. 福州大学，2015.

OECD《资本流动自由化准则》
新框架视角下中国债券市场开放再思考

闫彦明　马隽卿　黄超

摘　要:立足新发展格局,我国面临对资本项目开放程度再评估的客观需要。在评估方法方面,多年来国内广泛应用了 IMF 资本账户开放评估框架,但其在范畴界定、指标覆盖度、评估方法等方面存在不足。《资本流动自由化准则》(简称《准则》)由经济合作与发展组织(简称经合组织,OECD)制定发布,每年对各签约国资本账户开放程度进行评估,提出针对性目标、实施路径和操作要求。与 IMF 方法相比,后者兼具指标全面细致、机制设计灵活、评价更为客观等优点。本文在国内首次创新梳理、使用 OECD《准则》框架与方法,尝试对我国资本账户开放现状进行重新评估,在防范风险前提下,探索提出依托债券市场推动资本账户有序开放的发展思路,侧重从金融基础设施视角提出对策建议,助力我国推动更高水平对外开放。

关键词:资本流动自由化准则　资本项目　开放债券市场

一、OECD《准则》推出背景与运行机制

（一）推出背景

OECD 成立于 1961 年，是由 38 个[1]市场经济国家组成的政府间国际经济组织，总部设在巴黎。OECD 旨在共同应对全球化带来的经济、社会和政府治理等方面的挑战，并把握全球化发展机遇。目前，中国不是 OECD 成员国，但已成为其关键伙伴国[2]。2015 年 7 月 1 日，中国进一步与经合组织签署合作协议，并加入经合组织发展中心。[3]

OECD 负责制定政策的组织架构主要包括理事会、委员会和秘书处。OECD 理事会是 OECD 的最高决策机构，由各成员国及欧盟派出的大使组成，秘书长担任理事会主席。每年，OECD 理事会召开理事会部长级会议（Annual Ministerial Council Meeting），来自各成员国的政府首脑以及经济、贸易、外交等部门官员在会议上商讨全球经济贸易情况，并决定 OECD 的相关重要事项。OECD 委员会与秘书处则为各类政策制定提供意见与建议，其中一些可演变为所有经合组织国家确定并遵循全球共同规则的谈判。

1961 年，OECD 制定并发布《准则》，对其签约国实现资本账户开放提

---

[1] OECD 的 38 个成员国包括：20 个 1961 年加入的创始成员国，即美国、英国、法国、德国、意大利、加拿大、爱尔兰、荷兰、比利时、卢森堡、奥地利、瑞士、挪威、冰岛、丹麦、瑞典、西班牙、葡萄牙、希腊、土耳其；18 个后来加入的成员国，即日本（1964 年）、芬兰（1969 年）、澳大利亚（1971 年）、新西兰（1973 年）、墨西哥（1994 年）、捷克（1995 年）、匈牙利（1996 年）、波兰（1996 年）、韩国（1996 年）、斯洛伐克（2000 年）、智利（2010 年）、斯洛文尼亚（2010 年）、爱沙尼亚（2010 年）、以色列（2010 年）、拉脱维亚（2016 年）、立陶宛（2018 年）、哥伦比亚（2020 年）、哥斯达黎加（2020 年）。

[2] 2007 年，OECD 秘书长通过提升参与计划，将中国、巴西、印度、印尼、南非纳入 OECD 的关键伙伴国。

[3] 经合组织发展中心由 48 个经合组织成员与非成员国组成，旨在协助寻求发展中国家和新兴国家刺激增长、改善民生的政策解决方案。

出了具体目标、实施路径和操作程序，是 OECD 国家资本账户开放的路线图。《准则》的最终目标是将国际资本流动和服务交易从所有限制中解放，从而使各成员国居民之间开展业务时，"彼此间同一个国家的居民交易一样自由"。OECD 国家得益于相对成熟的国内金融体系和较为完善的市场经济体制，在《准则》的推动下，在 20 世纪后期就率先实现了资本账户的自由化改革。

（二）运行机制

为适应不断变化的国际资本流动形势，OECD 定期修订《准则》内容。最近一次修订发生在 2008 年全球金融危机爆发后。2016 年，OECD 开始启动《准则》审查工作。最终在 2019 年 5 月召开的 OECD 年度理事会部长级会议上，《准则》修订审议通过，修订主要涉及《准则》覆盖范围、对成员国实施宏观审慎措施的处理方式、负面清单涵盖的内容是否需要调整、如何改善治理及决策过程等问题。

修订后的《准则》在维持对成员国资本自由流动高要求的同时，为成员国使用宏观审慎工具应对与资本流动相关的金融稳定风险提供了一定灵活性，并加强了与 IMF 等国际组织的协调机制。以促进成员国资本项目开放为导向，OECD 依据《准则》指标与方法每年对各成员国资本项目开放进行动态评估，提出评估结论。

二、OECD《准则》资本账户开放评估框架

2020 年版的 OECD《准则》包括正文和附件。正文包括 4 部分，共 22 项条款。第一部分是关于资本流动的承诺，列明签约国需遵守的促进资本自由

流动的一般承诺、一般原则、自由化的措施，同时规定了在哪些情形下签约国对资本流动自由化的条款可声明保留或豁免义务等。第二部分是程序，列明相关操作程序，包括签约国向经合组织的信息通报、声明保留事项或豁免事项的提出和审查等程序。第三部分是职责，规定了负责具体事务的投资委员会职责。第四部分是杂项，定义了《准则》中的名词及退出《准则》的机制。附件包含7个部分，其中附件A详细罗列了资本账户开放的各评估项目，为各国资本账户开放提供指导。

（一）评估指标构成情况

附件A将资本账户划分为16大项99小项，包括：一是直接投资6小项，描述境内非居民投资及居民境外投资限制；二是直接投资清算2小项，描述境外居民及境内非居民的直接投资清算限制；三是不动产交易4小项，描述不动产销售、建造或购买；四是资本市场证券交易16小项，描述境内证券在境外资本市场的发行，境外证券在境内资本市场的发行，以及境内非居民、境外居民的买卖交易限制；五是货币市场交易12小项，描述境内证券及工具在境外市场的发行，境外证券和工具在境内市场的发行，以及境内非居民、境外居民的买卖交易限制；六是可流通票据和非证券化权益10小项，描述境内票据及权益在境外市场的发行，境外权益和票据在境内市场的发行，以及境内非居民、境外居民的买卖交易和兑换成其他资产的限制；七是集合投资证券8小项，描述境内集合投资证券在境外资本市场的发行，境外集合投资证券在境内资本市场的发行，以及境内非居民、境外居民的集合投资证券交易限制；八是与国际商业交易与服务直接相关的信用3小项，包括有居民参与和无居民参与的商业交易或服务；九是金融信用和贷款2小项，描述居民与非居民向彼此提供信用和贷款的限制；十是证券、担保和金融支持工具

8小项，包括有居民或无居民参与国际贸易或与国际资本流通有关交易时，居民与非居民间的证券、担保和金融支持工具；十一是存款账户交易4小项，描述通过居民机构或非居民机构进行的非居民账户的本外币交易；十二是外汇交易6小项，描述境内非居民和境外居民使用本国货币进行兑换，以及进行其他外币兑换的限制；十三是人寿保险2小项，描述非居民保险公司向居民受益人，以及居民保险公司向非居民受益人进行资本金和年金转移的限制；十四是个人资本流动8小项，其中除博彩以外，其他所有子项，如个人贷款、赠与、嫁妆、继承、移民资产、移民在原国籍的债务清偿、非居民工人储蓄；十五是资本资产的实物流动4小项，描述证券及其他资本资产所有权文件等的转移；十六是非居民的冻结资金的处置4小项，描述冻结资金转移、在相关国家的使用以及在非居民之间的转让限制。可以看出，债券市场开放在资本账户开放中占有重要地位，约有54小项资本账户开放项目（灰色部分）与债券市场相关，占比高达54.5%，包括资本市场证券交易、货币市场交易、可转让票据和非证券化债权相关交易、集合投资证券交易、证券、担保和融资支持工具等。

表1 《准则》关于资本账户开放的评估框架

	《准则》中资本账户的开放评估项目	清单A项目数	清单B项目数	合计项目数
一	直接投资	6	0	6
二	直接投资清算	2	0	2
三	不动产交易	2	2	4
四	资本市场证券交易	16	0	16
五	货币市场交易	0	12	12
六	可转让票据和非证券化债权相关交易	0	10	10
七	集合投资证券交易	8	0	8
八	与国际商业交易或提供国际服务直接相关的信贷	2	1	3

	《准则》中资本账户的开放评估项目	清单A项目数	清单B项目数	合计项目数
九	金融信用和贷款	0	2	2
十	证券、担保和融资支持工具	6	2	8
十一	存款账户交易	2	2	4
十二	外汇交易	0	6	6
十三	人寿保险	2	0	2
十四	个人资本流动	7	1	8
十五	资本资产的实物流动	4	0	4
十六	非居民自有冻结资金的处置	4	0	4
	总计	61	38	99

资料来源：作者根据相关资料整理而成。

（二）清单A、B与"撤回"机制安排

《准则》还按照对资本流动自由化的不同要求，将不同的子项目分别列于清单A或清单B，其中清单A共包含12大项61小项，清单B共包含9大项38小项。

清单A为一般情况下应保证实现自由化的项目，清单A的项目不可"撤回"，[①] 即一旦资本账户限制废除后，就不能再回退至未开放状态。清单B内的子项目则无强制要求，机制较为灵活，包括了一些各国可相机抉择、随时提出保留意见的项目，这些项目可不适用"撤回"要求；《准则》还规定，各签约国不能增加保留措施规定之外的其他限制，而且保留项目只能减少或者被删除，不能扩展或者增加。

---

① "撤回"在《准则（2018）》原文中的表述为"Reservations on items in List A will be withdrawn as Members are able to accept the liberalisation obligations under such items；   additional reservations may not be lodged on List A items"。

三、运用 OECD《准则》框架对中国资本账户开放度的评估探索

中国虽然是 OECD 关键伙伴国,但目前尚未成为 OECD 成员国,所以 OECD《准则》也未将中国纳入评估国家范围。根据 2020 年版的《准则》,目前各个签约国都或多或少地采用了保留措施。以美国为例,在非居民对境内直接投资和非居民中小企业在境内资本市场发行证券两项实施了保留措施。我们参考 IMF《汇兑年报》对资本账户开放的定性评估方式,对《准则》的 16 大项 99 小项评估项目进行评估,评估结果主要分为"存在管制""不存在管制""无法判断或不适用"三类。

在 OECD《准则》框架下,笔者首次尝试对中国资本账户开放状况进行初步评估,发现 16 大项 99 小项中有 81 小项存在管制,16 小项不存在管制,2 小项无法判断或不适用。其中,不存在管制的小项主要集中于直接投资(4 小项)、资本资产的实物流动(4 小项)这 2 大项。存在管制的小项主要集中资本市场证券交易(16 小项),货币市场交易(12 小项),可转让票据和非证券化债权相关交易(10 小项),集合投资证券交易(8 小项),证券、担保和融资支持工具(8 小项)这 5 大项。

表 2 《准则》关于资本账户开放各项目的初步评估情况

序号	《准则》中资本账户开放评估项目大类	小项数量	存在管制	不存在管制	无法判断或不适用
一	直接投资	6	4	2	0
二	直接投资清算	2	0	2	0
三	不动产交易	4	4	0	0
四	资本市场证券交易	16	16	0	0
五	货币市场交易	12	12	0	0

序号	《准则》中资本账户开放评估项目大类	小项数量	存在管制	不存在管制	无法判断或不适用
六	可转让票据和非证券化债权相关交易	10	10	0	0
七	集合投资证券交易	8	8	0	0
八	与国际商业交易或提供国际服务直接相关的信贷	3	2	1	0
九	金融信用和贷款	2	1	1	0
十	证券、担保和融资支持工具	8	8	0	0
十一	存款账户交易	4	3	1	0
十二	外汇交易	6	3	3	0
十三	人寿保险	2	2	0	0
十四	个人资本流动	8	4	2	2
十五	资本资产的实物流动	4	0	4	0
十六	非居民自有冻结资金的处置	4	4	0	0
	总计	99	81	16	2

资料来源：作者自制

结合 OECD 评估方法，笔者进一步尝试将中国资本账户的开放状况分清单 A 项目和清单 B 项目进行评估。初步结论显示，清单 A 的 61 小项中有 49 小项存在管制，10 小项不存在管制，2 小项无法判断或不适用，管制项目主要集中在资本市场证券交易（16 小项）和集合投资证券交易（8 小项）。清单 B 的 38 小项中有 32 小项存在管制，6 小项不存在管制，0 小项无法判断或不适用，管制项目主要集中在货币市场交易领域（12 小项）。

表3　《准则》关于资本账户开放的评估框架（清单 A 项目）

序号	《准则》中资本账户的开放评估项目	小项数量	存在管制	不存在管制	无法判断或不适用
一	直接投资	6	4	2	0
二	直接投资清算	2	0	2	0
三	不动产交易	2	2	0	0

续表

序号	《准则》中资本账户的开放评估项目	小项数量	存在管制	不存在管制	无法判断或不适用
四	资本市场证券交易	16	16	0	0
五	货币市场交易	0	0	0	0
六	可转让票据和非证券化债权相关交易	0	0	0	0
七	集合投资证券交易	8	8	0	0
八	与国际商业交易或提供国际服务直接相关的信贷	2	1	1	0
九	金融信用和贷款	0	0	0	0
十	证券、担保和融资支持工具	6	6	0	0
十一	存款账户交易	2	2	0	0
十二	外汇交易	0	0	0	0
十三	人寿保险	2	2	0	0
十四	个人资本流动	7	4	1	2
十五	资本资产的实物流动	4	0	4	0
十六	非居民自有冻结资金的处置	4	4	0	0
	总计	61	49	10	2

表 4 《准则》关于资本账户开放的评估框架(清单 B 项目)

序号	《准则》中资本账户的开放评估项目	小项数量	存在管制	不存在管制	无法判断或不适用
一	直接投资	0	0	0	0
二	直接投资清算	0	0	0	0
三	不动产交易	2	2	0	0
四	资本市场证券交易	0	0	0	0
五	货币市场交易	12	12	0	0
六	可转让票据和非证券化债权相关交易	10	10	0	0
七	集合投资证券交易	0	0	0	0
八	与国际商业交易或提供国际服务直接相关的信贷	1	1	0	0
九	金融信用和贷款	2	1	1	0
十	证券、担保和融资支持工具	2	2	0	0
十一	存款账户交易	2	1	1	0
十二	外汇交易	6	3	3	0

续表

序号	《准则》中资本账户的开放评估项目	小项数量	存在管制	不存在管制	无法判断或不适用
十三	人寿保险	0	0	0	0
十四	个人资本流动	1	0	1	0
十五	资本资产的实物流动	0	0	0	0
十六	非居民自有冻结资金的处置	0	0	0	0
	总计	38	32	6	0

资料来源：作者自制

此外，通过 OECD《准则》框架下对中国资本账户的现状探索评估，可以发现中国资本账户开放具有突出特点，即多条线管理现象显著。国家发展和改革委员会、财政部、住房和城乡建设部、商务部、中国人民银行、海关总署、中国银行保险监督管理委员会、中国证券监督管理委员会、国家外汇管理局等主管部门均在资本账户对外开放中发挥着一定的管理职能。其中，中国人民银行与国家外汇管理局是资本账户对外开放中监管的主要部门。

表 5　《准则》关于资本账户开放各项目涉及的主管部门

主管部门	涉及子项数量
国家发展和改革委员会	10
财政部	3
住房和城乡建设部	2
商务部	8
中国人民银行	64
海关总署	4
中国银行保险监督管理委员会	4
中国证券监督管理委员会	25
国家外汇管理局	86
合计	206

资料来源：作者自制

总结而言,通过在 OECD《准则》框架下对中国资本账户开放状况进行的初步评估,发现 99 小项中仅有 16 小项不存在管制。因此,总体来讲,我国资本账户开放实际程度依然较低,实现资本账户可兑换仍任重道远。

四、《准则》框架相关启示与我国债券市场开放路径思考

根据笔者在 OECD《准则》框架下的初步评估结果,中国债券市场相关的资本市场开放状况的 54 小项中均存在管制,无不存在管制的小项,但管制程度存在差异,如境内企业境外发债(中资境外债)1 年以上已比较宽松,境外企业境内发债仍存在较多管制(显性或隐性)。要加快推动中国资本账户对外开放进程,债券市场大有可为。

(一)两点启示

从各国实践可以发现,发展中国家资本账户开放是一个充满风险和危机挑战的过程。20 世纪 90 年代以来,先后发生了 1994 年墨西哥金融危机、1997 年东南亚金融危机、1999 年巴西金融危机和 2001 年阿根廷金融危机,这一系列的金融危机都不同程度地反映了资本账户开放下国际资本流动对经济金融的负面影响,并给所在国造成了严重的冲击与损失。前述分析的主要启示在于,一是资本账户开放必须立足国情、以坚持风险可控为前提和原则,决不能以牺牲一国经济发展或金融市场稳定为代价;在此基础上,可根据内外部形势环境,对金融发展条件与开放基础进行科学评估,按照合理次序逐步推进资本项目开放。二是应建立动态评估与灵活调整机制,允许相机抉择与"撤回"。如 OECD 也提倡各国在其自身经济发展水平基础上,逐步实现资本账户开放,《准则》特有的"撤回"体系给各国提供弹性开放机制

与空间，为各国逐步开放资本账户提供了原则与方法指导。

（二）基于《准则》分类指标与"撤回"机制的思考

OECD《准则》清单A项目较为基础、风险较小，为一般情况下应保证实现自由化的项目；清单B项目则风险较大、属于"进阶"性质的开放。因此，在下一步中国资本账户开放的过程中，应当考虑根据现实情况，先逐步放开中国债券市场较为基础、风险较小的清单A项目。后逐步开放潜在风险较大、"进阶"性质的清单B项目。根据上述在OECD框架下，清单A和清单B中债券市场相关存在管制的项目如下所示：

清单A中管制项目罗列如下：资本市场证券交易（16小项）：允许境内证券在境外资本市场上市或引入、允许境外证券在境内资本市场上市或引入、非居民在境内交易、居民在境外交易。集合投资证券交易（8小项）：允许境内集合投资证券进入境外资本市场、允许境外集合投资证券进入境内资本市场、非居民在境内交易、居民在境外交易。证券、担保和融资支持工具（6小项）：与贸易相关及与贸易无关的非居民支持居民担保、居民支持非居民担保、非居民支持居民融资支持、居民支持非居民融资支持。

将清单B中管制项目罗列如下：货币市场交易（12小项）：境内证券在境外发行，境外证券在境内发行，境内非居民买卖交易限制、境外居民买卖交易限制。可流通票据和非证券化权益（10小项）：境内票据及权益在境外发行，境外权益和票据在境内发行、境内非居民买卖交易限制、境外居民的买卖交易限制。证券、担保和金融支持工具（2小项）：与国际贸易无关，以及无居民参与的前提下，非居民支持居民或居民支持非居民的融资支持工具。

同时值得重点提出的是，在主管部门指导管理下，目前中国在资本市场对外开放已经做了较为扎实的准备工作。一是已初步形成跨境资本流动的宏观审慎监管体系；二是已形成了具有一定深度和广度的资本市场和外汇市场；三是利率市场化和本币国际化进程稳步推进。此外，清单 A 涉及的直接投资、证券担保和融资支持工具、商业信贷方面已经有了较为扎实的开放基础。清单 B 部分项目上也已有了一定的开放基础，可实施渐进开放。

（三）进一步推进我国债券市场开放的思路

对标 OEDC《准则》评估框架体系与"撤回"机制，本文探索提出我国债券市场开放下一步扩大开放的分阶段思路。大体可分为中短期债券市场基本开放阶段与长期中的全面开放阶段。具体思考如下：

第一阶段（1~3 年），应有序开放中国具有较好开放基础的债券市场相关清单 A 项目，包括资本市场证券交易、集合投资证券交易、证券担保和融资支持工具等方面。一是可进一步简化境外企业在境内发行债券的流程，进一步放开境外债券在境内资本市场上市，便利海内外优质企业融资；二是加快推进金融基础设施跨境互联互通，为非居民在境内交易、居民在境外交易债券提供便利渠道与专业支持；三是优先开放期限在一年以上的债券，后开放期限在一年以下债券及回购等货币市场项目；四是拓展强化债券担保品在全球人民币金融体系中的"流动性中枢"和"风险管理阀门"作用，在跨境证券担保和融资支持工具方面积极发挥风险控制等作用。

第二阶段（3~5 年），建议在清单 A 项目基本开放的基础上，探索对于具有较好开放基础的债券市场相关清单 B 项目进行开放，如货币市场对外开放、可流通票据和非证券化权益等方面，逐步实现中国资本账户的全面开放。总体仍按照"先流入后流出、先长期后短期、先直接后间接、先机构后个人"的思路，逐步开放超短期融资券、短期融资券、票据等货币市场品种。

在清单 B 子项目方面，设置弹性"撤回"机制。

五、政策建议思考

结合前述分析，本文认为债券市场对外开放是现阶段我国推进资本账户开放的重要突破口与主要渠道。我国依托全球第二大债券市场规模与制度优势，将能够有效发挥其在金融开放中的"稳定器""压舱石"功能；目前，银行间债券市场全球关注度持续提升，境外投资者持债占比近3.5%，其相关经验有助于为我国其他金融领域开放提供范本。在此过程中，我司作为国家重要金融基础设施也将肩负重任。围绕证券市场助力我国资本项目开放，相关建议思考如下：

（一）完善跨境资金流动宏观审慎管理框架，牢牢守住风险底线

基于金融安全防范，不宜过快、集中开放大量资本账户。短期资本账户的完全开放必须建立在拥有完善的跨境资金流动宏观审慎管理政策的基础上，防范跨境资金"大进大出""快进快出"风险。鉴于我国仍是发展中国家，经济金融基础还需持续巩固，一是应抓紧构建逆周期跨境资金流动宏观审慎管理框架，加强对跨境资金的监测分析和风险预警机制研究，丰富资本账户，特别是证券投资项下跨境投资的逆周期调节工具，牢牢守住不发生系统性金融风险的底线。二是应高度重视债市市场天然具备的体量大、价格波动小、紧密连接财政货币政策等突出优势，在跨境资金流动宏观审慎管理框架中，加大对债券市场支持力度，优化基础制度安排，强化债券类财政货币政策工具在宏观审慎管理中的预警、调节作用。三是应始终坚持完善"一级托管"账户体系，管好债券市场"一本账"，确保债券信息透明、准确、及时、

完备，为国家实施穿透监管、防范风险提供坚强保障。

（二）从债券领域重点突破，以债券市场开放创新推动资本账户有序开放

经初步统计，在OECD《准则》框架下，在资本账户的99个小项中有20个涉及债券市场（含货币市场）相关的资本流动，这也充分体现出债券市场的双向开放对于资本的自由流动产生着重要影响。对标国际市场，建设有相当规模、功能相对完善的债券市场是资本账户开放的重要条件。从南美、东南亚金融危机的教训看，其主要原因就是缺乏一个开放发达的债券市场。完善债券市场建设，将有利于加快构建人民币完整回流闭环，推进人民币国际化，助力资本账户开放进程。鉴于目前"非居民在境内购买债券和其他债务证券""非居民在境内出售或发行债券和其他债务证券"等子项目开放程度已经很高，"全球通"模式作为开放主渠道优势持续显现，下一步应进一步针对境外投资者入市便利化、拓展投资范围与功能等方面加大开放力度。一是进一步简政放权，取消市场准入、交易限制等方面的管制；二是在"实需原则"前提下优化外汇管理模式，使其更具灵活性；三是提供国际水准的法律供给和政策供给，明确相关制度和税收政策，尽可能延续税收优惠政策；四是支持"中债方案"，鼓励金融基础设施开展多模式跨境互联合作，批量引入境外投资者；五是试点采用托宾税、无息存款准备金、外汇交易手续费等价格手段，进一步鼓励中长期资本项目流动而非短期资本项目流动，保障债券市场对外开放过程中风险可控；六是建议在"全球通"模式下全面放开三方回购、债券回购业务，对接国际市场规则和市场运行惯例，满足境外商业机构流动性管理需求。

（三）坚持"引进来"与"走出去"并重，促进跨境资金流动基本平衡

推进资本账户开放的主要目的之一，在于便利国内市场主体更好地利用国内国外两种资源，开拓国内国外两个市场，在更大范围、更高层次上优化资源配置，为推动高质量发展创造新机遇。对标OECD《准则》框架标准，我国在"引进来"方面成效显著，但对于居民在境外投资交易相关子项目仍存在严格管制，从而体现为资本账户开放长期重视流入、流出渠道少、开放程度不高等特点，距基本开放要求差距较大，这与我国大国经济金融地位不太相称。因此，我国在持续优化入市服务机制、夯实"全球通"开放主渠道功能，吸引更多投资者"引进来"的同时，还要积极探索"走出去"机制。一是以金融基础设施跨境互联合作为先导和保障，探索高效安全的"走出去"投资模式与托管结算机制，有效规避"长臂管辖"等潜在风险。二是借鉴海外市场经验，推动QDII额度发放的常态化、规则化，支持有条件的中资机构参与国际竞争，在竞争中培育提升发展能力。同时应加强跨境资金监测与风险预警管理，规避短期资本快速外流带来的冲击。三是对标《准则》框架标准，研究择机探索放开个人对外（债券）投资，适当满足境内个人的跨境资产配置需求。

（四）坚持本币优先和本外币一体化管理相结合，不断提高跨境结算的便利化程度

资本项目管制涉及汇兑管制、资本管制两个层面，因此推动开放也需将两者协同进行，这里侧重分析汇兑便利化问题。对标OECD《准则》框架，我国对于非居民在境内机构存款账户交易以及居民在境外机构存款账户交易的部分项目都存在管制现象。从措施来看，一是对于货币当局而言，外币是

一种资产，而本币则是负债，两者适用的管理理念和方式应有所不同。在开放政策设计上应体现本币优先原则，鼓励居民和非居民更多使用人民币进行跨境结算。二是应根据市场开放需要，加快构建适应人民币国际化和外汇管理需要，以人民币账户体系为基础、业务规则统一、管理政策一致、数据集中采集的本外币合一账户体系。2021 年 7 月，我国在广东省广州市和深圳市、福建省福州市、浙江省杭州市等四个城市同时启动"本外币合一银行结算账户试点"，将按照统一规则体系、便利账户服务等要求进行实施。建议抓住政策契机，会同结算代理行，研究推出本外币一体化账户体系与服务机制，提升跨境跨币种结算便利性。三是可建议主管部门提高政策稳定性和便利性，对于合法跨境交易，确保资金自由汇兑，尽量减少微观管理、事前审批和交易产品、额度的控制。

（五）可发挥自贸（港）区先行先试创新优势，通过"沙箱试验"，加快推进政策落地

中共中央、国务院发布《关于支持浦东新区高水平改革开放打造社会主义现代化建设引领区的意见》，明确提出"支持浦东率先探索资本项目可兑换的实施路径"及"创新面向国际的人民币金融产品，扩大境外人民币境内投资金融产品范围""推动金融期货市场与股票、债券、外汇、保险等市场合作，共同开发适应投资者需求的金融市场产品和工具""在风险可控前提下，发展人民币离岸交易"等要求。在近两年金融开放政策密集出台背景下，建议我司充分发挥沪深分支机构开放"前哨阵地"作用，把握市场先机，加快构建完善跨境债券登记结算服务体系、助力人民币债券离岸市场建设。一是紧密协同头部银行机构，加快推进自贸区（本外币）离岸债券发行，丰富离岸产品谱系、拓展完善 ICSD 服务功能；二是坚持"中债方案"，加快探

索以统一后台对接境内外多元前台的跨境互联模式；三是以"增量带存量"，推动国债、政策性银行债等利率债在自贸区发行并建立离岸报价与交易机制，进一步激活市场流动性，合理参与支持"国际金融资产交易平台"建设；四是利用政策优势，鼓励估值、担保品相关跨境产品、业务标准在自贸区（港）区试点推行，推动业务功能向离岸市场延伸覆盖，扩大中债海外影响力。

附录

OECD《准则》框架下对中国资本账户开放的初步评估一览表

序号	项目	清单A	清单B	管制情况	可能涉及的监管部门
	一、直接投资				
	1. 非居民在境内：				
1	（1）设立或者扩大全资企业、子公司或分支机构、或全额收购现有企业	√		不存在管制	外汇局、发改委、商务部等业务主管部门
2	（2）入股新企业或现有企业	√		不存在管制	外汇局、发改委、商务部等业务主管部门
3	（3）五年及以上贷款	√		存在管制	中国人民银行（以下简称人民银行）、外汇局
	2. 居民在境外：				
4	（1）设立或者扩大全资企业、子公司或分支机构、或全额收购现有企业	√		存在管制	外汇局、发改委、商务部
5	（2）入股新企业或现有企业	√		存在管制	外汇局、发改委、商务部
6	（3）五年及以上贷款	√		存在管制	人民银行、外汇局、发改委
	二、直接投资清算				
7	1. 居民在境外	√		不存在管制	外汇局、发改委、商务部
8	2. 非居民在境内	√		不存在管制	外汇局、商务部、其他业务主管部门
	三、不动产交易				

续表

序号	项目	清单A	清单B	管制情况	可能涉及的监管部门
	1. 非居民在境内				
9	（1）建造或购买		√	存在管制	外汇局、住建部
10	（2）销售	√		存在管制	外汇局、住建部
	2. 居民在境外				
11	（1）建造或购买		√	存在管制	人民银行、发改委、商务部、外汇局
12	（2）销售	√		存在管制	人民银行、发改委、商务部、外汇局
	四、资本市场证券交易				
	1. 允许境内证券在境外资本市场上市				
13—14	（1）通过配售或公开出售发行 a.参与性质的股份或其他证券；b.债券和其他债务类证券（原始期限为一年及以上）	√		存在管制	外汇局、证监会、人民银行、外汇局、证监会、发改委
15—16	（2）在境内认可的证券市场上引入 a.参与性质的股份或其他证券；b.债券和其他债务类证券（原始期限为一年及以上）	√		存在管制	外汇局、证监会、人民银行、外汇局、证监会
	2. 允许境外证券在境内资本市场上市				
17—18	（1）通过配售或公开出售发行 a.参与性质的股份或其他证券；b.债券和其他债务类证券（原始期限为一年及以上）	√		存在管制	外汇局、证监会、人民银行、外汇局、证监会、财政部
19—20	（2）在境内认可的证券市场上引入 a.参与性质的股份或其他证券；b.债券和其他债务类证券（原始期限为一年及以上）	√		存在管制	外汇局、证监会、人民银行、外汇局、证监会
	3. 非居民在境内交易				
21—22	（1）买入 a.参与性质的股份或其他证券；b.债券和其他债务类证券（原始期限为一年及以上）	√		存在管制	人民银行、外汇局、证监会

续表

序号	项目	清单A	清单B	管制情况	可能涉及的监管部门
23—24	（2）卖出 a.参与性质的股份或其他证券；b.债券和其他债务类证券（原始期限为一年及以上）	√		存在管制	人民银行、外汇局、证监会
	4.居民在境外交易				
25—26	（1）买入 a.参与性质的股份或其他证券；b.债券和其他债务类证券（原始期限为一年及以上）	√		存在管制	人民银行、外汇局
27—28	（2）卖出 a.参与性质的股份或其他证券；b.债券和其他债务类证券（原始期限为一年及以上）	√		存在管制	人民银行、外汇局
	五、货币市场交易				
	1.允许境内证券与其他工具在境外货币市场上市				
29	（1）通过配售或公开发售发行		√	存在管制	人民银行、外汇局
30	（2）在境外认可的货币市场上引入		√	存在管制	人民银行、外汇局、证监会
	2.允许境外证券与其他工具在境内货币市场上市				
31	（1）发行		√	存在管制	人民银行、外汇局、证监会、财政部
32	（2）在境内认可的货币市场上引入		√	存在管制	人民银行、外汇局、证监会
	3.非居民在境内交易				
33	（1）买入货币市场证券		√	存在管制	人民银行、外汇局、证监会
34	（2）卖出货币市场证券		√	存在管制	人民银行、外汇局、证监会
35	（3）通过其他货币市场工具贷款		√	存在管制	人民银行、外汇局
36	（4）通过其他货币市场工具借款		√	存在管制	人民银行、外汇局、证监会
	4.居民在境外交易				

续表

序号	项目	清单A	清单B	管制情况	可能涉及的监管部门
37	（1）买入货币市场证券		√	存在管制	人民银行、外汇局
38	（2）卖出货币市场证券		√	存在管制	人民银行、外汇局
39	（3）通过其他货币市场工具贷款		√	存在管制	人民银行、外汇局
40	（4）通过其他货币市场工具借款		√	存在管制	人民银行、外汇局
	六、可转让票据和非证券化债权相关交易				
	1. 允许境内工具与债权进入境外资本市场				
41	（1）通过配售或公开出售发行		√	存在管制	人民银行、外汇局
42	（2）在境外认可的证券市场引入		√	存在管制	人民银行、外汇局、证监会
	2. 允许境外工具与债权进入境内资本市场				
43	（1）通过配售或公开出售发行		√	存在管制	人民银行、外汇局、证监会、财政部
44	（2）在境内认可的证券市场引入		√	存在管制	人民银行、外汇局、证监会
	3. 非居民在境内交易				
45	（1）买入		√	存在管制	人民银行、外汇局
46	（2）卖出		√	存在管制	人民银行、外汇局
47	（3）兑换其他资产		√	存在管制	人民银行、外汇局
	4. 居民在境外交易				
48	（1）买入		√	存在管制	人民银行、外汇局
49	（2）卖出		√	存在管制	人民银行、外汇局

序号	项目	清单A	清单B	管制情况	可能涉及的监管部门
50	（3）兑换其他资产		√	存在管制	人民银行、外汇局
	七、集合投资证券交易				
	1. 允许境内集合投资证券进入境外资本市场				
51	（1）通过配售或公开出售发行	√		存在管制	外汇局、证监会
52	（2）在境外认可的证券市场引入	√		存在管制	外汇局、证监会
	2. 允许境外集合投资证券进入境内资本市场				
53	（1）通过配售或公开出售发行	√		存在管制	外汇局、证监会
54	（2）在境内认可的证券市场引入	√		存在管制	外汇局、证监会
	3. 非居民在境内交易				
55	（1）买入	√		存在管制	人民银行、外汇局、证监会
56	（2）卖出	√		存在管制	人民银行、外汇局、证监会
	4. 居民在境外交易				
57	（1）买入	√		存在管制	人民银行、外汇局
58	（2）卖出	√		存在管制	人民银行、外汇局
	八、与国际商业交易或提供国际服务直接相关的信贷				
	在居民参与基础商业或服务交易情况下：				
59	1. 非居民向居民提供信贷	√		不存在管制	人民银行、外汇局
60	2. 居民向非居民提供信贷	√		存在管制	外汇局
	在没有居民参与基础商业或服务交易情况下：				

续表

序号	项目	清单A	清单B	管制情况	可能涉及的监管部门
61	1. 居民给予非居民信用		√	存在管制	外汇局
	九、金融信用和贷款				
62	1. 非居民向居民提供信用和贷款		√	存在管制	人民银行、外汇局、发改委
63	2. 居民向非居民提供信用和贷款		√	不存在管制	外汇局
	十、证券、担保和融资支持工具				
	在居民参与国际贸易、国际无形交易或与国际资本流通有关交易的情形下：				
	1. 证券和担保				
64	（1）非居民支持居民	√		存在管制	人民银行、外汇局
65	（2）居民支持非居民	√		存在管制	人民银行、外汇局
	2. 融资支持工具				
66	（1）非居民支持居民	√		存在管制	人民银行、外汇局
67	（2）居民支持非居民	√		存在管制	人民银行、外汇局
	在与国际贸易、国际无形交易或国际资本流通交易无关，以及无本地居民参与上述交易的情形下：				
	1. 证券和担保				
68	（1）非居民支持居民	√		存在管制	人民银行、外汇局
69	（2）居民支持非居民	√		存在管制	人民银行、外汇局
	2. 融资支持工具				
70	（1）非居民支持居民		√	存在管制	人民银行、外汇局
71	（2）居民支持非居民		√	存在管制	人民银行、外汇局

续表

序号	项目	清单A	清单B	管制情况	可能涉及的监管部门
	十一、存款账户交易				
	1. 非居民在境内机构存款账户的交易				
72	（1）本币	√		存在管制	人民银行
73	（2）外币	√		存在管制	外汇局
	2. 居民在境外机构存款账户的交易				
74	（1）本币		√	不存在管制	外汇局
75	（2）外币		√	存在管制	外汇局
	十二、外汇交易				
	1. 非居民在境内交易				
76	（1）用外币购买本币		√	存在管制	人民银行、外汇局
77	（2）用本币购买外币		√	存在管制	人民银行、外汇局
78	（3）外币之间的兑换		√	存在管制	人民银行、外汇局
	2. 居民在境外交易				
79	（1）用外币购买本币		√	不存在管制	人民银行、外汇局
80	（2）用本币购买外币		√	不存在管制	人民银行、外汇局
81	（3）外币之间的兑换		√	不存在管制	
	十三、人寿保险				
82	1. 从非居民保险公司向居民受益人转移一定数额的资本金和年金	√		存在管制	人民银行、外汇局
83	2. 从居民保险公司向非居民受益人转移一定数额的资本金和年金	√		存在管制	外汇局
	十四、个人资本流动				

续表

序号	项目	清单 A	清单 B	管制情况	可能涉及的监管部门
84	1. 贷款	√		存在管制	人民银行、外汇局
85	2. 礼物和捐赠	√		存在管制	人民银行、外汇局
86	3. 嫁妆	√		不适用	
87	4. 遗赠和遗产继承	√		存在管制	人民银行、外汇局
88	5. 移民在原国籍清偿债务	√		不适用	
89	6. 移民的资产	√		不存在管制	人民银行、外汇局
90	7. 赌博		√	不存在管制	
91	8. 非居民工人的储蓄	√		存在管制	人民银行、外汇局
	十五、资本资产的实物流动				
	1. 证券及其他资本资产的所有权文件				
92	（1）进口	√		不存在管制	外汇局、海关总署
93	（2）出口	√		不存在管制	外汇局、海关总署
	2. 付款方式				
94	（1）进口	√		不存在管制	外汇局、海关总署
95	（2）出口	√		不存在管制	外汇局、海关总署
	十六、非居民自有冻结资金的处置				
96	1. 冻结资金的转移	√		存在管制	人民银行、银保监会
	2. 在相关国家使用冻结资金：				
97	（1）用于资本性质的交易	√		存在管制	人民银行、银保监会
98	（2）用于当前交易	√		存在管制	人民银行、银保监会

续表

序号	项目	清单A	清单B	管制情况	可能涉及的监管部门
99	3.非居民之间转让冻结资金	√		存在管制	人民银行、银保监会

参考文献

1.OECD, Development (OECD) Staff. OECD Code of Liberalisation of Capital Movements: 2020 Edition[M]. Organisation for Economic Co-operation and Development, 2020.

2.Exchange Arrangements and Exchange Restrictions Annual Report (Exchange Arrangements and Exchange Restrictions). Annual Report on Exchange Arrangements and Exchange Restrictions[M]. International Monetary Fund, 1979.

3. 中国人民银行 . 人民币国际化报告 (2012—2020 历年报告)[R].

4. 国际货币基金组织 . 各国汇兑安排与汇兑限制 [M]. 国家外汇管理局 , 编译 . 北京 : 中国金融出版社 , 2000.

5. 管涛 . 资本项目可兑换的定义 [J]. 经济社会体制比较 , 2001(6).

6. 马勇 , 陈雨露 . 资本账户开放与系统性金融危机 [J]. 当代经济科学 , 2010, 32(04): 1-8.

7. 中国人民银行调查统计司课题组 . 我国加快资本账户开放的条件基本成熟 [J]. 中国金融 , 2012(05): 12-15.

8. 陈元 , 钱颖一 . 资本账户开放——战略、时机与路线图 [M]. 北京 : 社会科学文献出版社 . 2014.

9. 余永定 . 人民币国际化应服从资本项目自由化进程 [J]. 新金融 , 2015(09): 14-16.

10. 施瑞娅 . 自贸区跨境资金宏观审慎管理框架 [J]. 中国金融 , 2015(11): 29-31.

11. 中国人民银行上海总部国际部课题组 , 冯润祥 . 人民币加入 SDR 背景下的中国资本账户开放评估——事实度量与中日比较 [J]. 上海金融 , 2016(06): 9–16+32.

12. 中国人民银行上海总部跨境人民币业务部课题组 , 施瑞娅 . 开放环境下跨境资金流动宏观审慎管理政策框架研究——基于上海自贸区的实践思考 [J]. 上海金融 , 2016(06): 64–73.

13.《径山报告》课题组 . 中国金融开放的下半场 [M]. 北京 : 中信出版集团 , 2018.

14 周诚君 . 关于我国银行账户体系的若干思考——兼论 FT 账户和海南自贸区 (港) 账户选择问题 [J]. 上海金融 , 2018(11): 1–6.

15. 周诚君 . 当前推进资本项目可兑换思考 [J]. 中国金融 , 2019(21): 31–33.

中资境外债券融资业务争议解决问题研究

刘昕畅

摘　要: 随着中国债券市场国际化发展,中资机构境外发债融资规模逐渐扩大,一方面拓宽了融资渠道,另一方面客观上推动境内机构提升自身信用评级,与国际接轨,并逐步推动利率市场化进程。然而,一系列违约事件的发生不可避免地涉及争议解决的问题,应引起重视。境外债券发行法律关系复杂、参与主体众多,涉及多法域管辖与法律适用。其中,境外债券管辖与法律适用是我国债市开放过程中至关重要的基础性问题。本文梳理了境外债券融资框架中的法律关系,分析中资机构境外债券融资所面临的管辖权问题,以及在管辖与法律适用过程中、外国判决与裁决执行过程中可能面临的障碍,并从立法、司法层面提出可行改革建议,并为服务境外债券发行的金融基础设施在服务发行人过程中面临的问题提出建议。

关键词: 境外债券法律适用管辖权研究

近年来，随着中国债券市场的开放，国际化进程逐步加速，全国范围内的中资企业境外发债总体较为活跃。2020年1—2月，境外各国央行连续降息等一系列宽松货币政策的实施，为我国境内机构发行境外债券提供了有利条件。中国在疫情防控方面取得的成就，有力地提振了境外投资者对中国经济的信心，离岸市场持续看好中资发行人发行的美元债券，中资美元债需求旺盛，交投活跃。然而2020年3月以来，受疫情在全世界范围内扩大蔓延趋势的影响，美股、美债、黄金、石油等价格全面下跌，全球金融市场流动性受到巨大冲击，中资美元债的发行与市场交易也受到较大影响。作为中资企业与金融机构参与国际金融市场的重要举措，中资境外债券业务面临管辖与法律适用等问题，尤其是在近期剧烈动荡的金融市场环境中，境外债券融资所引发的潜在法律争端应引起重视。债券市场金融基础设施作为对外开放的重要门户，可前瞻性开展相关问题研究，并在服务境内外发行人、投资者方面探索提供相关信息与专业支持。

一、中资境外债券融资背景概览

跨境债券发行是跨境融资的重要途径，从发行主体看可包括多种形式，如境外机构于境内发行债券以及境内机构于境外发行债券，后者是跨境债券融资的重要组成部分。

结合近年来我国金融业实践，本文探讨的境外债券是指中资机构在离岸债券市场发行的本、外币计价债券，发行主体是境内中资机构或其海外分支机构。目前最普遍的境外债券为中资美元债。[①]

境外债券对于境内债券市场的发展，起到一定程度的补充作用：（1）在国内去杠杆的金融政策下，缓解境内机构紧张的资金状况，使融资渠道多样化；（2）在吸引境外投资者的目的驱动下，倒逼境内企业提升自身产品信用评级，并推动我国境外债券发行规则、法律制度与国际接轨；（3）推动在岸与离岸债券市场联动，有助于推动利率市场化。

然而，如 2018 年"国储能源"全资子公司发行的 3.5 亿美元债实质违约等事件[②]的陆续发生，为各市场参与者敲响了警钟。境外债券发生违约时，争端解决就不可避免，而其中就涉及了争端解决的管辖权与法律适用问题。本文通过简要梳理境外债券融资中的法律关系，聚焦协议中的争端解决与法律适用条款进行探讨。

二、境外债券发行框架中的法律关系概览

境外债券的发行模式主要有两类：直接发债模式，即境内中资机构以自身的名义直接在境外发债；间接发债模式，即境内机构在海外设立特殊目的公司（SPV），母公司提供跨境担保，以 SPV 为主体在境外发债。

---

① 2018 年 5 月 27 日，中国国储能源化工集团股份公司（以下简称"国储能源"或"CERCG"）公告称，由其全资子公司发行并由其提供担保的 3.5 亿美元债未能偿还，构成实质违约。违约债券由国储能源全资子公司 CERCG Overseas Capital Company Limited 发行，由国储能源提供担保，票面利率为 5.25%，债券于 5 月 11 日到期。5 月 14 日，CERCG Overseas Capital Company Limited 将本期违约债券的应付利息汇入其主要支付代理账户，仅支付了应付利息，而未偿付到期的 3.5 亿美元本金，公司计划 5 月 25 日偿还债券本金，然而 25 日仍未按时偿付本金，构成实质性违约。本期债券违约还触发了另外两只债券的交叉违约，即 2021 年到期的由其子公司 CERCG Holding Limited 发行的 4 亿美元票面利率为 5.55% 由 CERCG 提供担保债券和 2022 年到期的由其子公司 CERCG Overseas Company Limited 发行的 20 亿港元票面利率为 6.30% 由 CERCG 提供担保债券。（新浪财经，https://finance.sina.com.cn/money/bond/market/2018-06-06/doc-ihcqccin6603517.shtml）

② 光大证券：《中资企业境外发债政策与流程解析——中资美元债系列之二》，2019 年 2 月 28 日。

境外债券发行的参与主体多样,涉及境内母公司、SPV、为债券发行提供发行、登记、代理付息与兑付、信息披露等服务的金融基础设施,投资者、律师事务所与会计师事务所等中介机构、承销商等,所涉及的法律关系及法律文本也较为复杂。

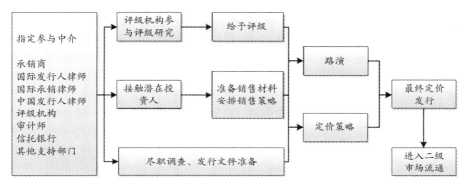

图1　中资美元债的发行流程示意图

资料来源:光大证券研究所整理①

境外债券所涉及的法律关系大体上可以归纳为如下:1. 发行人与投资者之间。发行人与投资者之间的关系是整个境外债券融资的核心,违约发生时,投资人直接对发行人主张相关权利。2. 发行人与中介机构之间。中介机构为发行人提供审计、法律咨询、登记托管等服务,双方之间也产生了相应的法律约束。3. 发行人、中介机构与承销商之间。承销商作为投资者与发行人、中介机构的桥梁,直接面对投资者。4. 承销商与投资者之间。

由于参与主体的不同,法律关系也各不相同,因此,除涉及发行人违约的情形之外,可能还涉及中介机构未尽相应尽职义务等事件,被告人与被申请仲裁人也会因案件纠纷类型的差异而各不相同。总体而言,在境外债券融资的框架下,各方之间的法律关系均紧紧围绕债券的信息披露、违约处置等

---

① 颜林. 跨国证券发行与交易中的法律适用问题研究 [D]. 复旦大学, 2010.

证券法核心问题展开。

三、境外债券融资的法律渊源

在境外债券发行和交易的过程中，无论哪个争议解决机构拥有管辖权，也无论确定争议解决的准据法为哪个国家或地区的法律，都面临一个根本性问题，即确定境外债券融资的法律渊源。[①] 总体而言，由于在此领域的法律关系中，涉及了两个以上的法域，因此，包含了国际法渊源与国内法渊源；从形式上来看，则包含了大陆法系的成文法，以及英美法系的成文法以及判例法，此外还有国际法层面的国际条约、习惯国际法以及权威学者的学说等法律渊源[②]；从法律部门而言，包括了证券法、公司法、担保法、合同法、商业银行法等法律渊源。

（一）境外债券融资的国内法渊源

主要涉及两个方面：证券法、商业银行法、合同法、担保法、公司法中涉及境外债券融资的内容；专门规范中国投资者在海外债券市场投资行为的法律法规、规范境内机构在海外债券市场融资行为的法律法规。境外债券融资行为规范主要通过一系列部门规章的更新而逐步完善，如，2000 年《国务院办公厅转发国家计委、人民银行关于进一步加强对外发债管理意见的通知》（国办发〔2000〕23 号），规范了对外发债的定义、对外发债的审批管理和对外发债的监督管理；2015 年 9 月《关于推进企业发行外债备案登记制管理改革的通知》（2044 号文），取消企业发行外债的额度审批，实行备案登记制管理；2016 年 4 月央行发布的《关于在全国范围内实施全口径跨境

---

①《国际法院规约》第三十八条。

②http://www.csrc.gov.cn/pub/newsite/gjb/jghz/201806/t20180614_339866.html.

融资宏观审慎管理的通知》（132 号文），将原先在自贸区试点的全口径跨境融资推广到全国范围内执行；2017 年国家外汇管理局发布的《关于进一步推进外汇管理改革完善真实合规性审核的通知》（3 号文），首次明确债务人可通过向境内进行放贷、股权投资等方式，将担保项下资金直接或间接调回境内使用，内保外贷模式下境外募集资金的用途放开，等等。

本文主要探讨境外债券争议解决中的管辖与法律适用问题，与之密切相关的更多是相关国际法渊源。

（二）境外债券融资的国际法渊源

1. 国际条约

国际公约是两国或多国在证券法领域减少立法和司法上的差异化的最直接的途径，相当于通过国与国之间的约定来使各国实体法具体规定趋同。其中，谅解备忘录是各国证券监管机构之间进行双边合作与协调的重要途径之一。一个成功的尝试为美国与加拿大之间建立的"多法域信息披露系统"（Multi-Jurisdictional Disclosure System，MJDS），一国境内发行人在本国的信息披露在对方国家自动予以接受，实际上是承认了对方国家相关证券法律规定在本国的效力。这一合作机制的前提是两国的法律制度相似，不存在较为敏感的冲突，因此在当前差异化较为明显的现状下，并不能适用于更广的范围。我国近年来也通过类似途径开展国际合作，据统计，截至 2018 年 6 月，中国证监会与境外证券（期货）监管机构签署备忘录达 68 个。①

多边条约方面，国际社会在证券法领域最主要的尝试为国际私法统一协会颁布的《关于中介持有证券的某些权利的法律适用公约》（《海牙证券公约》），以及欧盟颁布的一系列证券法统一指令，如 2004 年《金融工具市

---

① 联合国国际法委员会报告，第七十届会议大会正式记录（2018 年 4 月 30 日至 6 月 1 日和 7 月 2 日至 8 月 10 日），https://undocs.org/pdf?symbol=zh/A/73/10，p127。

场指令》，2018 年《金融工具市场指令》第 2 版。

2. 习惯国际法

习惯国际法是源自被接受为法律的惯例的不成文法。习惯国际法的确定并无明确标准，正如国际法委员会在其会议报告中指出："识别习惯国际法的程序并不总是能够精确地描述，结论草案旨在提供明确的指导，而不做出过于硬性的规定。"[①]一般认为，习惯国际法的构成要素包括国家的一致行为与法律确信。习惯国际法的形成是一个漫长的过程，需要根据一国大量的立法、司法实践，以及大量明确其立场的标准化材料加以佐证。证券法相较于其他部门法成立的时间晚，很多新兴市场国家近几十年才确立各自的证券法律制度，且证券法规则随着金融市场的发展更新频率较高，较其他部门法而言，很难构成"国家的一致行为"与"法律确信"。证券法领域的习惯国际法形成还有待证券市场的发展与各国的努力。

3. 国际组织标准性文件与行业自律规则

国际组织标准性文件与行业自律规则并非《国际法院规约》明确规定的国际法渊源，但在私法领域，根据意思自治原则[②]，双方或多方可根据协议对各自的权利义务进行约定，其在跨境债券发行领域的作用至关重要，主要体现在国际债券发行的各项协议以及标准化合约。[③]

例如，国际资本市场协会（ICMA）发布的全球回购主协议（GMRA），在全球范围内被各国交易主体所采用。又如，国际资本市场协会（ICMA）在行

---

① 意思自治原则，是指法律确认民事主体能自由地基于其意志去进行民事活动的基本准则。基于私法自治原则，法律制度赋予并且保障每个民事主体都具有在一定的范围内，通过民事行为，特别是合同行为来调整相互之间关系的可能性。私法自治原则的核心是确认并保障民事主体的自由。我国民法通则第 4 条规定，民事活动应当遵循自愿原则。该条规定即是对于私法自治原则的确认。

② 萧凯. 跨国证券交易的国际私法问题 [M]. 武汉：武汉大学出版社，2008.

③ http://www.csrc.gov.cn/pub/newsite/gjb/gjzjhzz/ioscojj/201305/t20130529_228755.html.

业内为绿色债券、社会债券、可持续债券发布的原则和指引在全世界范围内树立行业标准。其中"绿色债券原则"为国际绿色债券发行工作的主流标准,被作为相关国内绿色债券发行规定的主要基础与标杆。如,中央结算公司2016年支持中国银行与伦敦成功发行的绿色资产担保债券,就严格使用"绿色债券原则"作为发行依据。

此外,由各国家和地区证券期货监管机构组成的国际证监会组织(IOSCO),是主要的金融监管国际标准制定机构之一。截至2019年2月底,该组织共有224个会员,包括128个正式会员(ordinary member),32个联系会员(associate member)和64个附属会员(affiliate member)。① 中国证监会长期以来积极参与IOSCO标准制定委员会的工作。

四、境外债券的管辖权与法律适用初探

(一)境外债券争议解决的管辖权与法律适用的关系

管辖权解决的是在争议产生之后,由哪个国家的司法机构或哪个仲裁机构对争议有受理权的问题;法律适用则是在确定管辖权之后,具体审理和裁判过程中适用哪个国家或地区的法律来解决争议的问题。

在国际民商事领域,出现管辖权与法律适用方面诸多障碍的根本原因,在于一国的立法管辖权与司法管辖权的不统一性。司法管辖权具有领域效力,公认的习惯国际法禁止一国在他国领域之内行使这类权力;立法管辖权则没有这种限制,而是承认"国际法并不禁止一国在其领土范围之内,对任何发生在国外的事情行使管辖权。"国家在其领域之内的立法,即使是涉及

---

① 江国青. 国际法中的立法管辖权与司法管辖权 [J]. 比较法研究, 1989(01): 34-36.

域外的人或物，也是国家行使主权的一种形式。[①]就证券法领域而言，如果存在各国共同缔结的国际统一冲突法公约，则在冲突规则明确无争议的情况下，无论管辖权确定在哪个国家，都根据该国际公约的冲突规范，指向同样的准据法。国际社会在此领域做过长久的努力，如制定《关于中介持有证券的某些权利的法律适用公约》（《海牙证券公约》）。然而由于公约缔约国数量有限，且公约所涵盖的法律关系并不能涵盖实践中证券发行、交易所涉及的各个领域，因此，确定了不同的管辖权，就意味着很大程度上适用不同的法律规范，很大程度上对于争议的结果有决定性的影响。

与传统的民商事法律关系不同，证券法领域中的法律关系还涉及了高于私法层面的公共利益。各国证券法的相关规定也都体现了这一公法性特征，尤其是证券的登记、销售、信息披露、反欺诈等制度，更是与公共利益的保护密切相关，因此往往以强制性规范的形式存在。这就引发了接下来要讨论的一系列问题，如长臂管辖权等。

（二）管辖权

当争议产生时，由于被告或仲裁被申请人与投资人位于不同国家或法域，则涉及国际法上管辖权的确定问题。国际法上确定管辖权的原则主要分为：属人管辖原则，以当事人的国籍为依据；属地管辖原则，以一国领土为依据；保护性管辖原则，发生于一国为保护其国家与国民的重大利益时；普遍性管辖原则，主要涉及国际和平与安全及人类共同利益相关案件。后两种适用于国际公法领域。在跨国证券领域，主要涉及国际民商事法律关系，适用前两种，即属人管辖与属地管辖。

境外债券融资在国际上已拥有成熟的模式和法律操作机制，也具有较

[①] 参考孙南申，彭岳，周莺. 国际投资法体系下跨国证券投资法律制度 [M]. 北京：法律出版社，2016.

为完善的法律服务体系,通常在协议中都有专门的管辖权条款,明确约定了管辖权。在直接发债模式中,由于发行主体在中国境内,通常情况下,双方在债券募集说明书中约定中国境内的法院和仲裁机构拥有管辖权,此种情形下的争议解决可参考中国境内债券市场的争议解决;在间接发债模式中,境内机构对债券投资人没有直接义务,债券持有人无法直接要求境内机构对债券违约承担责任。此时,需要根据事前约定以及具体情况同时或分别对在中国境内公司、SPV 以及为债券发行提供担保的境内、外主体提起诉讼或提起仲裁。此种情形与直接发债模式相比较为复杂。

如在债券募集说明书中约定由境外法院管辖或在境外仲裁机构仲裁,则境内投资者将面临争议发生之时,受到其他地区法院排他性管辖的风险,以及不能保证我国境内法院对该争议解决结果做出承认并执行的风险。

(三)域外管辖权问题

一国对其领土之外、对本国产生特定影响的行为或者行为人的管辖,主要基于属人原则、保护管辖原则以及普遍管辖原则。近些年来,由于金融市场国际化进程的不断推进,各国趋向于在国内法中确立本国法院在证券法领域的域外管辖权。如,美国《证券交易法》的反欺诈条款被认为适用于:(1)向美国境内的美国居民出售证券而产生的损失,不管这些重大行为是否发生在美国;(2)向国外的美国居民出售证券而产生的损失,如果损失由在美国进行的重大行为造成;(3)在美国国内的直接行为导致的美国领域外的外国人因购买证券而产生的损失。① 成文法之外,相关判例也表明了美国的法院存在为了保护美国公民利益而过度夸大证券法的域外适用范围的趋

---

① 如美国联邦第九巡回上诉法院在联合金矿公司(Consolidated Gold Field)诉密诺科公司(Minorco)一案。

势。① 美国法院"长臂管辖权"（long-arm jurisdiction）的本质是域外管辖权，由于它威胁到他国的管辖主权，一直受到其他国家的猛烈抨击。随着人类共同利益的增强，国际社会法律的协调发展和国际利益的优先已成为一个突出的趋势。在国际经济一体化的情况下，长臂管辖权的运用意味着"域外管辖权"的扩张。有可能造成国际民商事案件管辖冲突的泛滥，这将有损于他国司法主权，同时对保护当事人双方的合法权益也未必是有利的，甚至可能引发国际争端，而且这种域外管辖权也很难得到其他国家的认可。②

我国 2020 年 3 月 1 日起正式施行的新《证券法》中，也扩大了地域上的管辖范围，明确在中华人民共和国境外的证券发行和交易活动，扰乱中华人民共和国境内市场秩序，损害境内投资者合法权益的，依照本法有关规定处理并追究法律责任。我国新《证券法》的域外适用条款描述较为抽象、简略，相比之下，美国证券法的域外适用则较为复杂，其并未就整部法律或具体证券相关活动种类进行域外适用的规定，具体实践中，需要根据个案的特征来逐一查证是否在其管辖之内，这就为其他国家判断其涉及美国投资者的证券行为是否落入美国证券法管辖造成了一定难度。

金融法领域的域外管辖权呈现逐渐明晰的趋势，在境外债券融资过程中，境内机构即使在募集说明书中明确了管辖机构为境内法院或仲裁机构，仍然可能面临受国外法院管辖的风险。因此，在发行前期的准备中，就应对所面向的投资群体进行充分的调研，明晰可能面对的投资者母国对其保护的相关法律法规和政策。

---

① 参考李庆明 . 论美国域外管辖：概念、实践及中国因应 [J]. 国际法研究，2019（03）：3-23.

郭明磊，刘朝晖 . 美国法院长臂管辖权在 Internet 案件中的扩张 [J]. 河北法学，2001（01）：130-132.

② 如，2001 年《韩国国际私法》第 21 条规定：涉及记名证券权利的取得、丧失和变更适用作为其原因的行为和事实完成当时在不记名证券的所在地法律。

（四）境外债券业务的法律适用

国际私法对于跨境融资法律适用的一般原则为"物之所在地法原则"，这是国际私法领域一项非常古老的法律适用原则，普遍适用于国际条约与各国国内法中；该原则反映在证券有纸化时代，则表现为"证券所在地法原则"；过渡到证券无纸化时代，则发展为"相关中间人所在地法原则"（简称 PRIMA 原则），此处的中介机构为证券登记、托管机构。

表 1　证券法的法律适用原则比较

法律适用原则	法律渊源	要点	适用范围
物之所在地法原则	习惯国际法	最早起源于意大利的法则区别说。常用于解决物权方面，特别是不动产物权方面的法律冲突	物权客体的范围、物权的种类、保护方法、取得、消灭等
证券所在地法原则	一些国家采用的证券法律关系适用原则	适用有价证券所在地法	有价证券的占有、交易等
PRIMA 原则	《关于中介持有证券的某些权利的法律适用公约》（《海牙证券公约》）	间接持有证券的处分所产生的各项财产权利的法律适用规则	适用于间接持有制下有关证券权益事项

然而，依据"私法自治"的原则，交易双方可以通过协议选择约定的管辖机构和所适用的法律。由于境外债券跨境发行的特点，所涉及的众多参与者可能涉及多个国家或地区，所以涉及一系列的国际私法问题，以发行人与投资人之间为例：

根据民商事法律关系中的意思自治原则，各国都允许当事人通过合同自由选择合同所适用的法律。境外债券的发行中，发行人可以在募集说明书中约定适用外国法律。

《中华人民共和国涉外民事关系法律适用法》（2001 年 4 月施行）第三条明确，当事人依照法律规定可以明示选择涉外民事关系适用的法律。《最

---

① 彭岳. 美国证券法域外管辖的最新发展及其启示 [J]. 现代法学，2011，33（06）：139–147.

高人民法院关于适用〈中华人民共和国涉外民事关系法律适用法〉若干问题的解释（一）》第七条规定，一方当事人以双方协议选择的法律与系争的涉外民事关系没有实际联系为由主张选择无效的，人民法院不予支持。我国法律对于民事主体争议解决的法律选择给予了一定的自由。这在境外债券的发行中可以起到积极的作用。境外投资者对于尚处于完善中的中国债券市场法律制度信心不足的情况下，发行人可通过在募集说明书中规定适用境外法律，如投资者所熟悉的英国法，从而消除其相关顾虑，有利于吸引投资者。

然而，如约定适用外国法，则还涉及外国法查明的问题。《中华人民共和国涉外民事关系法律适用法》规定了不能查明外国法律或者该国法律没有规定的情形，此时适用我国法律；当事人在指定合理期限无正当理由未提供该外国法律的，可以认定为不能查明外国法律。实践中的情形更为复杂，需查明与发生纠纷的事项最密切的州法或地方法，且由于法系的不同，涉及案件最密切的法律规则可能并未在成文法中而是在法院的判例中，这就需要大量的时间和有专业素养的法律人士提供专业法律服务，可能导致争议解决进程无法按时推进。现实中，较多案件因无法提供准确外国法律或者提供的外国法律未经公证认证等原因，被法院认定为未提供外国法律因而适用中国法律。

如前文所述，一些国家和地区的证券法律在很多事项上拥有域外法权，因此实践中的法律适用问题则较为复杂。值得注意的是，美国证券法的域外管辖权并非明确写在证券法的法律条文中，如：美国《证券交易法》第 27 条授权联邦地区法院"对违反本章或其项下规则和条例的行为，以及为执行本章及其项下规则和条例设立的责任和义务而提起的所有衡平法和普通法诉讼享有排他管辖权",但对于《证券交易法》的域外适用问题只字未提。跨境证券诉讼中最为倚重的反欺诈条款——《证券交易法》第 10(b)条以及美国证券交易委员会(SEC)根据第 10(b)条制定的附属规定 10b-5 规则仅规定"任何人直接或间接利用任何州际商业手段或工具、利用邮递或利用全国性证券交易所任何设施"从事的特定证券欺诈行为的均属违法,同样未言及该条款的域外适用问题。①

实践中,主要由法院通过解读美国国会立法意图的方式来确定证券法的域外适用,需要就个案进行分析。因此,境外债券融资过程中,即使在协议中约定了适用中国法,也应对可能涉及的其他法域拥有管辖权的一些具体事项进行充分的研究,以债券要约收购为例:美国通过法律及司法判例逐步确立了债券要约收购的规定:美国 1934 年《证券交易法》第 14 条;纽约州南区联邦法院于 1979 年在 Wellman v. Dickinson 中确立了八要素标准;美国第二巡回法院于 1985 年在 Hanson Trust PLC v. SCM Corporation 中确立的另一个可适用的综合考虑标准。如发行人确定将对达到一定比例的美国投资者(债券持有人)进行要约收购,如符合法律与判例所确立的标准,需要遵守相关美国证券法的要求,则在此事项上美国法院拥有管辖权。因此,境内机构在实行符合上述标准的债券要约收购行为时,则需要按照前述的美国联邦证券法要约收购规则来进行其债券责任管理。②

---

① https://www.chinalawinsight.com/2019/03/articles/securities-capital-markets/%E5%A2%83%E5%A4%96%E5%80%BA%E5%88%B8%E8%B4%A3%E4%BB%BB%E7%AE%A1%E7%90%86%E6%A6%82%E8%BF%B0.

②《中华人民共和国民事诉讼法》第二百八十二条人民法院对申请或者请求承认和执行的外国法院作出的发生法律效力的判决、裁定,依照中华人民共和国缔结或者参加的国际条约,或者按照互惠原则进行审查后,认为不违反中华人民共和国法律的基本原则或者国家主权、安全、社会公共利益的,裁定承认其效力,需要执行的,发出执行令,依照本法的有关规定执行。违反中华人民共和国法律的基本原则或者国家主权、安全、社会公共利益的,不予承认和执行。

（五）判决与裁决的执行

与管辖权和法律适用密切相关的一个问题为争议解决结果产生之后的执行问题。

1. 国外判决与仲裁裁决的承认与执行。根据《中华人民共和国民事诉讼法》的规定，外国法院的判决和仲裁庭的裁决在国内执行需满足两个条件：两国之间缔结了相互承认和执行民商事判决的条约或双方之间存在相互承认和执行民事判决的互惠关系。[①] 我国境内机构在通过发行境外债券融资的过程中，通常涉及美、英等发达经济体，我国均未与英美两国缔结相关条约，且在证明双方存在相互承认和执行民事判决的互惠关系的过程中，因具体纠纷类型的不同，具有不确定性。

2. 香港做出的判决和仲裁裁决的承认与执行。2019 年 1 月，最高人民法院发布《最高人民法院关于内地与香港特别行政区法院相互认可和执行当事人协议管辖的民商事案件判决的安排（2019）》[②]。根据该安排的规定，有关境外债券纠纷在香港法院做出的最终生效判决能够在内地法院申请执行。虽然此安排尚未生效，但之前一版的安排中，亦能够得到执行。同样，根据《关于内地与香港特别行政区相互执行仲裁裁决的安排》，在香港仲裁机构做出的仲裁裁决亦可在内地申请执行。

---

① 本安排尚未生效，将在最高人民法院发布司法解释和香港特别行政区完成有关内部程序后，由双方公布生效日期。

②《中国人民银行、中国银行保险监督管理委员会、中国证券监督管理委员会、国家外汇管理局、上海市人民政府关于进一步加快推进上海国际金融中心建设和金融支持长三角一体化发展的意见》（银发〔2020〕46 号）开创性提出"研究提升上海国际金融中心与国际金融市场法律制度对接效率，允许境外机构自主选择签署中国银行间市场交易商协会（NAFMII）、中国证券期货市场（SAC）或国际掉期与衍生工具协会（ISDA）衍生品主协议"，该举措是逐步推动我国境内各项主协议与国际接轨的一个重大举措。

五、关于境外债券管辖权与法律适用的几点思考

随着上海自由贸易试验区开放创新不断推进，自贸区及境外债券融资规模有望逐步扩大，我国应及早从法律视角进行思考，应对自贸区及境外债券可能存在的相关管辖权及法律适用问题。

（一）立法层面，逐步推进实体法与国际接轨

境外债券融资过程中，需要对于法律适用条款进行审慎选择的主要原因是各国对于债券发行、投资者保护、信息披露等相关法律规定的不同。无论选择哪一个国家的法律，对于争议解决的另一方而言都是一种负担，需要承担判决不能被执行、语言差异、文书送达、外国法查明失败、诉讼延期等等一系列风险。对于境内机构而言，会增加隐性的融资成本；对于投资者而言，可能面临合法权利无法被实现、争端解决成本过高等风险。一方面可能削弱境内机构境外发债的积极性，另一方面抵消了境外债券融资的优势，不利于吸引投资者。因此，逐步推动缩小各国在证券法领域实体法规则的差异，是从另一个角度应对各国法律差异问题的一个途径。

此外，实体法与国际接轨是我国金融市场对外开放、逐步实现国际化的长久之计，虽不能在短期内实现，但可作为长期推动的计划。这一点可以从国际统一私法协会对于中介持有证券问题上的解决路径中吸取经验。《关于中介持有证券的某些权利的法律适用公约》（《海牙证券公约》）对于中介持有制度冲突规则的统一，是证券跨境处分在国际法上的一大进步，在一定程度上解决了法律差异所带来的一些难题，但是，冲突规则的统一还远远不能解决中介持有制度普遍适用所带来的实体法律的空白和困境。在此背景下，

2002 年国际统一私法协会开始起草《中介证券实体规则公约》（后定名为《日内瓦证券公约》），从而统一各国关于中介持有证券体制的基本实体法律规则，填补实体法的空白。同样，境外债券融资领域的管辖权和法律适用问题，亦可以采取法律适用条款合理设计与推动实体法统一的并行路径。

推进实体法与国际接轨是个长期的过程，具体而言，可从境外债券的国内法渊源入手，推动证券法、商业银行法、合同法、担保法、公司法中涉及境外债券融资的内容、专门规范中国投资者在海外债券市场投资行为的法律法规、规范境内机构在海外债券市场融资行为的法律法规等，逐步与大多数发达国家的金融市场规则及国际规则趋近。

在逐步实现接轨的过程中，可同时推动 GMRA、ISDA 等国际资本市场通行协议在境内适用 [①]，从国际组织标准性文件与行业自律规则的层面，自下而上，通过市场参与者对各自的权利义务进行约定，实现适用规则的统一，一定程度上规避各国所适用实体法规则的差异。

（二）司法层面，加强国际领域合作

1. 司法上逐步推动集体诉讼制度与国际接轨

集体诉讼是指多数成员彼此间具有共同利益，因人数过多致无法全体进行诉讼，由其中一人或数人为全体利益起诉或应诉。

由于我国缺少集体诉讼制度，债券投资人保护一直以来是司法难题，新证券法出台之前，司法上通过实践基本上肯定了受托管理人的原告主体资格 [②]，新法第九十二条明确为这项实践提供了法律支持，探索建立了中

[①] 案例如（2019）最高法民辖终 132 号案、（2019）沪民辖终 11 号案、（2018）京民初 202 号案、（2017）浙 0106 民初 2107 号案等。

[②] 新证券法第九十五条第三款：投资者保护机构受五十名以上投资者委托，可以作为代表人参加诉讼，并为经证券登记结算机构确认的权利人依照前款规定向人民法院登记，但投资者明确表示不愿意参加该诉讼的除外。

国特色的证券集体诉讼制度。[①] 一是充分发挥投资者保护机构的作用,允许其接受 50 名以上投资者的委托作为代表人参加诉讼。二是允许投资者保护机构按照证券登记结算机构确认的权利人,向人民法院登记诉讼主体。三是建立了"默示加入""明示退出"的诉讼机制,更便于投资者维护自身合法权益。[②]

新法实施之后,上海金融法院通过相关案例的判决施行了这一制度。[③]虽然这样的制度设计已经较为趋近英美等国的集体诉讼制度,但在法律上没有明确地承认该项制度,仍然是境外投资者不可忽视的顾虑。尤其在境外债券融资过程当中,可能涉及来自众多国家和地区的投资者,法律背景各不相同,在没有集体诉讼及相关配套制度的情况下,从司法程序上维护投资者权益方面来讲,将会带来较大的冲突和差异,如支持集体诉讼的投资者可能因前期诉讼中自己的利益未被代表而重新在母国提起诉讼,为境内机构发行人带来较重的诉讼负担的风险。

具体而言,从范围上来看,新法第九十五条第三款与前两款具有递进关系,应将其作为有机结合的整体进行理解,因此新法集体诉讼制度的适用范围明文中只列举了虚假陈述的情形,较为有限,与国际通行的集体诉讼制度存在差异。未来可考虑逐步扩大集体诉讼案件的适用范围。

2. 充分利用国内司法资源以应对外国法院管辖

《中华人民共和国民事诉讼法》在国际民事诉讼中突破了在民事诉讼中采用的一事一诉的规定,以及应对国内管辖权冲突时适用的由先立案的人民法院行使管辖权的规定。依《最高人民法院关于适用〈中华人民共和国民

---

① http://www.csrc.gov.cn/pub/xiamen/xxfw/tzzsyd/202003/t20200306_371618.htm.

② https://m.thepaper.cn/yidian_promDetail.jsp?contid=6638001&from=yidian.

③ 参考霍政欣,金博恒 . 美国长臂管辖权研究——兼论中国的因应与借鉴 [J]. 安徽大学学报(哲学社会科学版),2020,44(02):81–89.

事诉讼法〉的解释》第533条，对于中国法院及外国法院均有管辖权的案件，一方当事人向外国法院起诉，而另一方当事人向我国法院起诉，我国法院可以受理。判决后，外国法院或当事人提出我国法院承认及执行该外国判决的申请，我国法院不予准许；但双方有条约义务的除外。[①] 境内发行人可以充分利用这一点，在面临外国法院管辖的情况下，选择在中国法院提起诉讼予以反制。

3. 推动我国与他国证券领域司法判决执行上的互认与合作

个案的具体判决和仲裁裁决只有落实在具体执行阶段，才能最终实现争议解决的目的。以"尖山光电案"为例，2014 年 8 月，美国联邦破产法院新泽西州地区首席法官格洛丽亚·伯恩斯（Gloria M. Burns）签署命令，批准了正在中国进行破产重整程序的浙江尖山光电股份有限公司在美国的代表向美国法院提交的一份申请，承认这项中国破产重整程序获得在美国的域外破产效力，并立即给予相应的破产救济。作为美国法院承认中国破产程序的首例，该案在破产法领域为中国法院未来依照互惠原则承认美国破产程序在华的效力带来重要启示并提供了可能。[②] 然而在证券法领域，还较为缺乏这样具有重大意义的案例。

推动我国与他国证券领域司法判决执行上的互认，具体而言，一方面，可推动我国与其他国家 / 地区之间在债券领域缔结相互承认和执行判决的条约，并在可能范围内推动建立双方之间相互承认和执行民事判决的互惠关系。我国法院可顺应各国在判决的相互承认和执行方面呈现出的逐渐宽松的趋势，积极与有关国家法院商签关于判决承认和执行的备忘录，进一步扩大推定互惠的共识范围，加大各国法院间信息共享力度；另一方面，可建

---

① 中国破产程序域外效力在美国获得承认的法律实务要点，http://www.junhe.com/law-reviews/81.

② 张勇健、杨蕾. 司法机关相互承认执行民商事判决的新探索 [J]. 人民司法，2019（13）：20-24.

议发行人在信息披露或相关募集文件中向投资者提醒该项风险,使其在面对募集说明书中所选择管辖机构时做好充分考虑和准备。

(三)金融基础设施层面:加强海外债券市场法律研究,避免涉外法律风险

1. 作为中介机构避免法律风险

境内金融基础设施在境外债券发行中扮演广义的中介服务机构的角色,一方面要遵循国内对金融基础设施的法律规定,另一方面,由于境外发债参与主体的复杂性,还应深度调研相关国际法规,对标国际监管规则,包括但不限于《巴塞尔协议 III》《中央证券存管规定》《多德—弗兰克法》《欧洲市场基础设施条例》《瑞士金融市场基础设施法案》《金融工具市场指令 II》以及《证券融资交易规则》等,除此之外,针对特定国家和地区的投资者时,还应深入研究可能涉及的证券法中关于中介机构责任的具体条款。可能涉及的法律风险包括因信息错误或延迟处理、发行系统故障、数据丢失和泄漏等对发行人及投资者造成侵权的法律责任等。

2. 服务发行人境外融资过程中避免法律风险

境内金融基础设施在服务债市开放过程中,应加大对域外证券法的研究,系统梳理发行人可能面临的法律问题、国际习惯差异等,提示相关风险,并协同金融法院、仲裁机构、律师事务所等专业机构共同建立预警提示机制,必要时提供系统的境外债券融资咨询服务,如:(1)指引境内机构做好应对多重管辖权的准备工作。募集说明书中尽量选择中国的法院或仲裁机构作为争端解决机构。同时,还要根据投资者结构,充分考虑投资者母国的证券法等相关法律规定,如后者母国法律中存在域外法权的相关规定,还要做好海外应诉的充分准备。(2)境内机构在美国法院应诉时,协助其进行外

国法研究，充分利用美国民事司法制度上的制衡规则，尤其是"不方便法院"原则，提出管辖权异议等。此外，尤其要针对投资者保护、信息披露制度进行深入调研，并通过多种渠道推动国内相关立法对标国际，以及推动行业实践与国际接轨。

3. 整合资源，共同推动境外债券融资系统性研究

境内相关金融基础设施作为重要金融基础设施，一方面发挥了一定的国家职能，另一方面，其与市场业务紧密对接，掌握最前沿的国际同业动态，可协同市场机构为司法机关、仲裁机构提供业界前沿发展信息与市场需求，推动相关制度的法治化、优化争议解决秩序。借此优势，境内金融基础设施机构可协同上海金融法院、仲裁机构、知名律所等多方专业力量共同开展合作交流，协同共建前沿国际司法案例库，对国际前沿案件进行专业研究与解读。

4. 立足前沿，助力债券市场国际化发展

境外债券融资的管辖权与法律适用问题不仅仅局限于服务境外债券融资活动，对其深入研究还将长远服务于我国资本市场的国际化进程。从长期战略角度来讲，我国债券市场开放，必然要求本土金融基础设施（如中央证券存管机构，CSD）不断向国际领域延伸与拓展，这与我国打造世界一流金融基础设施的目标愿景相符。在这个历史性的转型过程中，伴随着跨境合作的一系列深层次问题，涉及与境外其他登记结算机构互联、相互挂牌相关服务等。在此过程中，金融基础设施的目光和定位也应逐渐超越服务本土机构。一是需要紧贴国情与中国特色债券市场创新发展、全面开放的实际情况；二是基于我国资本市场法治建设与国际法律体系的深度接轨，深入探索兼顾国际债券市场多样性特征的多渠道发展道路，实现不同法律制度间创新性

的兼容模式；三是围绕跨境服务产业链，探索金融基础设施一体化综合服务的带动作用，协同并引领各类境内机构联合"出海"，探索长期合作共赢的创新路径。

参考文献

［1］潘宏胜，姜瑜，李思明，余兆纬．中资机构美元债特点、走势及偿付风险分析 [J]．中证金融与法律研究，2019(1).

［2］颜林．跨国证券发行与交易中的法律适用问题研究 [D]．上海：复旦大学，2010.

［3］萧凯．《跨国证券交易的国际私法问题 [M]．武汉：武汉大学出版社，2008.

［4］江国青．国际法中的立法管辖权与司法管辖权 [J]．比较法研究，1989(01): 34–36.

［5］李庆明．论美国域外管辖：概念、实践及中国因应 [J]．国际法研究，2019(03): 3–23.

［6］郭明磊，刘朝晖．美国法院长臂管辖权在 Internet 案件中的扩张 [J]．河北法学，2001(01): 130–132.

［7］彭岳．美国证券法域外管辖的最新发展及其启示 [J]．现代法学，2011, 33(06): 139–147.

［8］霍政欣，金博恒．美国长臂管辖权研究——兼论中国的因应与借鉴 [J]．安徽大学学报 (哲学社会科学版)，2020, 44(02): 81–89.

［9］张勇健，杨蕾．司法机关相互承认执行民商事判决的新探索 [J]．人民司法，2019(13): 20–24.

直达性货币政策的债券运用研究

张轶龙　刘一楠　李怡达　张辰旭

摘　　要： 为应对新冠疫情冲击，全球主要经济体纷纷推出直达性货币政策。其具有指向精准、作用直接、时滞更短、应对下行冲击效果更优等特点。丰富债券在直达性货币政策中的运用，有助于进一步提高传导效率、促进精准滴灌。相较而言，我国直达性货币政策中的债券运用还有进一步深化的空间。本文通过构建动态随机一般均衡（DSGE）模型和三重差分（DDD）模型发现，在金融危机、新冠疫情等经济冲击下，中央银行通过 SPV 购买国债和信用债、扩大合格担保品范围等直达性货币政策，可显著提高市场流动性，缩小债券发行利差。基于此，本文从丰富债券运用和完善工具设计方面，就健全我国直达性货币政策提出了建议。

关键词： 直达性货币政策　债券

一、直达性货币政策的理论基础：内涵和债券运用

（一）直达性货币政策的产生与内涵

货币政策是调节短期波动、熨平经济周期的主要手段，其政策工具通常较为灵活，因此多被视为应对经济下行冲击的有力之举。但是，政策时滞与传导不畅给货币政策的即时性和有效性带来挑战。一般而言，货币政策传导需要经过操作目标、中介目标、最终目标，需要从政策利率、到短期市场利率、再到长期市场利率。由此，从政策实施到影响宏观经济往往存在时滞，不利于货币政策及时生效、灵活调整。同时，在以信贷传导为主的机制下，中央银行首先向商业银行注入流动性，再由商业银行传导到实体和个人。但在经济下行期，由于商业银行惜贷，传导机制极易受阻，不仅使货币政策效果大打折扣，也可能导致金融脱实向虚、加剧结构错位。

为解决政策时滞和传导不畅问题，促进货币政策精准滴灌，更好发挥抵御经济下行冲击的积极作用，近年来全球主要经济体纷纷推出直达性货币政策。特别是在应对金融危机、新冠疫情等剧烈冲击的过程中，直达性货币政策对帮扶实体经济、稳定金融市场发挥了重要作用。

在内涵上，直达性货币政策聚焦货币政策传导的"最后一公里"问题，具有指向精准、作用直接、时滞更短、应对下行冲击效果更优等特点。其通过创新政策工具和流动性投放方式引导资金投向，以此疏通货币政策传导，减轻时滞影响，精准支持重点领域和薄弱环节，让真正有迫切需要的实体和个人及时获得资金支持。

直达性货币政策工具亦与传统工具存在不同。以我国为应对疫情冲击

推出的普惠小微企业贷款延期支持工具和普惠小微企业信用贷款支持计划为例，相较于定向降准，其流动性投放更加精准，且人民银行基础货币只是借道地方法人银行直达小微企业，未对货币乘数带来实质性改变；相较于再贷款，其在人民银行和地方法人银行间嵌入 SPV，后者可获得免息流动性支持。

（二）债券运用于直达性货币政策的可行性分析

在现代货币政策框架中，健全活跃的场外债券市场是中央银行开展流动性调控、抵御经济下行冲击的主要载体。20 世纪 90 年代以来，我国银行间债券市场快速发展，为护航货币政策实施、疏通货币政策传导发挥了关键作用。在直达性货币政策中丰富债券运用，具有坚实的理论和现实基础。

一方面，丰富债券运用可提高直达性货币政策的传导效率。发展债券市场以拓宽融资渠道、缓解金融抑制，是提高货币政策传导效率的关键之举。为应对新冠疫情冲击，欧美等发达经济体中央银行通过 SPV 购买私人部门债券、扩大合格担保品范围，构成直达性货币政策的重要内容。中央银行背书既有助于促进企业发债融资，拓宽直达实体经济的货币政策渠道；也可有效降低目标债券利率，并直接为企业提供资金，以此提高货币政策传导效率。

另一方面，丰富债券运用可扩大直达性货币政策的合格担保品范围。在现代货币政策框架下，合格的中央银行担保品就是潜在的货币。合格担保品不足是阻碍中小银行获得中央银行流动性的重要因素，也是中小微企业"融资难、融资贵"的重要成因。债券是中央银行担保品的重要组成，扩大债券运用既有利于提高直达性货币政策对中小银行和中小微企业的帮扶效率，又可通过强化特定领域债券运用，引导更多资源向该领域倾斜。

二、运用债券的直达性货币政策：应对新冠疫情的实践

（一）中国实践

为引导更多资金投向疫情防控关键领域，让深陷困境的中小微企业活下来，实现"六保"的最终政策目标，我国实施了四项直达性货币政策，即疫情防控专项再贷款、专项再贷款再贴现、普惠小微企业贷款延期支持工具、普惠小微企业信用贷款支持计划。其中，专项再贷款向主要全国性银行和湖北等 10 个重点省市的部分地方法人银行提供 3000 亿元低息资金；专项再贷款再贴现由人民银行增加支农再贷款、支小再贷款、再贴现专用额度 1.5 万亿元。

贷款延期支持工具和信用贷款支持计划为首次创设。其中，前者由人民银行提供 400 亿元再贷款资金，通过特定目的工具（SPV），以利率互换方式向地方法人银行提供激励，激励规模按延期贷款本金的 1% 计算；后者由人民银行提供 4000 亿元再贷款资金并设立 SPV 记账单元，人民银行分支机构向符合条件的所在地地方法人银行提供期限为 1 年的资金支持，利率为零，额度为新发放普惠小微信用贷款本金的 40%，合同到期，地方法人银行须原额归还支持资金。

在上述四项直达性货币政策中，包含债券运用的有专项再贷款和信用贷款支持计划。对于前者，商业银行需提供债券等合格担保品获得人民银行再贷款资金支持。对于后者，地方法人银行申请普惠小微企业信用贷款支持计划支持时，由人民银行分支机构自主决定以信用或抵押担保方式提供资金。

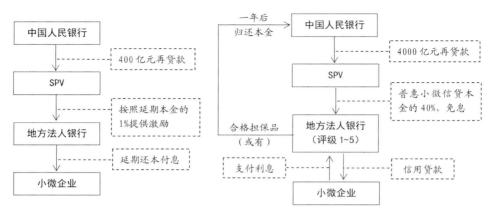

图 1 普惠小微企业贷款延期支持工具（左）和普惠小微企业信用贷款支持计划（右）结构示意图

（二）国际经验

新冠疫情暴发以来，全球主要央行纷纷推出直达性货币政策。美国、欧洲、英国、日本等央行的直达性货币政策注重债券运用，具体表现在以下两方面：

一是直接购买债券，力保流动性充裕。美联储无限量购买抵押贷款支持证券（MBS），并推出一级市场公司信用便利（PMCCF）、二级市场公司信用便利（SMCCF）、市政流动性便利（MLF）等工具，通过购买企业债、市政债等，力图快速满足实体经济的资金需求。欧洲央行设立资产购买计划（APP）和紧急抗疫购债计划（PEPP），均包括购买企业债。英国央行保持长期购入企业债计划。日本央行逐步扩大资产购买计划中的企业债规模。韩国设立债券市场稳定基金，用于购买企业债等。

二是扩大合格担保品范围，提高市场流动性。一方面，丰富合格担保品种类。美联储重启货币市场共同基金流动性便利工具（MMLF），将合格担保品范围扩大至美国国债、机构债、GSE（政府资助企业）债券、短期市政债券等;重启定期资产支持证券借贷便利(TALF),合格担保品为底层资产,为学生贷款、汽车贷款等的高等级资产支持证券,后进一步扩大至高等级房地产抵押贷款支持证券和贷款抵押证券。另一方面,放宽担保品等级。如欧洲央行将"额外信用债权"(ACC)合格担保品中,单个非银行机构发行的无担保债券工具最高占比由 2.5% 升至 10%,以此提升银行获得资金、发放贷款的能力。

表 1 疫情期间美联储运用债券的直达性货币政策工具

名称	设立情况	主要内容
货币市场共同基金流动性便利工具(MMLF)	重启	波士顿联储设立 SPV,向拥有合格担保品的金融机构发放贷款。担保品为美国国债、机构债、GSE(政府资助企业)债券、短期市政债券等
一级市场公司信用便利(PMCCF)	新设	美国财政部出资 500 亿美元成立 SPV 作为法律实体,纽约联储向 SPV 发放有追索权的贷款,直接从一级市场购买企业债
二级市场公司信用便利(SMCCF)	新设	美国财政部出资 250 亿美元成立 SPV 作为法律实体,纽约联储向 SPV 发放有追索权的贷款,从二级市场购买企业债(亦可购买垃圾债 ETF)
定期资产支持证券借贷便利(TALF)	重启	纽约联储设立 SPV,向拥有合格担保品的企业发放 3 年期无追索权贷款。合格担保品为 2020 年 3 月 23 日之后发行的、评级为 AAA/Aaa 的底层资产,为学生贷款、汽车贷款等的高等级资产支持证券,后进一步扩大至高等级房地产抵押贷款支持证券和贷款抵押证券
市政流动性便利(MLF)	新设	美国财政部出资 350 亿美元成立 SPV 作为法律实体,纽约联储承诺在追索权的基础上向 SPV 放贷。SPV 直接从一级市场购买地方政府发行的市政债券

(三)国际比较

对比我国与全球主要经济体的直达性货币政策,可发现债券运用强度存在差异。美联储、欧洲央行等不仅通过直达性货币政策支持实体经济,还力图以其维护债券市场稳定,由此债券运用相对较多。通过大量购入企业债直接向实体融资,本质上属于"加强版"量化宽松。此外,通过扩大合格担保品范围,不同类别债券得到多样化运用,债券成为直达性货币政策的重要载体。

相较而言，我国直达性货币政策中的债券运用较为简单，以发挥担保品功能为主。且合格担保品范围较窄，以国债和政策性金融债为主，信用债等运用较少。直达性货币政策中债券运用的深度和广度仍有进一步拓展空间。

三、直达性货币政策的效果分析

（一）直接购买债券的 DSGE 模型研究

本部分构建一个包含家庭、企业、金融中介、中央银行、政府部门的动态随机一般均衡（DSGE）模型，刻画直达性货币政策工具及其债券运用。模型中，家庭部门消费、储蓄、劳动。企业雇佣劳动力进行生产，并发行债券融资。作为金融中介，商业银行负债端主要是居民储蓄，资产端主要是国债和信用债。中央银行负责开展宏观调控，有两种货币政策工具：一是传统的利率型货币政策工具，调控名义利率；二是直达性货币政策工具，通过购买国债和信用债为市场注入流动性。DSGE 模型框架如图 2 所示，具体细节和求解过程详见附录。

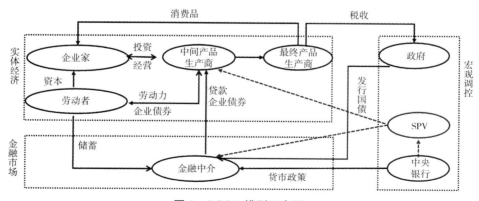

图 2　DSGE 模型示意图

基于 DSGE 模型进行两个实验：一是分析直达性货币政策工具的政策效应，并对比央行购买国债和信用债两种方式的影响差异，二是对比下行冲击后两种直达性货币政策工具的效果。

1. 实验一：直达性货币政策工具的政策效应与对比

两种直达性货币政策工具如附录（14）式，分别指中央银行通过设立 SPV 购买信用债和国债。直达性货币政策工具的传导机制包括两方面：一是直接构成资产需求，通过稳定金融资产价格稳定金融市场；二是缓释商业银行资本充足率约束［如附录（11）和（12）式］。受限于资产变现约束，商业银行无法"无限地"从家庭部门吸储，金融中介功能存在失灵情况，此时中央银行购债相当于发挥金融中介作用，可盘活资金供需两端，提振市场信心。传导机制总结于图 3。

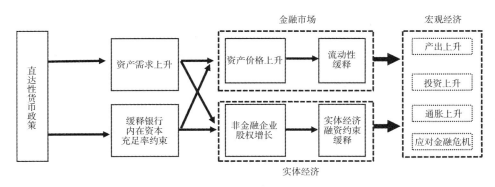

图 3　直达性货币政策工具的传导机制

图 4 的 DSGE 模型结果对上述两条机制予以证实。两种直达性货币政策工具均可降低市场利率溢价，提升银行对非金融企业的股权资本投资价值，促进实体经济端从金融中介获得资金支持，进一步稳定产出、投资和通胀等。此外，结果还显示购买信用债对宏观变量和资产价格的影响均大于购买国债。这主要因为购买信用债直接构成对企业的资金支持，因此对非金融

企业股权资本的影响大于购买国债。

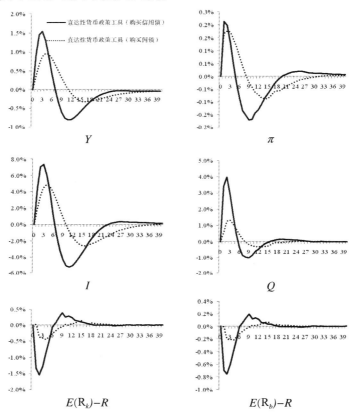

图 4   实验一（对比两种直达性货币政策工具）的 DSGE 模型结果

2. 实验二：直达性货币政策工具的应急效应与对比

在实验一的基础上，实验二聚焦经济下行冲击下，两种直达性货币政策工具的应急效果。通过银行对非金融企业部门投资收益骤降模拟经济下行冲击，这与 2008 年金融危机时资产价格骤降情况相契合。图 5 结果表明，下行冲击将导致产出、投资、通胀大幅下滑，其中产出和投资分别较稳态下降 4% 和 20%，通胀较稳态下降约 1%，非金融企业股权较稳态下降 12%，银行对非金融企业股权的收益率和债券投资收益率均提升至 4% 左右，显示市场整体资金成本提升和资产价格下降。

针对经济下行冲击,两种直达性货币政策工具均作用明显,有效缓释了实体经济面临的负面冲击。一方面,经济下行冲击易形成"资产价格下降—市场流动性紧张—抛售资产—资产价格进一步下降"的负循环,甚至导致流动性枯竭和大规模恐慌情绪。此时直达性货币政策工具可提升资产需求,有效缓释上述负循环。另一方面,由于出售资产受限和资产价格下滑,下行冲

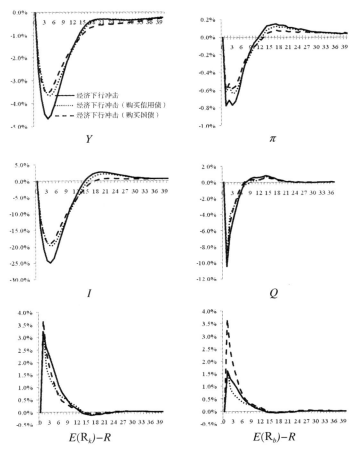

图5 实验二(对比经济下行冲击后两种直达性货币政策工具)的 DSGE 结果

击时银行资产负债表面临更大约束，金融中介功能受损。此时，中央银行通过非常规方式发行短期债券并直接购买资产，将对受损的金融中介功能予以补充，且危机越严重，补充效果越明显，对宏观经济影响越显著。该实验下，两种直达性货币政策工具效用差异不大，这是因为购买信用债对市场资金面的影响更大，购买国债对通胀的影响更大。

（二）扩大合格担保品范围的 DDD 模型研究

为扶持中小微企业发展，推动经济高质量发展，人民银行从 2018 年 6 月起扩大中期借贷便利合格担保品范围，纳入优质公司信用类债券以及小微、绿色和"三农"金融债。本文将利用这一准自然实验和债券市场微观数据，使用三重差分（DDD）模型识别扩大合格担保品的政策效果。

我国债券市场以银行间市场为主体、交易所市场为补充，人民银行扩大 MLF 担保品范围政策只适用于银行间债券市场。本文基于我国债券市场这一结构特征，以银行间市场新增合格担保品债券为实验组、以交易所市场满足担保品要求的债券为对照组，运用三重差分模型进行研究。前者在 2018 年 6 月 1 日后具有担保品价值，而后者则不具有。保持其他条件不变，前者对后者将价格上升、利差缩小。同样，若以银行间市场不受新政影响的债券为对照组，由于其不具备抵押品价值，保持其他条件不变，新政将使得实验组对其价格上升、利差缩小。

1. 实证模型

考虑到实体发债融资主要在一级市场，故基于如下实证模型，检验扩大合格担保品范围对债券发行利率的影响：

$$
\begin{aligned}
Spread_i = {} & \beta_1 Post_i + \beta_2 IB_i + \beta_3 Tread_i + \beta_4 Tread_i \times IB_i + \\
& \beta_5 Tread_i \times Post_i + \beta_6 Post_i \times IB_i + \beta_7 Post_i \times IB_i \times Tread_i + \\
& X \cdot \gamma + \varepsilon_i
\end{aligned}
\tag{a}
$$

方程（a）中，被解释变量 $Spread_i$ 为债券 i 的发行利差，计算方法为发行利率减去同期限国债到期收益率。解释变量 $Post_i$ 为债券 i 发行时间虚拟变量，若发行日期在 2018 年 6 月 1 日以后，则取 1，否则取 0；IB_i 为债券 i 的发行市场，若为银行间市场，则取 1，否则取 0；$Tread_i$ 为新增合格担保品虚拟变量，若为 AA+、AA 级公司信用类债券或不低于 AA 级的小微、绿色、"三农"金融债，则取 1，否则取 0。$Post_i \times IB_i \times Tread_i$ 的系数 β_7 体现了新政对在银行间市场发行的、被新增为合格担保品债券的发行利差的影响。

X 为一系列控制变量，包括债券基本要素（债券发行量、偿还期限、主体企业性质、是否有担保措施、是否有可赎回条款及是否有可回售条款）、偿债能力指标（债券发行主体 2017 年底资产负债率、流动比例和现金保障倍数）、企业规模（债券发行主体 2017 年底总资产的自然对数和净资产的自然对数）、宏观指标（债券发行主体所在省份上一季度 GDP 同比增速及债券发行前一月的 M2 同比增速）。

2. 数据来源

本文以 2018 年发行的、评级为 AA 级以上的公司信用类债券为样本，共 3051 只。相关数据均来自 Wind 数据库，各变量描述性分析结果见表 2。

表 2　变量描述性统计分析

变量名称		均值	标准差	最小值	最大值
利差	Spread	2.34	1.10	0.14	5.69
是否在合格担保品扩容后	Post	0.63	0.48	0	1
发行场所	IB	0.67	0.47	0	1
是否在合格担保品扩容范围内	Tread	0.14	0.34	0	1
债券发行量（亿元）	Qty	15.78	28.10	0.4	430
债券期限	Term	3.81	2.10	1	20
是否担保	Guarantee	0.08	0.27	0	1
国有企业	Soe	0.81	0.39	0	1

变量名称		均值	标准差	最小值	最大值
特殊条款	*Special*	0.64	0.48	0	1
所在省份发行前一季度 GDP 增速(%)	ΔGDP	11.89	2.97	−13.58	20.89
发行前一月份 M2 增速(%)	$\Delta M2$	11.57	2.897	−13.60	20.50

3. 实证结果

实证结果如表 3 所示，回归系数 β_7 在不同控制变量下均保持稳健。在控制变量最多的情况下，扩大合格担保品债券范围，使银行间市场符合扩大条件的债券发行利率下降 25 个基点。

表 3 扩大合格担保品范围对债券发行利差的影响

被解释变量	（1）	（2）	（3）	（4）
（解释变量）		Spread		
$Post \times IB \times Tread$	−0.453***	−0.535***	−0.431**	−0.253***
	（0.121）	（0.165）	（0.138）	（0.083）
$IB \times Tread$	−0.175**	−0.178*	−0.257***	0.443*
	（0.089）	（0.106）	（0.084）	（0.172）
$Post \times IB$	−0.051	0.020	0.045	−0.131
	（0.058）	（0.099）	（0.097）	（0.086）
$Post \times Tread$	0.359**	0.730***	0.736***	0.309
	（0.110）	（0.074）	（0.112）	（0.171）
$Post$	−0.046	−0.063	−0.052	−0.084
	（0.073）	（0.073）	（0.086）	（0.089）
IB	−0.311***	−0.286***	−0.086***	−0.395***
	（0.072）	（0.053）	（0.059）	（0.068）
$Tread$	0.766***	0.890***	0.931***	0.717***
	（0.122）	（0.130）	（0.108）	（0.147）
（控制变量）				
Qty		−0.014***	−0.010***	−0.010***
		（0.003）	（0.0006）	（0.0006）
$Term$			−0.023**	−0.021***
			（0.01）	（0.01）
$Guarantee$			−0.460	−0.350
			（0.670）	（0.417）

续表

被解释变量	（1）	（2）	（3）	（4）
	Spread			
Soe				−0.238*** （0.070）
Special				0.668** （0.036）
Δ GDP				0.171 （0.147）
Δ M2				−0.017 （0.014）
R2	0.23	0.32	0.34	0.36

注：括号中的数值是标准误差；***、**、* 分别表示在 1%、5%、10% 的显著性水平下通过显著性检验。

四、完善我国直达性货币政策的建议

本文聚焦直达性货币政策中的债券运用，在明确有关概念的基础上，梳理比较国内外有关经验，从理论和实证两方面论证了直达性货币政策的债券运用效果——理论方面，通过构建包含债券市场和宏观调控的 DSGE 模型，发现中央银行通过 SPV 购买国债或信用债，可显著提升市场流动性水平，且这一作用在经济下行冲击下更加凸显；实证方面，本文基于 DDD 模型，发现扩大合格担保品范围，可大幅缩小优质信用债及小微、绿色和"三农"金融债等新增合格担保品债券的发行利差，助力中小微企业和重点领域获得精准快速的资金支持。基于此，本文提出以下建议：

（一）丰富直达性货币政策的债券运用

一是将中央银行购买公司信用类债券作为货币政策储备工具。中央银

行为保证企业合理流动性而直接购买私人部门债券，是主要经济体直达性货币政策的重要内容。此举既可进一步缩短货币政策传导路径，提高货币政策传导效率；又能直接为企业输送资金，提供信用担保和流动性支持，解决商业银行惜贷等问题。前文 DSGE 模型结果表明，中央银行直接购买公司信用类债券，可有效阻断经济下行冲击的负循环效应，补足受损的金融中介功能，防止冲击影响扩散蔓延。当然，亦应高度关注购买公司信用类债券给中央银行带来的风险，考虑将其作为货币政策储备工具，在应对经济下行冲击时择机使用。建议研究将中债–ESG优选信用债指数等的成分券列为中央银行购买公司信用类债券的可选类别。

二是适度扩大直达性货币政策的合格担保品范围。相比于 MLF 等常规货币政策工具，目前直达性货币政策的合格担保品范围还较为有限，主要是国债、政策性金融债等《商业银行资本管理办法》认为属于无风险资产的高等级债券。合格担保品范围局限，会影响参与银行范围和参与深度。此外，还可能导致部分担保品集中度过高，即参与银行使用的担保品过度集中于某一类或某几类债券，使得其他优质债券难以发挥担保品功能，逆周期调节效果大打折扣。因此，在配合"健全银、政、企风险分担机制"的前提下，建议适度扩大直达性货币政策的合格担保品范围，在实际操作中更多接纳优质信用债等多品类债券，提高市场流动性水平，进一步引导企业融资成本下降。

三是建设多层次债券市场，扩大债券投融资者群体。目前我国债券市场投资者结构相对单一，以国债为例，持债者以银行，特别是四大行为主，投资行为高度雷同。这不仅不利于发挥债券市场资源配置功能，也不利于货币政策实施。通过吸引不同类型的投融资者加入债券市场，建设有深度、有广度的多层次债券市场，可提高债券市场流动性，为丰富直达性货币政策的债券运用打下更为坚实的市场基础。

（二）完善直达性货币政策工具设计

一是应急工具重在抵御冲击。前文模型结果表明，面对经济下行冲击，直达性货币政策能有效发挥应急作用，这在全球应对新冠疫情的过程中也得到了证实。直达性货币政策应急工具重在做好预研储备，提前设计针对不同群体、采用不同机制的数套方案，在应对下行冲击时，灵活调整并使用。此外，在启用应急工具后，应综合评估政策影响、预期引导等因素，适时退出或调整转为常态工具。

二是常态工具聚力提质增效。在一定程度上，直达性货币政策可视为一类特殊的结构性货币政策，具备成为常态性货币政策的潜力。一方面，直达性货币政策有助于实现货币精准投放，是中央银行政策意志的更直接体现；另一方面，部分直达性货币政策需要较长时间才能展现效果。因此，相较于应急工具，常态工具的设计要点在于"提质"。直达性货币政策常态工具可与产业政策等协同配合，在服务对象、标的债券等方面，重点支持国民经济重点领域和薄弱环节，助力经济高质量发展。

三是健全健全银、政、企风险分担机制。如上所述，无论是直接购买公司信用类债券，还是扩大合格担保品范围，中央银行面临的风险都将增加。对此，一方面要针对不同支持对象，推出不同政策工具，规范运行机制，明确担保品范围，实现政策工具创新与中央银行资产安全之间的平衡。另一方面，可考虑通过财政设立直达性货币政策工具风险补偿基金、成立政府性融资担保机构提供增信等方式，由银行、政府机构、企业共担风险。在财政政策支持辅助下，提高金融机构运用直达性货币政策工具的积极性，更好释放政策红利。

DSGE 模型与求解

一、DSGE 模型构成

下面对模型中主要经济主体进行刻画：

（一）家庭部门

代表性家庭部门进行消费、劳动和储蓄，在预算约束下达到效用函数的最优化：

$$E_0 \sum_{t=0}^{\infty} \beta^t \left[\ln(c_t - hc_{t-1}) - \frac{1}{1+\varphi} l_t^{1+\varphi} \right] \quad （1）$$

$$s.t. c_t + D_{ht} = l_t w_t + \Pi_t + T_t + R_t D_{ht-1}$$

其中，β 代表家庭部门的跨期贴现因子，c_t 代表家庭部门消费，$0 < h < 1$代表消费延续性参数，即当期消费较上一期的稳定增长部分构成当期效用。L_t 代表当期劳动力，$\varphi > 0$ 代表劳动厌恶系数。预算约束左边为家庭部门当期支出，包括当期消费 c_t 和当期存款 D_{ht}，右边当期收入，包括劳动收入 $l_t w_t$、非金融企业和银行给家庭部门的报酬 Π_t、当期税收和转移支付净额 T_t、上一期存款的本息额 $R_t D_{ht-1}$。

求解（1）式，可得到效用函数关于消费、劳动、存款的欧拉方程：

$$u_{ct}' w_t = l_t^{\varphi} \quad （2）$$

$$E_t \beta \frac{u_{ct+1}'}{u_{ct}'} R_{t+1} = 1 \quad （3）$$

（二）银行部门

作为金融中介，银行在负债端吸收存款，吸纳短期资金，资产端投资长期债券（包括国债和信用债），进行资金融通和流动性转换，以促进资源优化配置。具体到资产端的两种投资标的：一是信用债，银行对信用债的投资构成了非金融企业的股权资本 Q_t，股权资本的每期折旧率为 δ，每期银行会获得利息偿付 Z_{t+1}，同时银行对非金融企业部门的投资收益面临一个随机冲击 $\exp(\xi_t)$，代表金融危机时市场流动性突然收紧和投资收益突然上升。银行对非金融企业部门的投资收益为 $R_{kt+1} = [Z_{t+1} + (1-\delta)Q_{t+1}]\exp(\xi_t)/Q_t$。二是国债，模型中银行主要投资长期国债，也符合经济现实设定，设国债以永续年金的形式存在，每年偿付 1 的年金，设价格水平为 P_t，因此，国债每年带来的资本利收入为 $1/P_t$，设国债价格为 q_t，国债投资的收益为：$R_{bt+1} = (1/P_t + q_{t+1})/q_t$。基于负债和资产情况，银行的资产负债表可表示为：

$$Q_t s_t + q_t b_t = n_t + d_t \quad （4）$$

（4）式左边代表资产，分别是对非金融企业的债券投资 $Q_t s_t$ 和国债投资 $q_t b_t$，右边代表净资本 n_t 和负债（银行存款）d_t。设银行净资本来自当期投资收益的积累，投资收益包括投资企业股权和国债的收益，负债端的投资收益是存款的利息支出：

$$n_t = R_{kt} Q_{t-1} s_{t-1} + R_{bt} q_{t-1} b_{t-1} - R_t d_{t-1} \quad （5）$$

银行由银行家所有和运营，银行家实现效用最大化，折现率为家庭部门的边际消费替代率 $\Lambda_{t,t+1} = \beta u'_{ct+1}/u'_{ct}$：

$$V_t = E_o \sum_{t=1}^{\infty} \Lambda_{t+1} n_{t+1} \quad （6）$$

银行面临一个流动性储备需求，即在每期开始时银行还未从家庭部门收到当期存款，但可能面临之前存款挤兑的情况和其他流动性需求，因此，需要变现部分资产以获得流动性，设银行能够变现 θ 比例的企业部门债券，和 j, θ 比例的国债投资，$0 < j < 1$ 意味着企业能够变现更大比例的企业部门债券和较小比例的国债投资。设定的合理性在于：一是相较于国债投资，信用债投资更能反映银行的投研和管理能力，在出现信息不对称情况下，能够缓解银行与存款者之间的信

息不对称；二是模型假定国债以长期国债资产为主，银行更倾向于持有长期国债获得长期稳定的投资收益。基于此，家庭在存款时面临对银行的价值判断，即在 t 时期开始时，银行的股权价值（左边）须大于等于其可变现价值，方能保证家庭部门对储蓄的信心。

$$V_t \geq \theta Q_t s_t + j \theta q_t b_t \quad （7）$$

银行家的最优决策是在（4）、（5）和（7）式的约束下求解效用最大化（6）式，求解得到：

$$\tilde{\Lambda}_{t,t+1} = \Lambda_{t,t+1} \Omega_{t+1} = \Lambda_{t,t+1} \frac{\partial V_{t+1}}{\partial n_{t+1}}, \frac{\partial V_{t+1}}{\partial n_{t+1}} = E_t \tilde{\Lambda}_{t,t+1} \left[(R_{kt+1} - R_{t+1}) \phi_t + R_{t+1} \right] \quad （8）$$

$$E_t \tilde{\Lambda}_{t,t+1} (R_{kt+1} - R_{t+1}) = \frac{\lambda_t}{1 + \lambda_t} \theta \quad （9）$$

$$E_t \tilde{\Lambda}_{t,t+1} (R_{bt+1} - R_{t+1}) = \frac{\lambda_t}{1 + \lambda_t} j \theta \quad （10）$$

其中（8）式说明，银行家的边际消费替代率是家庭部门的基础上乘以一个乘数，（9）和（10）式分别表征了银行投资企业和国债分别需要的超额收益率，其中代表（7）式的拉格朗日乘子，$\lambda_t = 0$ 代表（7）式取大于号，尚未触及约束，（9）和（10）式中的超额收益均为 0，说明在无金融摩擦情况下银行可以通过出售资产进行套利，直到投资信用债和国债的超额收益均为 0。$\lambda_t > 0$ 代表 7 式取等号，约束条件成立，金融市场存在流动性摩擦，λ_t 越大说明金融市场摩擦越大，导致银行投资信用债和国债均有超额收益。同时，$j < 1$，私人信用资产面临更为严重的套利限制，更有可能出现超额收益上升。

汇总银行部门得到：

$$Q_t S_{pt} + j q_t B_P \leq \phi_t N_t, \phi_t = \frac{E_t \tilde{\Lambda}_{t,t+1} R_{t+1}}{\theta - E_t \tilde{\Lambda}_{t,t+1} (R_{kt+1} - R_{t+1})} \quad （11）$$

S_{pt}，B_{pt}，N_t 分别代表银行部门持有信用债总额、国债总额和净资产总额。

$$N_t = \left[(R_{kt} - R_t) \frac{Q_{t-1} S_{pt-1}}{N_{t-1}} + (R_{bt} - R_t) \frac{q_{t-1} B_{pt-1}}{N_{t-1}} + R_t \right] N_{t-1} \quad （12）$$

（11）式和（12）式说明，银行资产负债表受到限制，金融市场摩擦导致了内生的资本充足率约束。从经济意义上看，银行无法"无限地"从家庭部门吸储，原因是资产变现时受到资产种类和期限的约束，无法支撑家庭对银行进一步储蓄的信心。

（三）中央银行

中央银行货币政策工具包括非常规货币政策和传统货币政策，首先分析非常规货币政策——直达性货币政策工具。

设央行可购买商业银行的信用债，也可购买国债，购买量分别为 S_{gt}，B_{gt}，市场价格分别为 Q_t，q_t。央行能够通过发行短期融资券的 D_{gt} 方式筹措政策工具所需的资金，即：

$$Q_t S_{gt} + q_t B_{gt} = D_{gt} \qquad （13）$$

央行直达性货币政策工具的实质，是在金融危机时替代银行从事流动性转换和期限转换职能。原因在于，基于政府信用，央行可从投资者手中无摩擦地获取资金，且不受资产负债表限制。央行与商业银行成为资产需求方，设 φ_{st}，φ_{Gt} 央行资产购买信用债和国债的一定比例，同时二者面临随机冲击，用来刻画央行资产购买计划对实体经济的影响。

$$\begin{aligned} S_t &= S_{pt} + S_{gt}, S_{gt} = \exp(\varphi_{st})S_t \\ B_t &= B_{pt} + B_{gt}, B_{gt} = \exp(\varphi_{Gt})B_t \end{aligned} \qquad （14）$$

结合（14）式与（11）式，得到：

$$Q_t S_t \le \phi_t N_t + Q_t S_{gt} + j q_t (B_{gt} - B_t)$$

$$\phi_t = \frac{E_t \tilde{\Lambda}_{t,t+1} R_{t+1}}{\theta - E_t \tilde{\Lambda}_{t,t+1}(R_{kt+1} - R_{t+1})} \qquad （15）$$

（15）式是结合银行和央行直达性货币政策得到的整个市场的资产约束，和（11）式同时取等。当（11）式和（15）式不取等号时，对应无金融摩擦的市场状态，央行资产购买计划将视为商业银行金融中介功能的完全替代，呈现中性的效果。当金融市场存在摩擦时，（11）式和（15）式同时取等，即银行净资本与资产价格将直接挂钩。金融危机来临时，银行想通过吸储来获得更多资金，就需要增大资产变现，这将导致资产大幅出售（fire-sale），从而降低资产价格、推高资产收益率（9）和（10）式。资产价格下降进一步导致资产缩水，无法支撑负债端吸储融资，商业银行融通流动性和转换期限的功能受损，因此需要央行通过资产购买计划，也即创设直达性货币政策工具，来实施宏观调控。这时央行实施宏观调控对经济的影响将"非中性"，即通过推高资产价格、降低收益率、稳定市场流动性来促进经济增长、提升社会福利。同时央行购买信用债比购买国债的效用更大，原因在于：一是在（7）、（11）和（15）式中，国债出售对于银行资本缓释作用是企业部门的一定比例，因此央行购买国债的效用是购买信用债的一定比例；二是从经济学意义上看，金融危机时更容易受到挤兑风险的是企业部门信用类资产，这部分资产通常收益率上升和价格下降更明显，央行购买信用债能起到更强的支撑作用。

再分析央行的传统货币政策——按照泰勒规则进行的利率调控。设名义利率水平为 i_t，i，Y_t^* 分别代表稳态时的名义利率水平和产出水平，货币政策泰勒规则可表示为：

$$i_t = \left[i + \kappa_\pi \pi_t + \kappa_y (\log Y_t - \log Y_t^*)\right] * \exp(o_t), \ o_t \sim N(0, \varepsilon_0)$$
$$1 + i_t = R_{t+1} \frac{P_{t+1}}{P_t} \tag{16}$$

o_t 代表货币政策导致的名义利率冲击。名义利率 i_t 与实际利率 R_t 通过价格水平建立联系。

（四）政府

政府部门预算约束可表示为：

$$G + R_{bt} \bar{B} = \bar{B} + T_t + (R_{kt} - R_t)Q_{t-1}S_{gt-1} + (R_{bt} - R_t)q_{t-1}B_{gt-1} \tag{17}$$

左边表示政府部门支出，包括政府购买 G 和长期国债的利息支出 $R_{bt}\bar{B}$，$\bar{B}$ 代表稳态时的长期国债水平。右边表示政府部门的收入，包括发行国债筹措的资金 $\bar{B}$、税收 T_t 以及央行从资产购买中获利的部分（扣除投资的效率损失成本）上缴国库构成政府的部分收入。

（五）非金融企业

非金融企业包括中间产品生产商和最终产品生产商。

中间产品生产商的生产过程遵循柯布－道格拉斯生产函数：

$$Y_t = A_t K_t^\alpha L_t^{1-\alpha} \tag{18}$$

令表示中间产品相对于最终产品的价格，通过求解企业效用最大化，得到工资水平和企业股权价值：

$$W_t = P_{mt}(1-\alpha)\frac{Y_t}{L_t}$$

$$Z_t = P_{mt}\alpha\frac{Y_t}{K_t}$$ （19）

企业通过投资活动积累资本，同时资本积累面临一个资本冲击，代表来自非金融企业的投资摩擦，资本累计过程表示为：

$$K_{t+1} = I_t + (1-\delta)K_t \quad （20）$$

银行对非金融企业进行投资，投资收益为：

$$R_{kt+1} = \frac{Z_{t+1}+(1-\delta)\ Q_{t+1}}{Q_t}\exp(\xi_t) \quad （21）$$

该式构建了金融部门与非金融部门之间的联系，当银行面临内生资本充足率约束时，从家庭部门筹资受到限制，信用债投资将减少，导致信用债收益率上升，企业经营和投资效率损失，进而构成金融危机向非金融部门的传染路径。

最终产品生产商是模型中名义黏性的来源，主要参照 DSGE 模型的标准设定，按照边际成本从完全竞争的中间产品生产商中采购中间产品，将其差异化，并在完全竞争市场换几个下按照

CES 规则组合成为最终产品：$Y_t = \left[\int_0^1 Y_{ft}^{\frac{\varepsilon-1}{\varepsilon}} df\right]^{\frac{\varepsilon}{\varepsilon-1}}$，其中 ε 代表最终产品之间的替代弹性。零售商定价服从 Calvo 定价原则，每期每个厂商有 $(1-\varpi)$ 的概率将价格更新至 P_i^*。求解最终产品生产商的最优问题得到菲利普斯曲线，表征经济中价格水平的演化过程：

$$P_t = \left[(1-\varpi)P_t^{*1-\varepsilon} + \varpi P_{t-1}^{1-\varepsilon}\right]^{\frac{1}{1-\varepsilon}} \quad （22）$$

（六）模型均衡

模型求解过程简述如下：首先，求各经济主体决策最优的一阶条件。最优决策系统由各个经济主体的预算约束、信贷抵押约束与一阶条件构成。其次，利用 Matlab 的 dynare 工具箱对最优决策系统进行运算，求出最优解，由各经济主体的行为变量与价格变量构成。第三，借鉴文献，

并利用我国数据对静态参数进行校准，对动态参数进行贝叶斯估计。第四，对模型在稳态附近施加随机冲击，并考察随机冲击对经济系统的影响。

二、DSGE 模型求解

（一）静态参数校准

一是家庭部门。借鉴王国静、田国强（2014）的研究，利用一年期贷款基准利率得到样本期内年度平均利率为 4.98%，折算为稳态时季度利率为 1.24%，根据 $\beta = 1/(1+R)$ 计算得到家庭部门贴现因子为 0.99。参照 Gertler 和 Karadi（2013），将家庭部门消费延续性参数和劳动厌恶系数设置为 0.815 和 3.482。

二是银行部门。θ，j 衡量银行由于信息不对称面临的流动性约束，即银行只能变现 θ 比例的信用债，和 $j\theta$ 比例的国债投资，参照 Gertler 和 Karadi（2013）将 θ，j 分别设为 0.9 和 0.5，同时本文还将对国债投资比例设定不同比例，以观测不同的国债市场流动性对金融市场的影响。

三是央行。货币政策规则方面，借鉴 Gertler 和 Karadi（2013）κ_{π}，κ_{y} 将分别设为 1.5 和 0.5。

四是非金融企业。根据 DSGE 模型对柯布－道格拉斯生产函数的一般设定，设中间产品生产函数的资本比率 α 为 0.33，资本的折旧率 δ 为 0.025，零售商方面生产替代系数 ε 为 4.16，定价系数 ϖ 为 0.8。

（二）动态参数估计

为了模拟直达性货币政策，模型共引入 4 个随机冲击：银行对非金融企业部门的投资收益，用来模拟资产价格下降、资产收益率上升的金融危机情形；针对信用债和国债的资产购买冲击旨在模拟直达性货币政策工具，也是本文的研究重点；同时模型还模拟了基于泰勒规则的传统货币政策冲击，并基于模型对比传统货币政策与直达性货币政策的效果。

DSGE 模型外生冲击

外生冲击	外生冲击	随机游走过程
银行对非金融企业部门的投资收益	$\exp(\xi_t)$	$\varphi_{st} = \rho_{\varphi_s}\varphi_{st-1} + e_{\varphi_{st}}, e_{\varphi_{st}} \sim N(0,\ \varepsilon_{\varphi_s})$
资产购买计划（私人信用资产）	$\exp(\varphi_{st})$	$\varphi_{gt} = \rho_{\varphi_g}\varphi_{gt-1} + e_{\varphi_{gt}}, e_{\varphi_{gt}} \sim N(0,\ \varepsilon_{\varphi_g})$

资产购买计划（国债）	$\exp(\varphi_{gt})$	$\xi_t = \rho_\xi \xi_{t-1} + e_{\xi_t}, e_{\xi_t} \sim N(0, \varepsilon_\xi)$
传统货币政策（泰勒规则）冲击	$\exp(o_t)$	$i_t = \left[i + \kappa_\pi \pi_t + \kappa_y(\log Y_t - \log Y_t^*)\right]\exp(o_t)$ $o_t \sim N(0, \varepsilon_O)$

对应的，需要 4 个变量对模型的动态参数进行估计，分别是产出、消费、信用债利率、政策利率，对应的观测变量分别为 GDP、全社会消费品零售总额、一年期公司信用类债券收益率（取均值）、Shibor 一年期利率，研究区间为 2000 年第一季度至 2020 年第四季度，数据来源为中国人民银行与 Wind 数据库。数据处理方法如下：首先对上述时间序列数据取对数；然后对产出与投资数据进行 Census X12 季节性调整，以剔除季节性影响；最后以 1600 为平滑参数，对数据进行 HP 滤波，分离出趋势项与扰动项。上述处理过程的依据是：模型在求解时采用对数线性化的方法，刻画的是变量偏离稳态的程度，而非变量本身；为了对应模型构建，数据处理也需要通过取对数与滤波，分离出趋势项与扰动项，并将扰动项作为实际观测数据对随机冲击的自相关系数与标准差进行贝叶斯估计。

表 2 DSGE 模型贝叶斯参数估计

参数	参数描述	先验分布			后验分布	
		分布	均值	标准差	均值	90% 置信区间
ρ_ξ	银行对非金融企业部门投资收益的自相关系数	Beta	0.5	0.2	0.863	[0.831, 0.895]
ρ_{φ_s}	私人信用资产购买计划的自相关系数	Beta	0.5	0.2	0.878	[0.853, 0.903]
ρ_{φ_g}	国债资产购买计划的自相关系数	Beta	0.5	0.2	0.851	[0.827, 0.875]
ε_ξ	银行对非金融企业部门投资收益的标准差	InvGamma	0.01	2.00	0.015	[0.01, 0.02]
ε_{φ_s}	私人信用资产购买计划的标准差	InvGamma	0.01	2.00	0.008	[0.007, 0.009]
ε_{φ_g}	国债资产购买计划的标准差	InvGamma	0.01	2.00	0.010	[0.008, 0.012]
ε_o	货币政策冲击标准差	InvGamma	0.01	2.00	0.005	[0.003, 0.007]

参考文献

［1］安雪.落实央行创新型货币政策工具的实践与思考——以绥化市为例 [J]. 黑龙江金融，2020(8): 53–54.

［2］曹国俊.非常规货币政策工具的国际比较 [J]. 金融会计，2020(7): 34–40.

［3］李柏秋.新冠疫情下吉林省货币政策实施效果研究 [J]. 吉林金融研究，2020(11): 24–27.

［4］刘国强.创新直达实体经济的货币政策工具 [J]. 中国金融，2020(12): 25–27.

［5］王洪亮.直达科创企业货币政策工具创设及"几家抬"框架构建——基于双循环新发展格局下的分析 [J]. 南方金融，2020(12): 30–38.

［6］王静斐.解读"直达实体经济的货币政策工具" [J]. 现代金融导刊，2020(7): 24–29.

［7］王永钦，吴娴.中国创新型货币政策如何发挥作用：抵押品渠道 [J]. 经济研究，2019(12): 86–101.

［8］吴国兵.直达实体经济货币政策的国际实践及启示 [J]. 时代金融，2020(12): 147–149.

［9］徐诺金.新冠肺炎疫情冲击下我国货币政策应对之策及相关分析 [N]. 金融时报，2020-12-28.

［10］Ashcraft A, N Gârleanu, Pedersen L H. Two Monetary Tools: Interest Rates and Haircuts [J]. NBER Working Papers, 2010.

应当探索在我国引入全覆盖债券

陆本立　刘一楠

摘　要： 全覆盖债券（Covered Bond）是一种主要由银行等机构发行的以抵押贷款或公共部门贷款等资产为偿付担保的债务融资工具，在以欧洲为代表的国际市场中发展已相当成熟，主要有法律型和结构型两种模式。本文从全覆盖债券的国际经验出发，对比全覆盖债券与资产证券化在法律结构、追索权与出表安排等方面的区别。在我国，全覆盖债券具有较为广阔的发展前景，发行主体有望从传统的商业银行扩展到企业，在保护投资者权益、维护金融稳定方面具有优势，建议夯实法律基础，通过引入 SPV（特殊目的实体）构建合理的产品结构，建立稳健的登记托管安排，引入全覆盖债券，促进债券市场整体高质量发展。同时本文还翻译欧盟关于全覆盖债券的相关监管文件[①]，列示于附件中。

关键词： 全覆盖债券　资产证券化　破产隔离　债券市场

2020 年以来，我国经济受到下行周期和疫情的双重影响，债券市场发

---

① 《关于发行全覆盖债券及全覆盖债券社会监管及修订 2009/65/EC 及 2014/59/EU 号指令》。

生了一些违约事件，如何防范化解信用风险、促进债券市场稳健发展成为各方关注焦点。新冠疫情暴发以来，全覆盖债券展示了抵御发行人评级下调压力的优势，其超额担保和高质量资产具有在危机中抵御风险的特质[①]。2021年以来，主管部门高度关注全覆盖债券这一新兴券种，全覆盖债券在我国或将迎来发展新机遇。

一、全覆盖债券国际发行经验及常见结构

全覆盖债券（Covered Bond）是一种主要由银行等机构发行的以抵押贷款、公共部门贷款等资产构建覆盖资产池，以发行人一般现金流及覆盖资产池未来所产生现金流为偿付支持的债务融资工具。一旦发行人违约，投资人可对覆盖资产池（Cover Pool）中资产主张优先受偿权，而发行人则有义务实时维持覆盖资产池中资产的质量和价值充足性，确保可始终满足投资人的偿付请求。在欧洲，全覆盖债券主要由信贷机构（包括部分汽车金融机构）发行，覆盖资产池中包括房地产抵押贷款、公用事业贷款、汽车贷款等资产。

全覆盖债券在以欧洲为代表的国际市场上已相当成熟，已有 200 余年的历史。1769 年，欧洲发行了第一只全覆盖债券，用于支持普鲁士农业发展。全覆盖债券和资产证券化的本质均为结构化的融资和增信工具，资产证券化产品由于能实现完全破产隔离在次贷危机前更受欢迎。2007—2008 年次贷危机中，部分资产证券化产品出现严重危机，MBS 等产品的发行成本显著增长，资产证券化市场一定程度遭到打击。次贷危机后，欧洲市场迎来了

---

① 惠誉评级. 全覆盖债券评级吸收来自新冠疫情第一波震动, 2020.

全覆盖债券的迅速发展,2018 年后,全覆盖债券发行规模再次增长,2018、2019、2020 年全覆盖债券发行量分别为 1784 亿欧元、1694 亿欧元、1138 亿欧元①,其中以抵押贷款为资产的规模占比近 90%。

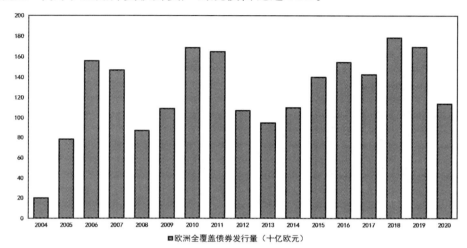

图 1 欧洲全覆盖债券市场发展概况

数据来源:欧洲全覆盖债券委员会(ECBC)

全覆盖债券受到投资者欢迎的主要原因在于它赋予投资者双重追索权,投资者不仅可以要求发行人偿付债券,还对发行人为担保债券偿付所提供的高质量覆盖资产池享有优先受偿权。国际上,发行全覆盖债券主要通过两种模式:一是法律型全覆盖债券(legislative CB),不引入 SPV 而是通过法律方式保障投资者权益,主要见于欧洲市场;二是结构型全覆盖债券(structured CB),引入 SPV 和结构化安排保障投资者权益,主要见于美国市场。

(一)法律型全覆盖债券

欧洲商业银行通常采用直接发行全覆盖债券的方式,将资产纳入覆盖

---

① 数据来源为欧洲全覆盖债券委员会(ECBC)。

资产池中，并引入资产监督人和管理人对池内资产进行动态监测。法律型全覆盖债券对本国法律体制要求较高，需通过特殊法律安排保障投资者在发行人破产时的权益，如《欧盟担保指令》规定担保资产必须在担保人破产时分离而不进入破产程序。

例如，德国抵押债券就是德国商业银行采用法律型模式发行的全覆盖债券。覆盖资产包括合格房地产抵押贷款、公用事业类贷款、基础设施类贷款等，符合条件的中央银行授信、衍生产品等也可进入覆盖资产池。德国抵押债券的法规规定，发行人破产时，覆盖资产池中资产不被列入发行人资产清单，且不受到破产程序影响；管辖法院需指派 1~2 名自然人对覆盖资产池进行监管，并通过一次性支付或是保障现金流的后续支付来保护投资者对池内资产的权益。

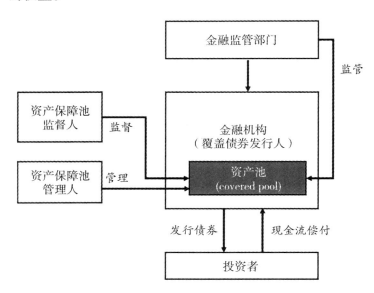

图 2　法律型全覆盖债券的业务模式

资料来源：笔者整理

（二）结构型全覆盖债券

结构型全覆盖债券通过引入 SPV 实现池内资产的破产隔离。第一步是发行机构将资产装入覆盖资产池并出售给 SPV。出售但不出表的原因是"调表"机制：发行机构对 SPV 发放一笔贷款，SPV 用该笔贷款购买资产。发行机构表内增加了对 SPV 的一笔贷款资产，抵押池内资产的风险仍留在表内。第二步是发行机构直接向投资者发行全覆盖债券，全覆盖债券构成发行机构的法定债务。SPV 以池内资产为该债券提供不可撤销、无条件的担保。SPV 管理机构负责管理覆盖资产池，金融监管部门对业务进行监管。全覆盖债券一般是固定利率，而覆盖资产池内贷款有可能是浮动利率，如有需要可引入利率互换（支付浮动利率、收到固定利率）以对冲利率错配风险。

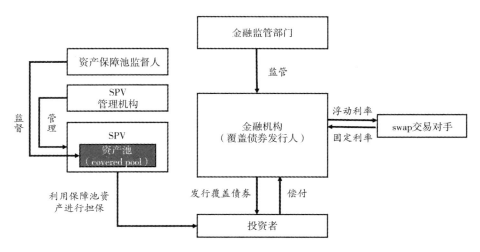

图 3　结构型全覆盖债券业务模式

资料来源：笔者整理

结构型全覆盖债券一般通过超额抵押增信，即池内抵押资产市值总额超过全覆盖债券未偿付余额，资产偿付比率（全覆盖债券未偿付余额 / 池内资产总额）小于 1。SPV 对覆盖资产池进行动态管理，发行机构对池内资产进行月度检查，需保证资产偿付比率不高于一定阈值。此外，发行人可对池内资产进行更换，池内资产可能月度甚至日度循环（如个人消费贷款）。

二、全覆盖债券与资产证券化比较分析

虽然我国尚未开展全覆盖债券发行，但与其有相似之处的资产证券化产品发行规模持续增长。全覆盖债券与资产证券化均为银行等金融机构盘活资产、扩大融资的重要手段。从国际上看，在 2008 年次贷危机中证券化产品受较大冲击，此后全覆盖债券发展迅速，2020 年新冠疫情中全覆盖债券也展示了抵御发行人评级下调风险的能力。综合对比，全覆盖债券与资产证券化的区别主要体现在以下方面：

一是发行主体和法律结构。法律型全覆盖债券依赖专门的法律或合同条款保护投资者权益。结构型全覆盖债券通过设置 SPV 等结构化安排对债券进行担保。资产证券化中，抵押资产真实出售给 SPV 以实现破产隔离，投资者保护主要依赖结构化安排。

二是出表和追索权。全覆盖债券资产均不出表，原始发行人的法定最终义务投资者对发行人和覆盖资产池享有双重追索权。资产证券化产品中，抵押资产通过信托或出售给 SPV 实现出表，投资者一般只对 SPV 资产享有追索权。

三是抵押资产。全覆盖债券资产质量整体上高于资产证券化，主要表现在入池的资产类型一般限于附带抵押的贷款或公共贷款，并需全程维持池内资产质量和一定超额覆盖比率。全覆盖债券的池内资产是动态循环的，

可支持多只全覆盖债券在不同时期分别发行。资产证券化的资产池为静态（除循环结构证券化外），资产期限通常与证券期限匹配，一般不允许替换资产。

四是信用增级。全覆盖债券评级不完全独立于发行人信用，通常采用超额担保进行增信，评级一般较高，且以固定利率为主。资产证券化主要采用超额利差、信用分层、超额担保等方式进行增信，通过内部分层使得不同层级债券匹配不同风险收益。资产证券化评级相对独立于发行人评级，整体评级低于全覆盖债券，票面利率包含固定利率和浮动利率。

表 1　全覆盖债券与证券化的对比分析

		全覆盖债券结构型		资产证券化
		法律型	结构型	
1. 发行主体和法律结构	发行主体	金融机构	金融机构	SPV
	法律结构	依赖法律安排	引入 SPV，作为担保主体	抵押资产真实出售给 SPV 以实现破产隔离
2. 出表和追索权	出表安排	不出表		出表
	追索权	双重追索权		只对 SPV 具有追索权
	风险转移	发起机构承担违约风险及早偿风险		发起机构不承担违约风险和早偿风险
3. 抵押资产	资产类型	主要是高质量资产		质量存在差异化
	期限匹配	通常能覆盖一定期限，以支持多只全覆盖债券在不同时期分别发行		通常与其资产池内的资产期限匹配
	覆盖资产池资产类型	动态		静态
4. 信用增级	增级方式	超额担保		超额利差、信用分层、超额担保
	是否分层	通常不分层		内部分层
	评级独立于发行人主体评级	并非完全独立		相对独立
	评级	全覆盖债券通常获得 AAA 信用评级		优先档债券能获得 AAA 的信用评级
	票面利率	主要是固定利率		固定利率、浮动利率

资料来源：笔者整理

总结表 1，对发行人而言，"发行人信用＋覆盖资产池"组合使全覆盖债券具备更高的信用等级，大多可达到 AAA；高信用等级伴随着较低的发行利率，使融资成本降低；在满足资产监控指标的前提下，同一覆盖资产池可以支持多期债券滚动发行，发行更加便利。对投资人而言，产品没有分层，结构简单透明；享有双重追索权，风险较低；发行人违约或破产一般不会导致加速清偿或债券提前到期，投资者可按原计划获得本息，更有利于保护投资者权益。国际上全覆盖债券的风险、流动性和评级表现均优于资产证券化。

三、利用全覆盖债券解决市场痛点

目前，我国金融体系仍存在发展不平衡和不充分的问题，金融支持实体经济的效能受限主要表现在：一是银行面临资本补充压力。2021 年一季度末，银行业核心一级资本充足率为 10.63%、一级资本充足率为 11.91%、资本充足率为 14.51%，较 2020 年末均有所下降，不良贷款余额 2.8 万亿元，较上季末增加 868 亿元[①]。发行全覆盖债券可以有效缓释资本充足率压力，提升资金营运效率，助力实体经济发展。二是债券市场出现恶意逃废债、"假出表"等不规范行为，影响行业长期可持续发展。全覆盖债券投资者因具有双重追索权，投资者权益得到保障。覆盖资产池的合格资产入池要求及维护要求使得抵押资产质量有所保障。三是实体企业融资难、融资贵问题仍突出，尤其是受到新冠疫情冲击，中小企业融资问题仍受到关注。全覆盖债券以其独特优势，有助于解决以上行业痛点，成为资产证券化的有力补充，引发监管层

---

① 数据来源为银保监会公布的《2021 年商业银行主要监管指标情况表（一季度）》。

和业界的高度关注。针对上述问题：

首先，全覆盖债券可为商业银行提供盘活资产和融资渠道的有力补充。我国证券化历程从 2005 年开始起步，2009 年受到次贷危机影响发行量趋缓，2015 年后稳步增长，2020 年全年发行量增至 2.89 万亿元。在市场内部，信贷资产证券化发展趋缓，2020 年甚至出现下降（8041.90 亿元），企业资产证券化后来居上，2020 年企业 ABS 发行量为 1.54 万亿元，ABN 稳步成为证券化市场第三大品种，2020 年发行量达 5109.57 亿元 [①]。因此，我国商业银行需要更为有效的资产盘活途径，提升资产负债管理能效，更充分地支持实体经济。

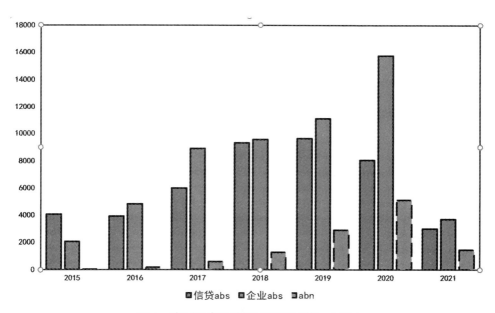

图 4　我国证券化的发展概况（单位：亿元）

数据来源：WIND，2021 年数据截至 4 月末

---

① 数据来源为 WIND 数据库。

对于我国政策性银行、国有大型商业银行和全国性股份制商业银行，全覆盖债券有很好的适用性，可作为首批试点对象。其作用有三：一是能为发行银行开辟长期稳定的资金渠道。我国商业银行拥有较多中长期项目，国际上全覆盖债券期限通常为 2 年到 10 年，部分超过 10 年。二是发行全覆盖债券可以协助政策性银行转型，寻求高信用等级低成本的商业化融资模式[①]。三是与资产证券化配搭使用更灵活。证券化一般会帮助银行实现出表目的，但不是所有银行都对出表有诉求。有些银行既要解决资产盘活问题，又希望继续持有优质资产，此时发行全覆盖债券比发行证券化产品更为有利。

第二，全覆盖债券特有的双重追索权对投资者的保护力度更强。全覆盖债券的双重追索权构建了发行方和投资者的利益联结，激励发行人关注池内资产质量，发行人有义务实时维持覆盖资产池中资产质量和价值充足性，可有效杜绝优质资产转移，对投资者保护力度更强。从金融市场全局视角看，资产证券化产品结构复杂，存在多层嵌套，且资产完全出表减弱了发行人和投资人的利益联结，上述因素是导致 2008 年次贷危机爆发和蔓延的重要因素。而全覆盖债券结构更为清晰，发行人注重资产质量，有利于维护金融市场稳定安全。

第三，全覆盖债券或将为部分企业提供有效融资渠道。全覆盖债券的核心在于"双重追索""通过贷款或实物资产进行偿付担保"，与资产证券化的风险和效用有一定相似之处，发行主体范围也与资产证券化基本相同。从国际上看，全覆盖债券的发行主体主要是商业银行和部分汽车金融机构（多见于欧洲），国际上并未广泛开展企业资产证券化发行。在我国，企业资产证券化发展较快，目前已是我国主要的证券化品种，2018 年美国结构化论

---

① 巴曙松. 全覆盖债券的国际经验及中国的现实选择, 2009.

坛主席 Micheal Bright 走访 CSF 论坛时也表示对中国的企业资产证券化非常感兴趣。而目前我国证券化市场尚存在一些不规范情况,有些企业或银行的资产证券化本质上就是全覆盖债券,其风险资产不满足会计师审计时认定的"出表"标准,与其将其勉强称为资产证券化产品,不如将这部分产品按照全覆盖债券管理,更有利于投资者权益保护和市场稳健发展。

四、在我国发行全覆盖债券展望

基于上述分析,建议在以下方向推动我国全覆盖债券的发展:

一是完善的法律基础。建议出台相关法律法规,站在保护存款人的立场,对全覆盖债券进行规范。例如,美国规定在覆盖资产池的合格资产不能超过银行总资产的 20%,澳洲政府仅允许银行发行规模不超过总资产 8% 的全覆盖债券。我国《银行法》中规定存款人享有优先偿还的基本保障,而全覆盖债券投资者对覆盖资产池具有优先受偿权,这一定程度损害了存款人利益。因此需要明确商业银行发行全覆盖债券的法律基础,明确关于个人储蓄存款破产清偿顺序及财务的实务操作等问题。

二是合理的结构化设计。对于全覆盖债券,投资者一般对发行机构享有第一顺序的追索权,当发生发行机构不能按期偿付或其他触发事件时,投资者对覆盖资产池享有追索权。鉴于法律型全覆盖债券较为依赖法律安排,结构型全覆盖债券更适合我国现行法律基础,建议在我国采用 SPV 或 SPT 的方式发行全覆盖债券。在产品结构方面以 SPT 为例,发行人在设置信托的同时,作为委托人指定全覆盖债券投资者作为 A 类受益人,自己作为 B 类受益人。当未发生约定的触发事件时,在满足项目所设定的超额覆盖率的前提下，覆盖资产池中多余的现金流可以作为信托利益分配给委托人；在发生触发事件后，覆盖资产池现金流将优先用于偿付全覆盖债券的本息，直至其本息偿付完毕；在全覆盖债券的本金和利息得到足额兑付后，投资者不应再从信托获得额外利益，剩余信托利益归属于委托人。

三是稳健的登记和托管安排。全覆盖债券超额担保的特质对覆盖资产池管理提出了要求，池内资产的穿透登记是实现全覆盖债券破产隔离的重要保障。欧盟 2019/2162 指令[1] 中第十八条规定，应确保发行全覆盖债券的机构登记与全覆盖债券计划有关的所有交易，建立充分、适当的文件系统和流程；第六条第 3 款规定，应设立记录实物抵押资产的公共登记处；第十二条规定，应制定覆盖资产隔离的规则。

清晰穿透的登记托管安排是全覆盖债券发展的重要基础，登记安排包含两个维度：一是证券层面的登记，为投资者进行确权并助力监管部门掌握市场的发展全貌和资金动态，建议充分发挥中央结算公司国家重要金融基础设施作用，借鉴信贷资产支持证券发展经验，以证券登记为基础为全覆盖债券提供发行登记、托管、担保品、估值等全生命周期服务。二是池内资产的信息登记，是实现资产破产隔离、提升全覆盖债券的透明、助力覆盖资产池的动态维护和管理监督的关键。建议借鉴目前信贷资产证券化的信息登记模式，由银登中心对底层资产进行逐步登记，进行质量审核和存续期管理，适时向投资者披露。针对实物资产，建议探索合适的实物资产登记、管理和处置机制，为合理拓展全覆盖债券发行人范围夯实基础。

四是审慎研究企业发行全覆盖债券。企业是否能够发行全覆盖债券主要取决于覆盖资产池的资产质量。客观上，银行持有的抵押贷款最适合构建

---

① 欧盟监管文件详见附件，相关条款加粗标注。

覆盖资产池,所以传统上主要由银行发行全覆盖债券成为一种趋势。按照欧盟 2019/2162 指令[①],符合一定条件的公用事业项目和实物抵押资产可以进入覆盖资产池,而这些资产也是不少非银行机构持有的。因此,如果企业持有的公用事业项目有特许经营权、收费许可证,能产生稳定现金流,并满足超额抵押时,可以考虑用其构建覆盖资产池进而支持企业发行全覆盖债券;如果企业持有的实物资产所有权已被登记,具有市场公允价值并被合理打折,同时能确保资产被执行时无法律障碍,则也可考虑被当作覆盖资产来支持企业发行全覆盖债券。从持有资产的角度看,凡是能够发行 REITs 的企业,大体上也符合发行全覆盖债券的条件。同时也应认识到企业发行全覆盖债券是一项创新探索,建议审慎推进。

五是长远的发展视角。全覆盖债券与资产证券化都能扩大发行人融资渠道,但全覆盖债券资产不出表,主要聚焦于补充长期资金来源,优化银行资产结构和资金配置,更利于银行业的长期稳健发展。

参考文献

[1]EMF-ECBC. European Covered Bond Fact Book 2020, 2020.

[2]巴曙松,孙隆新,周沅帆. 全覆盖债券的国际经验及中国的现实选择 [M]. 北京:经济科学出版社, 2010.

[3]惠誉评级. 全覆盖债券评级吸收了新冠疫情第一波震动, 2020.

[4]李波.2020 年资产证券化发展报告 [J]. 债券, 2021(01): 65-70.

[5]刘少波,张霖. 金融创新中的信用增级及其定价问题——以资产证券化为例 [J]. 金融研

---

① 欧盟监管文件详见附件。

究，2006(03): 131–137.

　　［6］吕世蕴. 规范信贷资产流转盘活存量的思考 [J]. 清华金融评论，2016(6): 76–78.

　　［7］王开国. 关于中国推行资产证券化问题的思考 [J]. 经济研究，1999(06): 29–36.

　　［8］吴方伟，蔡国喜. 我国发展住房抵押贷款证券化的模式选择 [J]. 中国金融，2004(20): 26–28.

　　［9］徐良堆. 债券中央登记托管体制及中央结算公司的实践 [J]. 债券，2022(9): 30–33.

　　［10］宗军，吴方伟. 我国资产支持证券的特征及其发展建议 [J]. 中国金融，2006(2): 18–20.

附件

《关于发行全覆盖债券及全覆盖债券社会监管及
修订 2009/65/EC 及 2014/59/EU 号指令》①

欧洲议会和欧洲联盟理事会，

关于《欧洲联盟运作条约》，特别是其中的第 114 条，考虑到欧洲委员会的提议，

在立法法案草案转交各国议会后，

考虑到欧洲经济和社会委员会的意见，

按照普通立法程序行事。

鉴于：

（1）欧洲议会和理事会 2009/65/EC 号指令第 52（4）条规定了与全覆盖债券结构要素相关的非常普遍的要求。这些要求仅限于需要由成员国内设有注册办事处的信贷机构发行的全覆盖

---

　　① 2019 年 11 月 27 日欧洲议会和理事会 2019/2162 号指令（EU），本附件节选自与欧洲经济区相关的文本。

债券，并且需要接受特殊的社会监管和双重追索机制。国家全覆盖债券框架解决了这些问题，同时对其进行了更详细的监管。这些国家框架还包含其他结构性规定，特别是有关覆盖资产池组成、资产资格标准、集合资产的可能性、透明度和报告义务以及流动性风险缓释的规则。成员国的监管方法在本质上也有所不同。一些成员国，没有专门的国家全覆盖债券框架。因此，欧盟法律尚未规定在欧盟发行的全覆盖债券应遵守的关键结构要素。

（2）欧洲议会和理事会第575/2013号条例（EU）第129条为2009/65/EC号指令第52（4）条中提及的获得优惠待遇进一步增加了关于资本要求的条件，允许信贷机构投资于全覆盖债券持有的资本少于投资其他资产时的资本。虽然这些额外要求提高了欧盟内部全覆盖债券的协调程度，但它们服务于设立满足条件以使全覆盖债券投资者获得此类优惠待遇的特定目的，并且不适用于第575/2013号条例（EU）监管框架之外。

（3）其他欧盟法律行为，例如委员会授权的2015/35号条例（EU）和2015/61号条例（EU）以及欧洲议会和理事会的指令2014/59/EU号指令，也参考2009/65/EC号指令中规定的定义，作为识别根据这些法案为全覆盖债券投资者提供优惠待遇的全覆盖债券的参考。然而，这些法案的措辞因其目的和标的物而异，因此"全覆盖债券"一词的使用并不一致。

（4）总体而言，就投资全覆盖债券的条件而言，可以认为对全覆盖债券的处理是统一的。然而，在整个欧盟范围内，关于全覆盖债券发行的条件缺乏统一，这会产生多种后果。首先，对性质、风险水平和投资者保护不同的工具给予同等的优惠待遇。其次，国家框架之间的差异或缺乏此类框架以及"全覆盖债券"一词缺乏公认的定义可能会阻碍真正一体化的全覆盖债券市场的发展。第三，国家规则提供的保障措施的差异可能会给金融稳定带来风险，因为可以在整个欧盟范围内购买具有不同投资者保护水平的全覆盖债券，并受益于第575/2013号条例和其他欧盟法律规定的优惠待遇。

（5）因此，基于某些最佳实践来协调国家框架的某些方面，应确保欧盟运作良好的全覆盖债券市场的平稳和持续发展，并限制金融稳定的潜在风险和脆弱性。这种基于原则的协调应该为欧盟所有全覆盖债券的发行建立一个共同的基线。协调要求所有成员国建立全覆盖债券框架，这也应促进那些没有全覆盖债券市场的成员国的发展。这样的市场将为信贷机构提供稳定的资金来源，在此基础上，信贷机构将更有能力为消费者和企业提供负担得起的抵押贷款，并为投资者提供替代的安全投资。

（6）在2012年12月20日关于信贷机构融资的建议中，欧洲系统性风险委员会（ESRB）邀请了国家主管部门和欧洲监管局（欧洲银行管理局）（EBA），根据欧洲议会和理事会第1093/2010号条例（EU），识别有关全覆盖债券的最佳做法并鼓励国家框架的协调。它还建议EBA协调国家主管部门采取的行动，特别是在覆盖资产池的质量和隔离、全覆盖债券的破产隔离、影响覆盖资产池的资产和负债风险以及披露覆盖资产池组成方面的行动。该建议进一步呼吁EBA参照EBA确定的最佳实践，在两年内监督全覆盖债券市场的运作，以评估立法行动的必要性，并相应地向ESRB和委员会报告。

（7）2013年12月，委员会根据第575/2013号条例（EU）第503（1）条要求EBA提供建议。

（8）在2014年7月1日随附的报告中，针对ESRB 2012年12月20日的建议和委员会2013年12月的咨询请求，EBA建议将国家法律、监管和监督全覆盖债券的框架进一步融合，以进一步支持对欧盟全覆盖债券实行单一的优惠风险权重待遇。

（9）正如ESRB所设想的那样，EBA参考该建议中规定的最佳实践，对全覆盖债券市场的运作进行了两年的监督。基于该监督，EBA于2016年12月20日向ESRB、欧洲理事会和委员会提交了关于全覆盖债券的第二意见和报告。该报告得出结论，有必要进一步协调，以确保欧盟全覆盖债券的定义和监管方式更加一致。报告进一步得出结论，协调应建立在一些成员国现有运作良好的市场之上。

（10）全覆盖债券传统上由信贷机构发行。全覆盖债券的内在目的是为贷款提供资金，而信贷机构的核心活动之一就是大规模发放贷款。因此，为了使全覆盖债券享受欧盟法律规定的优惠待遇，它们必须由信贷机构发行。

（11）保留由信贷机构发行全覆盖债券可确保发行人具备必要的知识来管理与覆盖资产池中贷款相关的信用风险。它进一步确保发行人遵守在双重追索机制下保护投资者的资本要求，该机制授予投资者以及衍生品合约的对手方对全覆盖债券发行人和覆盖资产有索赔权。因此，由信贷机构发行全覆盖债券可确保全覆盖债券仍然是一种安全有效的融资工具，从而有助于保护投资者和金融稳定，这是符合普遍利益的重要公共政策目标。这也符合在运作良好的国家市场仅允许信贷机构发行全覆盖债券的做法。

（12）因此，根据欧盟法律仅允许符合第 575/2013 号条例（EU）第 4（1）条定义的信贷机构发行全覆盖债券是适当的。专业抵押信贷机构的特点是它们不吸收存款，而是从公众那里吸收其他应偿还的资金，因此它们属于第 575/2013 号条例（EU）中规定的"信贷机构"定义。在不影响适用的国家法律允许的辅助活动的情况下，专业抵押信贷机构是仅提供抵押贷款和公用部门贷款的机构，包括从其他信贷机构购买的融资贷款。本指令的主要目的是通过规定信贷机构的产品要求和建立特定的产品监管来规范信贷机构发行全覆盖债券作为融资工具的条件，以确保高水平的投资者保护。

（13）双重追索机制的存在是许多现有国家全覆盖债券框架的基本概念和要素。这也是 2009/65/EC 号指令第 52（4）条中提到的全覆盖债券的核心特征。因此，有必要明确这一概念，以确保欧盟境内衍生品合约的投资者和交易对手在统一条件下对全覆盖债券发行人和覆盖资产均享有索赔权。

（14）破产隔离也应该是全覆盖债券的一个基本特征，以确保全覆盖债券投资者在债券到期时得到偿还。因破产或发行人决议而自动加速还款可能会扰乱全覆盖债券投资者的排名。因此，即使在破产或决议的情况下，确保全覆盖债券投资者按照合同时间表得到偿还非常重要。破产隔离与双重追索机制直接相关，因此也应成为全覆盖债券框架的核心特征。

（15）现有国家全覆盖债券框架的另一个核心特征是要求覆盖资产质量非常高，以确保覆盖资产池的稳健性。覆盖资产的特点是与付款要求和担保此类覆盖资产的抵押资产有关的具体特征。因此，列出合格覆盖资产的一般质量特征是适当的。

（16）第575/2013号条例（EU）第129（1）条中列出的资产应是全覆盖债券框架内的合格覆盖资产。不再符合该条例第129（1）条规定要求的覆盖资产，只要满足本指令第6（1）条的要求，它们应继续是合格的覆盖资产。其他类似高质量的覆盖资产也可以符合本指令的要求，前提是此类覆盖资产符合本指令的要求，包括与保障付款要求的抵押资产有关的资产。对于实物抵押资产，所有权应记录在公共登记处中以确保可执行性。如果不存在公共登记处，成员国应该可以提供一种替代形式的所有权和债权证明，与担保实物资产的公共登记所提供的证明形式类似。如果成员国使用这种替代形式的认证，它们还应规定对所有权和索赔记录进行更改的程序。信贷机构的风险敞口应符合本指令第6（1）条（a）、（b）项的覆盖资产，具体取决于它们是否符合第575/2013号条例（EU）第129条的要求。保险企业的风险敞口也应符合本指令第6（1）条（b）项的合格覆盖资产。委员会2006/111/EC号指令第2条（b）项中定义的公用事业贷款或担保可以是合格的覆盖资产，前提是公用事业为维持关键社会活动提供必要的公共服务。

此外，此类公用事业应在公共当局的特许或授权下提供服务，接受社会监管并具有足够的创收能力以确保其可解决性。如果成员国决定在其国家框架内允许公用事业以贷款或担保的形式提供资产，则应适当考虑允许此类资产带来的竞争影响。信贷机构和保险企业与其所有权无关，不应被视为公用事业。此外，成员国应该可以自由地在其国家框架中规定某些资产不符合纳入覆盖资产池的资格。为使全覆盖债券投资者能够更好地评估全覆盖债券计划的风险，成员国还应规定风险分散的规则，如粒度和材料集中度、覆盖资产池中的贷款或敞口数量以及交易对手的数量。成员国应该能够决定其国家法律要求的粒度和材料浓度的适当水平。

（17）全覆盖债券具有旨在始终保护投资者的特定结构特征。这些特点包括要求全覆盖债券的投资者不仅对发行人而且对覆盖资产池中的资产拥有索偿权。这些结构性的产品相关要求不同于适用于发行全覆盖债券的信贷机构的审慎要求。前者不应着眼于确保发行机构的审慎健康，而应通过对全覆盖债券本身施加特定要求来保护投资者。除了对使用优质覆盖资产的具体要求外，还应针对覆盖资产池的特点作出一般性要求，以进一步加强投资者保护。这些要求应包括旨在保护覆盖资产池的具体规则，例如关于覆盖资产隔离的规则。隔离可以通过不同的方式实现，例如在资产负债表上，通过 SPV 或其他方式。然而，隔离覆盖资产的目的是使它们在法律上超出全覆盖债券投资者以外的债权人的控制范围。

（18）还应规范抵押资产的所在地，以确保投资者权利的执行。成员国制定覆盖资产池的组成规则也很重要。此外，本指令应规定覆盖要求，但不影响成员国允许采用不同方式降低风险的权利，例如与货币和利率有关的风险。还应定义覆盖范围的计算以及衍生品合约可以包含在覆盖资产池中的条件，以确保覆盖资产池符合整个欧盟的共同高质量标准。覆盖本金范围的计算应遵循名义本金。成员国应该能够使用名义本金以外的计算方法，前提是另一种方法更为谨慎，即不会导致更高的覆盖率，其中覆盖资产是分子，全覆盖债券负债是分母。成员国应该能够要求位于相关成员国的信贷机构发行的全覆盖债券的超额抵押水平高于本指令规定的覆盖要求。

（19）一些成员国已经要求覆盖资产池监督员执行有关合格资产质量的具体任务，并确保符合国家覆盖要求。因此，为了统一整个联盟对全覆盖债券的处理，必须明确界定覆盖资产池监督员的任务和职责，这是国家框架所要求的。覆盖资产池监督员的存在并不能免除国家主管部门在全覆盖债券社会监管方面的责任，特别是在遵守转换本指令的国家法律条款中规定的要求方面。

（20）第 575/2013 号条例（EU）第 129 条规定了由证券化实体抵押的全覆盖债券必须满足的若干条件。其中一个条件涉及可以使用该类型覆盖资产的程度，并将此类结构的使用限制为未偿还全覆盖债券金额的 10%。根据第 575/2013 号条例（EU），主管部门可以免除该条件。委员会对该豁免的适当性的审查得出结论，使用证券化工具或全覆盖债券作为发行全覆盖债券的覆盖资产的可能应只允许在其他全覆盖债券上（"集团内部集合全覆盖债券结构"），并且应该允许无限制地参考未偿全覆盖债券的金额。为保证最佳透明度，外部发行的全覆盖债券的覆盖资产池不应包含同一集团内不同信贷机构的内部发行的全覆盖债券。此外，由于使用集团内部集合全覆盖债券结构可以免除第 575/2013 号条例第 129 条规定的信贷机构风险敞口的限制，因此内部和外部发行的全覆盖债券应在发行时符合信用质量第 1 步，或在信用质量随后发生变化并经主管部门批准后的信用质量第 2 步。如果内部或外部发行的全覆盖债券不再满足该要求，内部发行的全覆盖债券不再符合第 575/2013 号条例（EU）第 129 条的合格资产，随后，相关覆盖资产池中的外部发行的全覆盖债券无法享受该条例第 129 条（1b）款的豁免。

如果内部发行的全覆盖债券不再符合相关的信用质量步骤要求，它们应该符合出于本指令目的的覆盖资产，前提是它们符合本指令规定的所有要求，并且外部发行并由内部发行的全覆盖债券或符合本指令的其他资产抵押的全覆盖债券也应能够使用"欧洲全覆盖债券"标签。成员国应有权选择允许使用此类结构。因此，为了使属于不同成员国的集团的信贷机构有效地使用该选择权，所有相关成员国都应行使该选择权并将相关条款纳入其法律。

（21）小型信贷机构在发行全覆盖债券时面临困难，因为设立全覆盖债券计划往往需要高昂的前期成本。流动性在全覆盖债券市场中也尤为重要，并且在很大程度上取决于未偿债券的金额。因此，允许两个或更多信贷机构联合融资是适当的，以便允许较小的信贷机构发行全覆盖债券。这将规定由几个信贷机构汇集覆盖资产作为单一信贷机构发行的全覆盖债券的覆盖资产，并有助于在目前没有发达的全覆盖债券市场的成员国发行全覆盖债券。使用联合出资协议的要求应确保覆盖资产出售，或在成员国允许该选择的情况下，根据欧洲议会和理事会 2002/47/EC 号指令以金融抵押安排方式转让给发行信贷机构，以满足欧盟法律规定的覆盖资产的资格和隔离要求。

（22）为全覆盖债券提供担保的覆盖资产池的透明度是此类金融工具的重要组成部分，因为它增强了可比性并允许投资者进行必要的风险评估。欧盟法律包括，在证券向公众发售或获准在成员国境内的受监管市场上交易时，拟公布的招股说明书的起草、批准和分发规则。随着时间的推移，国家立法者和市场参与者已经制定了一些关于向全覆盖债券投资者披露信息的举措，以补充此类联盟法律。然而，有必要在欧盟法律中规定投资者在购买全覆盖债券之前或之时应获得的最低水平的通用信息。应允许成员国以附加条款补充这些最低要求。

（23）确保全覆盖债券投资者受到保护的一个核心要素是降低该工具的流动性风险。这对于确保及时偿还附属于全覆盖债券的负债至关重要。因此，应引入覆盖资产池流动性缓冲，以应对流动性短缺的风险，例如期限和利率错配、支付中断、混合风险、衍生工具合同附带的支付义务以及由于全覆盖债券计划到期的其他运营负债。信贷机构可能会遇到难以遵守覆盖资产池流动性缓冲要求的情况，例如在压力时期，缓冲用于支付流出。根据本指令指定的主管部门应监督覆盖资产池流动性缓冲要求的遵守情况，并在必要时采取措施确保信贷机构遵守缓冲要求。覆盖资产池的流动性缓冲不同于根据其他欧盟法律对信贷机构施加的一般流动性要求，因为前者与覆盖资产池直接相关，并寻求减轻其特有的流动性风险。为了最小化监管负担，成员国应能够允许与其他欧盟法律规定的流动性要求进行适当的互动，这些要求的目的不同于覆盖资产池流动性缓冲。因此，成员国应当能够决定，在这些联盟法律修订之日之前，覆盖资产池流动性缓冲要求仅在以下情况下适用：在欧盟法律涵盖的期间内没有对信贷机构施加其他流动性要求的情况下。

此类决定应避免使信贷机构承担使用不同流动资产在同一时期覆盖相同流出的义务。成员国决定不适用覆盖资产池流动性缓冲的可能性应根据欧盟法律对信贷机构流动性要求的未来变化进行重新评估，包括根据第575/2013号条例（EU）第460条采用的适用授权条例。流动性风险可以通过提供流动性资产以外的方式来解决，例如通过发行有可延长期限结构的全覆盖债券，触发因素解决流动性短缺或压力。在这种情况下，成员国应该能够允许基于全覆盖债券的最终到期日计算流动性缓冲，同时考虑到可能的到期延期，其中触发因素涉及流动性风险。此外，成员国应该能够允许覆盖资产池流动性要求不适用于受匹配资金要求约束的全覆盖债券，其中收入按合同规定在支出前到期，同时被置于高流动性资产中。

（24）一些成员国已经开发了创新的期限结构，以解决潜在的流动性风险，包括期限错配。这些结构包括有可能将全覆盖债券的预定期限延长一段时间或允许覆盖资产的现金流直接传递给全覆盖债券投资者。为了在整个联盟中协调可延长期限结构，重要的是要建立成员国能够允许这些结构的条件，以确保它们不会太复杂并且不会使投资者面临更大的风险。这些条件的一个重要因素是确保信贷机构不能自行决定延长期限。只有在国家法律规定的客观和明确定义的触发事件已经发生或预计将在不久的将来发生时，才应允许延长期限。此类触发应旨在防止违约，例如通过解决流动性短缺、市场失灵或市场干扰。延期还可以促进发行全覆盖债券的信贷机构有序清盘，允许在破产或决议的情况下延期以避免资产抛售。

（25）根据 2009/65/EC 号指令第 52（4）条，特殊社会监管框架的存在是定义全覆盖债券的一个要素。但是，该指令并未具体说明此类监管的性质和内容，或应负责执行此类监管的机构。因此，必须协调此类全覆盖债券社会监管的构成要素，并明确规定执行此类监管的国家主管部门的任务和职责。

（26）由于全覆盖债券社会监管不同于欧盟对信贷机构的监管，成员国应能够指定国家主管部门进行全覆盖债券社会监管，这应与对信贷机构进行一般监管的主管部门不同。但是，为了确保整个欧盟范围内全覆盖债券社会监管应用的一致性，有必要要求进行全覆盖债券社会监管的主管部门与负责信贷机构一般监督的主管部门以及决议的相关部门密切合作，在适用的情况下。

（27）全覆盖债券社会监管应包括授予信贷机构发行全覆盖债券的许可。由于只允许信贷机构发行全覆盖债券，授权作为信贷机构应是获得该许可的先决条件。鉴于在参与单一监管机制的成员国中，欧洲中央银行的任务是根据理事会第 1024/2013 号条例（EU）第 4（1）条（a）项对信贷机构进行授权，只有根据本指令指定的当局才有权批准发行全覆盖债券和行使全覆盖债券社会监管。相应地，本指令应规定根据欧盟法律授权的信贷机构可以获得从事发行全覆盖债券活动的许可的条件。

（28）许可范围应与全覆盖债券计划相关。该计划应受到本指令的监督。一家信贷机构可以拥有多个全覆盖债券计划。在这种情况下，每个计划都需要单独的许可。全覆盖债券计划可以包括一个或多个覆盖资产池。同一全覆盖债券计划下的多个覆盖资产池或不同的发行（不同的国际证券识别码〈ISIN 码〉）并不一定表明存在多个独立的全覆盖债券计划。

（29）一旦转换本指令的国家法律条款变得适用，现有的全覆盖债券计划不应被要求获得新的许可。但是，对于在转换本指令的国家法律条款适用之日后，根据现有全覆盖债券计划发行的全覆盖债券，信贷机构应遵守本指令规定的所有要求。这种合规性应由本指令指定的主管部门监督，作为全覆盖债券社会监管的一部分。成员国可以根据转换本指令的国家法律条款生效之日后，在程序上进行合规评估的指导。主管部门应能够审查全覆盖债券计划并评估更改该计划许可的必要性。这种改变的需要可能是由于发行全覆盖债券的信贷机构的业务模式发生了重大变化，例如在国家全覆盖债券框架改变或信贷机构决定改变之后。如果此类变化需要重新评估授予发行全覆盖债券的条件，则此类变化可被视为重大变化。

（30）如果成员国规定任命特别管理人，它应该能够就此类特别管理人的能力和操作要求制定规则。这些规则可以排除特别管理人向消费者和散户投资者收取存款或其他应偿还资金的可能性，但允许只向专业投资者收取存款或其他应偿还资金。

（31）为确保发行全覆盖债券的信贷机构遵守规定的义务，并确保整个联盟的类似待遇和合规性，应要求成员国提供有效、相称、劝阻的行政处罚和其他行政措施。成员国还应该能够规定刑事处罚而不是行政处罚。选择规定刑事处罚的成员国应向委员会通报相关刑法规定。

（32）成员国规定的行政处罚和其他行政措施应满足与这些处罚或措施的对象有关的特定基本要求：实施时应考虑的标准、履行全覆盖债券的社会监管的主管部门的公示义务、实施处罚的权利以及可实施的行政处罚水平。作出行政处罚决定或者其他行政措施的决定前，应当给予当事人陈述意见的机会。但是，成员国应该能够规定在行政处罚之外的行政措施方面听取意见的权利除外。任何此类例外都应仅限于迫在眉睫的危险情况，在这种情况下，必须采取紧急行动，以防止第三方（如全覆盖债券投资者）遭受重大损失，或防止或补救对金融体系的重大损害。在这种情况下，应在措施实施后给予收件人发表意见的机会。

（33）应当要求成员国在确定行政处罚或其他行政措施的类型以及水平时，确保执行全覆盖债券社会监管的主管部门考虑所有相关情况，以确保在整个联盟范围内适用一致的行政处罚或其他行政措施。成员国可以在可延长期限结构下纳入与延长期限有关的行政措施。在成员国规定此类措施的情况下，这些措施可使主管部门使到期延期无效，并可以规定此类措施无效的条件，以解决信贷机构违反国家法律规定的客观触发条件延长期限的情况，或为了确保金融稳定和投资者保护。

（34）为发现潜在的违反发行和销售全覆盖债券要求的行为，负责全覆盖债券社会监管的主管部门应具有必要的调查权力和有效机制，以鼓励报告潜在或实际的违规行为。这些机制不应损害因行使这些权力和机制而受到不利影响的任何个人或实体的辩护权。

（35）执行全覆盖债券社会监管的主管部门还应有权实施行政处罚和采取其他行政措施，以确保在违约后最大可能的行动范围并帮助防止进一步的违约行为，无论这些措施是否符合国家法律规定的行政处罚或其他行政措施的资格。成员国应能够规定除本指令规定的处罚之外的处罚。

（36）现行国家对全覆盖债券的法律特点是，它们受国家层面的详细监管和全覆盖债券计划的监督，以确保全覆盖债券投资者的权利始终得到维护。这种监督包括对项目特点、覆盖要求和覆盖资产池质量的持续监测。充分了解有关全覆盖债券发行监管框架下的投资者信息是保护投资者的一个基本要素。因此，应确保主管部门定期发布有关转换本指令的国家法律条款以及他们执行全覆盖债券社会监管方式的信息。

（37）全覆盖债券目前在欧盟以本国面额和标签进行销售，其中一些已经很成熟，而另一些则没有。因此，允许在欧盟发行全覆盖债券的信贷机构在向联盟和第三国投资者出售全覆盖债券时使用特定标签"欧洲全覆盖债券"似乎是合适的，条件是这些全覆盖债券符合要求本指令中的规定。如果此类全覆盖债券也符合第575/2013号条例（EU）第129条规定的要求，则应允许信贷机构使用"欧洲全覆盖债券（高级）"标签。该标签表明已满足特定的附加要求，从而提高了和充分了解了质量，即使在拥有完善国家标签的成员国中也可能具有吸引力。"欧洲全覆盖债券"和"欧洲全覆盖债券（高级）"标签的目的是让投资者更容易评估全覆盖债券的质量，从而使它们作为境内外的投资工具更具吸引力。然而，这两个标签的使用应该是自愿的，成员国应该能够在这两个标签的同时维护自己的本国面额和标签框架。

（38）为了评估该指令的应用，委员会应与EBA密切合作，监督欧盟内全覆盖债券的发展，并向欧洲议会和理事会报告投资者保护水平和全覆盖债券市场发展情况。报告还应重点关注作为全覆盖债券抵押资产的发展情况。随着可延长期限结构的使用越来越多，委员会还应向欧洲议会和理事会报告具有可延长期限结构的全覆盖债券的运作情况以及发行此类全覆盖债券的风险和收益。

（39）市场参与者和其他人提出了一类名为欧洲担保票据（ESN）的新金融工具，用于银行为实体经济融资，其覆盖资产的风险高于公用贷款和抵押贷款的风险敞口，并且不符合本指令所述覆盖资产的资格。委员会于 2017 年 10 月 3 日咨询了 EBA，以评估 ESN 可以在多大程度上使用 EBA 定义的传统全覆盖债券的最佳实践、ESN 的适当风险处理以及 ESN 发行对银行资产负债表负担水平的可能影响。作为回应，EBA 于 2018 年 7 月 24 日发布了一份报告。与 EBA 的报告同时，委员会于 2018 年 10 月 12 日发布了一项研究。委员会研究和 EBA 报告得出结论，需要进一步评估，例如，监管处理方式。因此，委员会应继续评估 ESN 的立法框架是否合适，并向欧洲议会和理事会提交一份关于其调查结果的报告，并在适当的情况下提交立法提案。

（40）欧盟目前没有承认第三国信贷机构发行的全覆盖债券的等效制度，除非在审慎的情况下，某些第三国债券在某些条件下获得流动性优惠待遇。因此，委员会应与 EBA 密切合作，评估为第三国全覆盖债券发行人和投资者引入等效制度的必要性和相关性。欧盟委员会应在成员国适用转换本指令的国家法律条款之日起两年内，向欧洲议会和理事会提交一份报告，并在适当时连同立法提案。

（41）全覆盖债券的特点是预定到期日为数年。因此，有必要包括过渡措施，以确保 2022 年 7 月 8 日之前发行的全覆盖债券不受影响。因此，在该日期之前发行的全覆盖债券应继续遵守 2009/65/EC 号指令第 52（4）条规定的要求，并应不受本指令规定的大多数新要求的约束。此类全覆盖债券应能够继续被称为全覆盖债券，前提是它们符合 2009/65/EC 号指令第 52(4)条的规定，适用于其发行之日，并符合适用于它们的本指令的要求，并接受根据本指令指定的主管部门的监督。此类监管不应扩展到本指令的要求，此类全覆盖债券可免除这些要求。在一些成员国，ISIN

的开放时间更长，允许根据该代码续发行全覆盖债券，目的是增加全覆盖债券的规模（续发行）。过渡措施应涵盖在 2022 年 7 月 8 日之前开放的 ISIN 码下的全覆盖债券的续发行，但受到一些限制。

（42）作为为全覆盖债券制定统一框架的结果，应修改 2009/65/EC 号指令第 52（4）条中对全覆盖债券的描述。2014/59/EU 号指令参考 2009/65/EC 号指令第 52（4）条定义了全覆盖债券。由于应修改该定义，因此也应修改 2014/59/EU 号指令。此外，为避免影响在 2022 年 7 月 8 日之前根据 2009/65/EC 号指令第 52（4）条发行的全覆盖债券，这些全覆盖债券在到期前应继续称为全覆盖债券。因此，应相应修改 2009/65/EC 和 2014/59/EU 号指令。

（43）根据成员国和委员会 2011 年 9 月 28 日关于解释性文件的联合政治声明，成员国承诺在合理的情况下，在通知转换措施时随附一份或多份解释性文件，说明本指令的组成部分与国家转换文书的相应部分之间的关系。关于本指令，立法者认为传送此类文件是合理的。

（44）由于本指令的目标是为全覆盖债券建立一个共同框架，以确保整个联盟的全覆盖债券的结构特征符合为联盟优惠待遇辩护的较低风险状况，成员国无法充分实现，但可以更准确地说，出于进一步发展全覆盖债券市场并支持欧盟内跨境投资的需要，在联盟层面更好地实现，联盟可以根据《欧洲联盟条约》第 5 条规定的辅助性原则采取措施。根据该条规定的相称性原则，本指令不会超出实现该目标所必需的范围。

（45）欧洲中央银行被咨询并于 2018 年 8 月 22 日发表意见。

（46）根据欧洲议会和理事会第 45/2001 号条例（EC）第 28（2）条咨询了欧洲数据保护监督员的意见，并于 2018 年 10 月 12 日发表意见。

（47）发行全覆盖债券的信贷机构处理大量个人数据。此类处理应始终遵守欧洲议会和理事会 2016/679 号条例（EU）。同样，EBA 在按照本指令的要求处理个人数据时，应按照欧洲议会和理事会 2018/1725 号条例开展维护中央数据库，其包含国家主管部门向其传达的行政处罚和其他措施。

第 I 篇
主题、范围和定义
第一条

主题

本指令规定了以下投资者保护规则：

（1）发行全覆盖债券的要求；

（2）全覆盖债券的结构特征；

（3）全覆盖债券社会监管；

（4）与全覆盖债券相关的发行要求。

第二条

范围

本指令适用于欧盟内设立的信贷机构发行的全覆盖债券。

第三条

定义

就本指令而言，以下定义适用：

（1）"全覆盖债券"是指由信贷机构根据转换本指令强制性要求的国家法律的规定发行的债务义务，其由覆盖资产作抵押，且全覆盖债券投资者作为优先债权人有直接求索权；

（2）"全覆盖债券计划"是指全覆盖债券发行的结构特征根据法定规则和合同条款和条件确定，并且与发行全覆盖债券的信贷机构的许可相符；

（3）"覆盖资产池"是指为全覆盖债券所附支付义务提供担保的一组明确定义的资产，其要与发行全覆盖债券的信贷机构所持有的其他资产隔离；

（4）"覆盖资产"是指纳入覆盖资产池的资产；

（5）"抵押资产"是指实物资产，以及其他以风险敞口形式担保覆盖资产的资产；

（6）"隔离"是指发行全覆盖债券的信贷机构为识别覆盖资产并将其合法置于除全覆盖债券投资者和衍生品合约交易对手以外的债权人范围之外的行为；

（7）"信贷机构"是指第 575/2013 号条例（EU）第 4（1）条定义的信贷机构；

（8）"专业抵押贷款信贷机构"是指完全或主要通过发行全覆盖债券为贷款提供资金的信贷机构，法律只允许其开展抵押贷款和公共部门贷款，不允许其吸收存款，但可以从公众那里收取其他应偿还的资金；

（9）"自动加速"是指全覆盖债券在发行人无力偿债或决议后自动变成立即到期和偿还的情形，并且全覆盖债券投资者在原始到期日之前有可强制执行的偿付请求权；

（10）"市场价值"是指，就不动产而言，根据第 575/2013 号条例（EU）第 4（1）条第（76）项定义的市场价值；

（11）"抵押贷款价值"是指，就不动产而言，根据第 575/2013 号条例（EU）第 4（1）条第（74）项定义的抵押贷款价值；

（12）"主要资产"是指决定覆盖资产池性质的主要覆盖资产；

（13）"替代资产"是指除主要资产以外的，有助于覆盖要求的覆盖资产；

（14）"超额抵押"是指超过第 15 条规定的覆盖要求的全部法定、合同或自愿水平的抵押品；

（15）"匹配资金要求"是指要求负债和资产之间到期现金流量匹配的规则，通过在合同条款和条件中确保借款人和衍生品合约交易对手的付款在支付给全覆盖债券投资者和衍生品交易对手之前到期，收到的金额至少与支付给全覆盖债券投资者和衍生品合约的交易对手的金额相匹配，并且从借款人和衍生品合约的交易对手收到的金额包括在根据第 16（3）条的覆盖资产池，直至支付给全覆盖债券投资者和衍生品合约的交易对手；

（16）"流动性净流出"是指在某一天到期的所有付款流出，包括本金和利息以及全覆盖债券计划中衍生品合约项下的付款，扣除与该项目相关的覆盖资产债权在同一天到期的所有付款流入；

（17）"可延长期限结构"是指一种机制，它规定在发生特定触发事件时，可以将全覆盖债券的预定期限延长一段预定的时间；

（18）"全覆盖债券社会监管"是指对全覆盖债券计划的监督，以确保遵守和执行适用于全覆盖债券发行的要求；

（19）"特别管理人"是指，在根据全覆盖债券计划发行全覆盖债券的信贷机构破产或根据 2014/59/EU 号指令第 32（1）条确定该信贷机构破产或可能破产时，或是在特殊情况下，当相关主管部门确定该信贷机构的正常运作存在严重风险时，被任命管理该全覆盖债券计划的个人或实体；

（20）"决议"是根据 2014/59/EU 号指令第 2（1）条第（1）项中定义的决议；

（21）"组"是根据第 575/2013 号条例（EU）第 4（1）条第（138）项中定义的组；

（22）"公用事业"是指委员会 2006/111/EC 号指令第 2 条（b）项中定义的公用事业。

第 II 篇
全覆盖债券的结构特征
第 1 章
双重追索与破产隔离
第四条

双重追索权

1. 成员国应制定规则，赋予全覆盖债券投资者和衍生品合约交易对手遵守第 11 条对下列索赔的权力：

（a）向发行全覆盖债券的信贷机构提出索赔；

（b）在发行全覆盖债券的信贷机构破产或决议的情况下，对覆盖资产池中本金和任何应计及未来利息有优先索赔权；

（c）在发行全覆盖债券的信贷机构破产的情形下，以及（b）中所提及优先索赔权无法满足的情形下，对该信贷机构的破产财产提出索赔，偿付顺序与该国国家法律规定的正常破产程序中该信贷机构的普通无担保债权人相同。

2. 第 1 段所述的追索权应限于全覆盖债券的全部付款义务。

3. 就本条第 1 款（c）项而言，在专业抵押贷款信贷机构破产的情形下，成员国可以制定规则，授予全覆盖债券投资者和（遵守第 11 条的）衍生品交易对手方优先于该国国家法律规定的正常破产程序中该专业抵押贷款信贷机构的普通无担保债权人的索赔权，但是劣后于任何其他的首选债权人。

第五条

全覆盖债券的破产隔离

成员国应确保全覆盖债券所附支付义务不会因发行全覆盖债券的信贷机构破产或决议而自

动加速。

第 2 章

覆盖资产池和覆盖要求

第 1 节

合格资产

第六条

合格覆盖资产

1. 成员国应要求全覆盖债券始终由满足以下条件的资产担保：

（a）符合第 575/2013 号条例（EU）第 129（1）条规定的资产，且发行全覆盖债券的信贷机构符合该条例第 129 条第 1a 至第 3 款的规定；

（b）高质量覆盖资产，其确保发行全覆盖债券的信贷机构有第 2 款所述追索权，且抵押资产由第 3 款所述抵押资产担保；

（c）贷款或以公用事业担保的资产，须符合本条第 4 款。

2. 第 1 款（b）项所述付款要求应符合以下法律要求：

（a）该资产有一个始终可确定的最低支付金额，且是在法律上有效、可执行的，该款项不受除索赔在未来日期到期的条件之外的其他条件的约束，并且由抵押、押记、留置权或其他担保担保；

（b）抵押、押记、留置权或其他确保支付索赔的担保是可执行的；

（c）建立抵押、押记、留置权担保的所有法律要求均已满足；

（d）抵押、押记、留置权担保保证了债权偿付，使发行全覆盖债券的信贷机构能够在不无故拖延的情况下收回债权价值。

成员国应要求发行全覆盖债券的信贷机构在将覆盖资产纳入覆盖资产池之前评估其偿付债

权的可执行性和变现能力。

本条第 1 款（b）项所称抵押资产应当符合下列条件之一：

（a）对于实物抵押资产，存在专家普遍接受且适用于相关实物抵押资产的估值标准，并且存在记录这些实物抵押资产所有权和债权的公共登记处；

（b）对于风险敞口形式的资产，风险敞口交易对手的安全性和稳健性体现在税收权力或对交易对手的运营稳健性和财务偿付能力的持续社会监管中。

本款（a）项所称实物抵押资产应有助于覆盖全覆盖债券所附负债，最高为与任何先前留置权合并的留置权本金金额和这些实物抵押资产价值的 70% 的较低者。在本款（a）项所述的用来担保第 1 款（a）项所述的全覆盖债券的实物抵押资产，不应要求遵守 70% 的限制，也不必受到第 575/2013 号条例（EU）第 129（1）条的限制。

如果为了本段第一小段（a）点的目的，不存在特定实物抵押资产的公共登记处，成员国可以提供一种替代形式的实物抵押资产所有权和债权证明，只要这种形式的证明提供的保护与公共登记处提供的保护相当，因为它允许感兴趣的第三方根据相关成员国的法律规定访问和获取有关实物抵押资产身份、所有权归属、抵押文件和归属以及安全利益的可执行性的信息。

就第 1 款（c）项而言，以公用事业贷款或公用事业担保为主要资产的全覆盖债券的超额抵押率最低为 10%，并符合以下所有条件：

公用事业以许可证、特许合同或其他公共当局授予的委托形式提供必要的公共服务；

公用事业受到社会监管；

公用事业有足够的创收能力，这由此类公用事业的事实保证，

（i）有足够的灵活性来收取和增加所提供服务的费用、收费和应收账款以确保其财务稳健性和可解决性；（ii）在法定基础上获得足够的赠款，以确保其财务健全和可解决性，作为提供基本公用服务的交换；或（iii）与公共当局签订损益转移协议。

5. 成员国应就为第 1 款（a）、（b）项所述的实物抵押资产制订估值方法和流程规则。这些

规则应至少确保以下内容：

（a）对于每个实物抵押资产，在将覆盖资产纳入覆盖资产池时存在等于或低于市场价值或抵押贷款价值的当前估值；

（b）估值由具有必要资格、能力和经验的估值师进行；以及

（c）该估值师独立于信用决策过程，在评估实物抵押资产价值时不考虑投机因素，并以透明、清晰的方式记录实物抵押资产的价值。

6. 成员国应要求发行全覆盖债券的信贷机构有程序来监测本条第 1 款（a）、（b）项所述提供担保的实物抵押资产是否充分保障，免于损害风险，并且保险理赔应按照第 12 条有所隔离。

7. 成员国应要求发行全覆盖债券的信贷机构留档记录第 1 款（a）（b）项所述的覆盖资产及其贷款政策是否符合转换本条的国家法律规定。

8. 成员国应制定规则，确保覆盖资产池中的风险分散与不符合第 1 段（a）点要求的资产粒度和材料集中度有关。

第七条

位于欧盟以外的抵押资产

1. 根据第 2 款，成员国可允许发行全覆盖债券的信贷机构将资产纳入覆盖资产池，这些资产由位于联盟以外的抵押资产担保。

2. 如果成员国允许包含第 1 款中所述资产，它们应要求信贷机构核实这些抵押资产是否符合第 6 条规定的所有要求，来确保投资者保护。成员国应确保这些抵押资产提供类似于欧盟内的抵押资产的安全级别，并应确保这些抵押资产的变现在法律上具有可执行性，其方式与实现与欧盟内的抵押资产等效。

第八条

集团内部集合全覆盖债券结构

成员国可制定关于使用集团内部集合覆盖债券结构的规则，根据该规则，属于一个集团（"内部发行的全覆盖债券"）的信贷机构发行的全覆盖债券被属于同一集团的另一家信贷机构（"外部发行的全覆盖债券"）用作外部发行全覆盖债券的覆盖资产。这些规则应至少包括以下要求：

（a）内部发行的全覆盖债券转售给外部发行的全覆盖债券的信贷机构；

（b）内部发行的全覆盖债券用作外部发行的全覆盖债券的覆盖资产池中的覆盖资产，并记录在外部发行的全覆盖债券的信贷机构的资产负债表上；

（c）外部发行的全覆盖债券覆盖资产池仅包含由集团内单一信贷机构发行的内部发行的全覆盖债券；

（d）外部发行的全覆盖债券的信贷机构打算将其出售给集团外的全覆盖债券投资者；

（e）内部和外部发行的全覆盖债券均符合第 575/2013 号条例（EU）PartThree，TitleII，Chapter2 中信用质量第 1 步的要求，并由本指令第 6 条所述合格覆盖资产担保；

（f）对于跨国集团内部集合全覆盖债券结构，内部发行的全覆盖债券的覆盖资产符合外部发行的全覆盖债券的合格性和覆盖要求。

出于本条（e）项而言，根据第 18（2）条指定的主管部门应当允许符合信用质量第 2 步的全覆盖债券在发生导致信用质量下降的变化后继续是一个集团内集合全覆盖债券结构的一部分，前提是这些主管部门得出结论，信用质量步骤的变化并不是由于违反国家法律转换第 19（2）条规定的许可要求。根据第 18（2）条指定的主管部门应随后将根据本款作出的任何决定通知 EBA。

第九条

联合出资

1. 成员应允许由信贷机构发起并由发行全覆盖债券的信贷机构购买的合格覆盖资产用作发行全覆盖债券的覆盖资产。

成员国应规范此类采购，以确保满足第 6 条和第 12 条规定的要求。

2. 成员国可在不损害本条第 1 款第二小段规定的情况下，根据 2002/47/EC 号指令允许通过金融抵押安排的方式进行转移。

3. 在不影响本条第 1 款第二小段规定的情况下，成员国还可以允许由非信贷机构的企业发起的资产用作覆盖资产。当成员国行使该选择权时，它们应要求发行全覆盖债券的信贷机构要么评估发起覆盖资产的企业的授信标准，要么自行对借款人的信誉进行全面评估。

第十条

覆盖资产池的组成

成员国应通过制定覆盖资产池的组成规则来确保投资者保护。相关规定应当，在适用情形下，设置将不同结构特征、期限或风险状况的主要资产纳入覆盖资产池的条件。

第十一条

覆盖资产池中的衍生品合约

1. 成员国应确保投资者保护，仅在至少满足以下要求的情况下才允许将衍生品合约纳入覆盖资产池：

（a）衍生品合约仅出于对冲风险的目的被纳入覆盖资产池，其数量在被对冲风险减少的情况下进行调整，并在被对冲风险不复存在时被移除；

（b）衍生品合约已充分记录；

（c）衍生品合约按照第 12 条进行隔离；

（d）衍生品合约不能因发行全覆盖债券的信贷机构破产或决议而终止；

（e）衍生品合约符合本条第 2 款的规定。

2. 为确保符合第 1 款所列要求，成员国应制定覆盖资产池中衍生品合约的规则。这些规则应明确：

（a）对冲交易对手的资格标准；

（b）提供与衍生品合约相关的必要文件。

第十二条

覆盖资产的隔离

1. 成员国应制定覆盖资产隔离的规则。这些规则应至少包括以下要求：

（a）所有覆盖资产均可始终由发行全覆盖债券的信贷机构识别；

（b）发行全覆盖债券的信贷机构对所有覆盖资产进行了具有法律约束力和可执行的隔离；

（c）在第 4（1）条第（b）项所述的优先求索权得到满足之前，所有覆盖资产均受到保护，不受任何第三方索赔的影响，并且没有覆盖资产属于发行全覆盖债券的信贷机构破产资产的一部分。

就第 1 款而言，覆盖资产应包括收到的与衍生品合约头寸有关的任何抵押品。

2. 第 1 款所称覆盖资产隔离，也适用于发行全覆盖债券的信贷机构发生破产或决议的情况。

第十三条

覆盖资产池监控

1. 成员国可要求发行全覆盖债券的信贷机构指定覆盖资产池监测员，根据第 6 至 12 条以及第 14 至 17 条的要求对覆盖资产池进行持续监测。

2. 成员国行使第 1 款规定的选项时，应至少对以下方面制定规则：

（a）覆盖资产池监测员的任命和解雇；

（b）覆盖资产池监测员的任何资格标准；

（c）覆盖资产池监测员的作用和职责，包括在发行全覆盖债券的信贷机构破产或决议的情况下；

（d）根据第 18（2）条的规定向指定的主管部门报告的义务；

（e）获得为履行覆盖资产池监测员职责所必需的信息的权利。

3. 成员国行使第 1 款规定的选择权时，覆盖资产池监测员应独立于发行全覆盖债券的信贷机构，且不为该信贷机构的审计师。

但是，成员国可以允许不与信贷机构分开的覆盖资产池监测员（"内部覆盖资产池监测员"），只要：

（a）内部覆盖资产池监测员独立于发行全覆盖债券的信贷机构的信贷决策过程；

（b）在不损害第 2 款第（a）项的情况下，成员国应确保，未经发行全覆盖债券的信贷机构的管理机构事先批准，不得将内部覆盖池监测员从该监管职能中解除；

（c）必要时，内部覆盖资产池监测员可直接访问管理机构启动监督功能。

4. 成员国行使第 1 款规定的选择权时，应通知 EBA。

第十四条

投资者信息

1. 成员国应确保发行全覆盖债券的信贷机构提供其所发行全覆盖债券计划的信息足够详尽，使投资者能够评估该方案的概况和风险，并开展尽职调查。

2. 就第 1 款而言，成员国应确保至少每季度向投资者提供披露报告，并包括以下最低限度的投资组合信息：

（a）覆盖资产池价值和待偿全覆盖债券的金额；

（b）该计划下所有债券的国际证券识别码（ISIN 码），一旦 ISIN 码被分配；

（c）覆盖资产的地域分布和类型、贷款规模和估值方法；

（d）与市场风险有关的详细信息，包括利率风险和货币风险，以及信用和流动性风险；

（e）覆盖资产和全覆盖债券的期限结构，包括到期延期触发的概述，如果适用；

（f）所需的和可用的覆盖范围，以及法定、合同和自愿超额抵押的水平；

（g）根据第 575/2013 号条例（EU）第 178 条规定，认定发生违约时以及任何情况下，贷款逾期 90 天以上的占比。

成员国应确保，对于第 8 条所述集团内集合全覆盖债券结构下外部发行的全覆盖债券，向投资者本款第一小段所述集团所有内部发行的全覆盖债券的信息或链接。成员国应确保至少在汇总的基础上向投资者提供该信息。

3.成员国应通过要求发行全覆盖债券的信贷机构在网站上根据第 1 款和第 2 款要求向投资者公布信息来确保投资者保护。成员国不应要求这些信贷机构以书面形式公布该信息。

第 II 节

覆盖范围和流动性要求

第十五条

覆盖要求

1.成员国应通过要求全覆盖债券计划始终至少遵守第 2 至 8 款规定的覆盖要求来确保投资者保护。

2.全覆盖债券的所有负债均由覆盖资产所附的偿付请求权覆盖。

3.第 2 款所述负债包括：

（a）支付未偿还全覆盖债券本金的义务；

（b）支付未偿还的全覆盖债券的任何利息的义务；

（c）根据第 11 条规定的衍生品合约所附的支付义务；

（d）与全覆盖债券发行计划结束的维护和管理相关的预期费用。

就本款（d）项而言，成员国可以允许一次性计费。

4.下列覆盖资产应被视为有助于覆盖要求：

（a）主要资产；

（b）替代资产；

（c）根据第 16 条持有的流动资产；

（d）根据第 11 条签订的衍生品合约所附付款索赔。

根据第 575/2013 号条例（EU）第 178 条所述违约发生时，无抵押索赔不利于覆盖。

5.就第 3 款（c）项和第 4 款（d）项而言，成员国应制定衍生品合约估值的规则。

6.要求覆盖率的计算应确保覆盖资产本金总额等于或超过待偿全覆盖债券的本金总额（"名义本金"）。

成员国可以允许其他计算原则，前提是它们不会导致比根据名义本金计算的更高的覆盖率。

成员国应制定关于待偿全覆盖债券应付利息和覆盖资产应收利息的计算规则，这些规则应反映按照适用会计准则的稳健审慎原则。

7.通过减损第 6 款第一小段的方式，成员国可以以反映健全审慎原则的方式并根据适用的会计准则，将覆盖资产未来应收利息扣除全覆盖债券未来应付利息的净额纳入考虑，以弥补全覆盖债券所附本金支付义务的任何不足，前提是不违反第 575/2013 号条例（EU）第 33（4）条通过的适用授权条例中定义的密切对应关系，且须符合下列条件：

（a）在覆盖资产存续期内收到的付款，以及相应全覆盖债券所附付款义务所必需的还款应按照第 12 条的要求做隔离，或按照第 6 条以覆盖资产的形式纳入覆盖资产池，直到支付到期。

（b）覆盖资产的预付款只能通过行使交付选择权的方式进行，如根据第 575/2013 号条例(EU)

第 33（4）条通过的适用授权条例所定义的，或者，在全覆盖债券含有按面值赎回选择权时，全覆盖债券可由发行全覆盖债券的信贷机构通过覆盖资产的借款人至少支付被赎回的全覆盖债券的面值的方式。

8. 成员国应确保覆盖资产和负债的计算是基于同一方法。成员国可以允许采用不同方法计算覆盖资产和负债，只要使用不同方法不会比使用同样方法带来更高的覆盖率。

第十六条

覆盖资产池流动性缓冲的要求

1. 成员国应通过要求覆盖资产池始终包括由流动资产组成的流动性缓冲来确保投资者保护，以支付全覆盖债券计划的净流动性流出。

2. 覆盖资产池流动性缓冲应涵盖未来 180 天内最大累计净流出量。

3. 成员国应确保本条第 1 款所述覆盖资产池流动性缓冲包括根据本指令第 12 条隔离的以下类型的资产：

（a）根据第 575/2013 号条例（EU）第 460 条通过的适用委托条例，符合 1 级、2A 级或 2B 级资格的资产，根据该适用委托条例进行估值，并且不由下列机构发行，包括发行全覆盖债券的信贷机构本身、其母公司、非信贷机构的公共部门实体、其子公司、其母公司的其他子公司、与信贷机构关系密切的证券化特殊目的实体；

（b）根据第 575/2013 号条例（EU）第 129（1）条（c）项，对符合信贷质量第 1、第 2 步的信贷机构，或信贷机构短期存款符合信贷质量第 1、第 2 或第 3 步的，开放短期风险敞口。

成员国可限制用于第一小段（a）和（b）项的流动资产类型。

成员国应确保根据第 575/2013 号条例（EU）第 178 条所述的有违约风险敞口的无抵押索赔不能用于覆盖资产池流动性缓冲。

4. 如果发行全覆盖债券的信贷机构受到其他联盟法律规定的流动性要求的约束，导致其与覆盖资产池流动性缓冲重叠，则成员国可以决定在欧盟法律规定的期限内不采纳将第1、2和3款转换的国家法律。成员国只能在消除重叠的那些联盟法律修正案适用之日之前行使该选择权，并应通知委员会和EBA他们行使该选择权的地点。

5.成员国可允许根据全覆盖债券的合同条款和条件，根据最终到期日计算可延长到期结构的本金。

6.成员国可规定第1款不适用于有匹配资金要求的全覆盖债券。

第十七条

可延长期限结构的条件

1.成员国可允许发行具有可延长期限结构的全覆盖债券，其中投资者保护至少通过以下措施得到保障：

（a）到期只能在国家法律规定的客观触发因素下展期，不能由发行全覆盖债券的信贷机构酌情决定；

（b）全覆盖债券的合同条款和条件中规定了到期延期的触发条件；

（c）向投资者提供的关于期限结构的信息足以使他们能够确定全覆盖债券的风险，并包括以下详细信息，（i）到期延期触发器，（ii）发行全覆盖债券的信贷机构破产或决议延期而产生的后果，（iii）根据第18（2）条指定的主管部门以及在相关情况下特别管理人在期限延长方面的职责；

（d）可确定的全覆盖债券的最终到期日；

（e）如果发生发行全覆盖债券的信贷机构破产或决议的情形，期限延长不影响全覆盖债券的投资者排名或颠倒全覆盖债券发行计划的原始到期时间表的顺序；

（f）延期不改变第4条所述双重追索权和第5条所述破产隔离的结构特征。

2.允许发行具有可延长到期结构的全覆盖债券的成员国应相应地通知EBA。

第Ⅲ篇

全覆盖债券社会监管

第十八条

全覆盖债券社会监管

1. 成员国应通过规定全覆盖债券的发行受到社会监管来确保投资者保护。

2. 就第 1 款所述的全覆盖债券社会监管而言，成员国应指定一个或多个主管部门。他们应将这些指定的部门通知委员会和 EBA，并应指明任何职能和职责的分工。

3. 成员国应确保根据第 2 款指定的主管部门监督全覆盖债券的发行，以评估是否符合转换本指令的国家法律条款中规定的要求。

4. 成员国应确保发行全覆盖债券的信贷机构登记其与全覆盖债券计划有关的所有交易，并建立充分和适当的文件系统和流程。

5. 成员国应进一步确保采取适当措施，使根据本条第 2 款指定的主管部门能够获得必要的信息，以评估是否符合转换本指令的国家法律条款中规定的要求，对可能违反规定的行为进行查处，并依照国家法律转换第二十三条的规定给予行政处罚和其他行政措施。

6. 成员国应确保根据第 2 款指定的主管部门具备履行与全覆盖债券相关的职能所需的专业知识、资源、运营能力、权力和独立性来开展社会监管。

第十九条

全覆盖债券计划的许可

1. 成员国应通过要求在根据该计划发行全覆盖债券之前获得全覆盖债券计划的许可来确保投资者保护。成员国应授予根据第 18（2）条指定的主管部门授予此类许可的权力。

2. 成员国应制定第 1 款中提到的许可要求，至少包括以下内容：

（a）一个适当的经营计划来规范全覆盖债券的发行；

（b）旨在保护投资者的适当政策、流程和方法，以批准、修改、更新和再融资纳入覆盖资产池的贷款；

（c）专用于全覆盖债券计划的管理层和员工，他们在全覆盖债券的发行和管理方面具有足够的资格和知识；

（d）覆盖资产池的行政设置并对其进行监控，以满足转换本指令的国家法律条款中规定的适用要求。

第二十条

发生破产或决议时的全覆盖债券社会监管

1. 根据第 18（2）条指定的主管部门对发行全覆盖债券的信贷机构作出决议时，应配合决议机关，以确保全覆盖债券投资者的权益得到维护，包括至少通过在处置过程中核实全覆盖债券计划持续的和健全的管理。

2. 成员国可以规定任命一名特别管理人，以确保全覆盖债券投资者的权益得到保护，至少包括在必要的时间内核实全覆盖债券计划持续的和健全的管理。

如果成员国行使该选择权，它们可以要求其根据第 18（2）条指定的主管部门批准特别管理人的任命和解职。行使该选择权的成员国至少应要求就特别管理人的任命和解职咨询这些主管部门。

3. 如果成员国根据第 2 款规定任命特别管理人，则它们应规定该特别管理人的任务和职责，至少在以下方面：

（a）全覆盖债券附带负债的解除；

（b）覆盖资产的管理和实现，包括将其连同全覆盖债券负债转移到另一家发行全覆盖债券的信贷机构；

（c）适当管理覆盖资产池、持续监测全覆盖债券所附负债的覆盖范围、启动程序以将资产带回覆盖资产池，以及在所有全覆盖债券债务清偿后，将剩余资产转移至发行全覆盖债券的信贷机构的破产财产所需的合法交易。

就第 1 款(c)项而言，成员国可允许特别管理人在发行全覆盖债券的信贷机构破产的情况下，在该信贷机构持有的授权下运作，但须符合相同的操作要求。

4. 成员国应确保根据第 18（2）条指定的主管部门、特别管理人（如果此类管理人已被任命）以及决议机关（如果有决议发生）出于为破产或解决程序的目的协调和交换信息的权力。

第二十一条

向主管部门报告

1. 成员国应通过要求发行全覆盖债券的信贷机构向根据第 18（2）条指定的主管部门报告第 2 款规定的全覆盖债券计划信息来确保投资者保护。该报告应定期进行，并应这些主管部门的要求进行。成员国应就定期报告的频率制定规则。

2. 根据第 1 款规定的报告义务应要求提供的信息至少包括以下内容：

（a）根据第 6 至第 11 条规定的资产资格和覆盖资产池要求；

（b）根据第 12 条规定的覆盖资产隔离；

（c）在适用的情况下，根据第 13 条监测覆盖资产池的功能；

（d）根据第 15 条规定的覆盖要求；

（e）根据第 16 条规定的覆盖资产池流动性缓冲；

（f）在适用的情况下，根据第 17 条规定的可延长期限结构的条件。

3. 当发行全覆盖债券的信贷机构发生破产或决议，成员国应就发行全覆盖债券的信贷机构向根据第 18（2）条指定的主管部门提供的信息制定规则。

第二十二条

主管部门在全覆盖债券社会监管方面的权力

1. 成员国应通过赋予根据第 18（2）条指定的主管部门执行全覆盖债券社会监管任务所必需的所有监督、调查和制裁权力来确保投资者保护。

2. 第 1 款所指的权力至少应包括以下内容：

（a）根据第 19 条规定的授予或者拒绝授予许可的权力；

（b）定期审查全覆盖债券计划的权力，以评估是否符合转换本指令的国家法律规定；

（c）开展现场和非现场检查的权力；

（d）依照国家法律转换第 23 条的规定，实施行政处罚和其他行政措施的权力；

（e）采纳和实施与全覆盖债券发行相关的监管指南的权力。

第二十三条

行政处罚和其他行政措施

1. 在不损害成员国规定刑事处罚的权利的情况下，成员国应规定适当的行政处罚和其他行政措施，至少适用于以下情况：

（a）信贷机构以虚假陈述或其他不正当手段获得全覆盖债券发行计划的许可；

（b）信贷机构不再满足获得全覆盖债券计划许可的条件；

（c）信贷机构未依照国家法律转换第 19 条的规定，未经许可发行全覆盖债券的；

（d）发行全覆盖债券的信贷机构不符合国家法律转换第 4 条的要求；

（e）发行全覆盖债券的信贷机构不符合国家法律转换第 5 条的要求；

（f）发行全覆盖债券的信贷机构未按照国家法律转换第 6 条的规定进行抵押；

（g）信贷机构发行全覆盖债券的抵押资产位于欧盟境外，但是这些抵押资产违反了国家法律转换第 7 条的规定；

（h）信贷机构以集团内集合覆盖债券结构为全覆盖债券提供抵押，但是违反了国家法律转换第 8 条的规定；

（i）发行全覆盖债券的信贷机构不符合国家法律转换第 9 条规定的联合出资条件；

（j）发行全覆盖债券的信贷机构不符合国家法律转换第 10 条规定的覆盖资产池组成要求；

（k）发行全覆盖债券的信贷机构不符合国家法律转换第 11 条规定的覆盖资产池衍生品合约的要求；

（l）发行全覆盖债券的信贷机构不符合国家法律转换第 12 条规定的覆盖资产隔离的要求；

（m）发行全覆盖债券的信贷机构违反国家法律转换第 14 条规定，未报告信息，或提供不完整或不准确的信息；

（n）发行全覆盖债券的信贷机构多次或持续违反国家法律转换第 16 条规定的覆盖资产池流动性缓冲的要求；

（o）发行可延长到期结构全覆盖债券的信贷机构未满足国家法律转换第 17 条规定的条件；

（p）发行全覆盖债券的信贷机构未报告信息，或提供不完整或不准确的信息，违反国家法律转换第 21（2）条的规定。

若违法行为根据成员国本国法律将受到刑事处罚，成员国可决定不对违规行为提供行政处罚或其他行政措施。在这种情况下，成员国应将相关刑法规定传达给委员会。

2. 第 1 款所述的处罚和措施应有效、相称和具有劝诫性，至少应包括以下内容：

（a）撤销对全覆盖债券发行计划的许可；

（b）根据第 24 条公开通报某自然人或法人身份和违规性质；

（c）要求自然人或法人停止该行为并停止重复该行为的命令；

（d）行政处罚。

3. 成员国还应确保第 1 款所述的惩罚和措施得到有效执行。

4. 成员国应确保，在确定行政处罚或其他行政措施的类型和行政罚款金额时，根据第 18（2）

条指定的主管部门在相关情况下考虑以下所有情况：

（a）违约的严重性和持续时间；

（b）对违约负责的自然人或法人的责任程度；

（c）对违约负责的自然人或法人的经济实力，包括参照法人总营业额或自然人年收入；

（d）在利润或损失可以确定的范围内，由于对违约负责的自然人或法人的违约而获得的利润或避免的损失的重要性；

（e）违约给第三方造成的损失，如果可以确定这些损失；

（f）对违约行为负责的自然人或法人与根据第18（2）条指定的主管部门的合作程度；

（g）对违约行为负责的自然人或法人之前的任何违规行为；

（h）违约行为的任何实际或潜在的系统性后果。

5. 根据第18（2）条指定的主管部门对管理机构成员和其他根据国家法律应对违规行为负责的个人适用本条第2款规定的行政处罚和其他行政措施。

6. 成员国应确保在作出第2款规定的行政处罚或其他行政措施的决定之前，根据第18（2）条指定的主管部门给予有关自然人或法人发表意见的机会。在需要采取紧急行动以防止给第三方造成重大损失或对金融系统造成重大损害的情况下，可以申请采取其他行政措施，以排除发表意见的权利。在这种情况下，应当在采取行政措施后尽快给予当事人陈述意见的机会，并在必要时修正该措施。

7. 成员国应确保任何实施第2款规定的行政处罚或其他行政措施的决定都有适当的理由，并有权上诉。

第二十四条

行政处罚和其他行政措施的公示

1. 成员国应确保转换本指令的国家法律条款包括要求在根据第 18（2）条指定的主管部门的官方网站上及时公示行政处罚和其他行政措施的规则。如果成员国决定根据第 23（1）条第二小段的规定进行刑事处罚，则适用相同的义务。

2. 根据第 1 款通过的规则应至少要求公示任何不能或不能再上诉的决定，并且该决定是因违反转换本指令的国内法规而被强制执行的。

3. 成员国应确保此类公示包含违规类型和性质，以及被实施处罚的自然人或法人身份的信息。根据第 4 款，成员国应进一步确保在收件人被告知处罚措施以及在根据第 18（2）条指定的主管部门官网公示处罚决定之后，不得无故拖延公示此类信息。

4. 成员国允许公示对上诉未决的处罚或其他措施的决定，根据第 18（2）条指定的主管部门也应毫不拖延地在官网公示有关上诉状态及结果的信息。

5. 成员国应确保根据第 18（2）条指定的主管部门在以下任何情况下根据国家法律匿名公示实施处罚或措施的决定：

（a）对自然人实施处罚或措施，发现公示个人数据不成比例；

（b）公示将危及金融市场的稳定或正在进行的刑事调查；

（c）公示将在可以确定的范围内对信贷机构或所涉自然人造成不成比例的损害的情况。

6. 如果成员国以匿名方式公示处罚或措施的决定，可推迟公示有关数据。

7. 成员国应确保宣布任何废除处罚或措施决定的最终法院裁决。

8. 成员国应确保第 2 至 6 款中提及的任何出版物自公示之日起至少保留在根据第 18（2）条指定的主管部门的官方网站上至少五年。公示中包含的个人数据应仅在必要的时间内并根据适用的个人数据保护规则保留在官方网站上。此类保留期应考虑相关成员国立法中规定的时效期限来确定，但在任何情况下都不得超过十年。

9. 根据第 18（2）条指定的主管部门应当将所实施的任何行政处罚和其他行政措施，包括与之有关的上诉及其结果，通知 EBA。成员国应确保这些主管部门收到与任何刑事处罚有关的最终判决的信息和细节，这些主管部门也应将这些信息提交给 EBA。

10.EBA 应维护行政处罚和其他行政措施的中央数据库。该数据库只能由根据第 18（2）条指定的主管部门查阅，并根据本条第 9 款的规定由主管部门进行更新。

第二十五条

合作义务

1. 成员国应确保，在有关法律的框架内，根据第 18（2）条指定的主管部门与对信贷机构进行一般监督的主管部门密切合作，并在发生信贷机构破产事件时与决议当局密切合作。

2. 成员国应进一步确保根据第 18（2）条指定的主管部门相互密切合作。该合作应包括相互提供与其他当局根据转换本指令的国家法律规定执行监督任务相关的任何信息。

3. 就第 2 款第二句而言，成员国应确保根据第 18（2）条指定的主管部门传达：

（a）根据第 18（2）条指定的其他主管部门要求提供的所有相关信息；

（b）根据他们自己的倡议，向其他成员国根据第 18（2）条指定的其他主管部门提供的任何重要信息。

4. 成员国还应确保根据第 18（2）条指定的主管部门与 EBA 或在有关情况下，与 ESA 合作，后者是根据欧洲议会和理事会第 1095/2010 号条例（EU）设立的，以达到本指令的目的。

5. 就本条而言，如果信息可能对另一成员国发行全覆盖债券的评估产生重大影响，则该信息应被视为必不可少的信息。

第二十六条

披露要求

1. 成员国应确保根据第 18（2）条指定的主管部门在其官网上发布以下信息：

（a）与全覆盖债券发行相关的国家法律、法规、行政规则和一般指南的文本；

（b）获准发行全覆盖债券的信贷机构名单；

（c）有权使用"欧洲全覆盖债券"标签的全覆盖债券清单和有权使用"欧洲全覆盖债券（高级）"标签的全覆盖债券清单。

根据第 1 款发布的资料应足以对根据第 18（2）条指定的不同成员国主管部门所采取的方法进行有意义的比较。应更新该信息以考虑任何更改。

根据第 18（2）条指定的主管部门应当每年将本条第 1 款（b）项所述信贷机构清单以及第 1 款（c）项所述全覆盖债券清单通知 EBA。

第Ⅳ篇

标签

第二十七条

标签

1. 成员国应确保"欧洲全覆盖债券"标签及其在欧盟所有官方语言中的官方翻译仅用于符合转换本指令的国家法律规定的要求的全覆盖债券。

2. 成员国应确保"欧洲全覆盖债券（高级）"标签及其在欧盟所有官方语言中的官方翻译仅用于符合转换本指令的国家法律规定的要求的全覆盖债券，并符合第 575/2013 号条例（EU）第 129 条的要求，该条由欧洲议会和理事会第 2019/2160 号条例（EU）修订。

第 V 篇

对其他指令的修正

第二十八条

2009/65/EC 号指令修正

2009/65/EC 号指令第 52（4）条修改如下：

（1）第一个子段落替换为以下内容：

"4. 当全覆盖债券在 2022 年 7 月 8 日之前发行并符合本款规定的要求，或当债券符合欧洲议会和理事会 2019/2162 号指令第 3 条　第（1）项关于全覆盖债券的定义时，成员国可将第 1 款第一小段规定的 5% 限额提高到最高 25%。"

（2）删除第三小段。

第二十九条

2014/59/EU 号指令修正

在 2014/59/EU 号指令第 2（1）条中，第 96 项替换为以下内容：

'（96）"全覆盖债券"是指欧洲议会和理事会 2019/2162 号指令第 3 条第（1）项所定义的全覆盖债券，或根据 2022 年 7 月 8 日之前发行的文件，欧洲议会和理事会 2009/65/EC 号指令第 52（4）条所称债券，自发行之日起适用；

第Ⅵ篇

最后条款

第三十条

过渡措施

1. 成员国应确保在 2022 年 7 月 8 日之前发行的债券符合 2009/65/EC 号指令第 52（4）条规定的要求，如于发行之日起适用，不受本指令第 5 至 12 条和第 15、16、17、19 条规定约束，根据本指令在到期前仍可继续称为全覆盖债券。

成员国应确保根据 18（2）条指定的主管部门监测 2022 年 7 月 8 日之前发行的全覆盖债券是否遵守 2009/65/EC 号指令第 52（4）条的规定，并符合本指令的要求，符合本款第一小段的要求。

2. 成员国可以参考第 1 款用同一 ISIN 码持续发行全覆盖债券，但 ISIN 码发放于 2022 年 7 月 8 日之前，且有效期至少在该日期后 24 个月以内，前提是这些债券符合以下所有要求：

（a）全覆盖债券的到期日在 2027 年 7 月 8 日之前；

（b）2022 年 7 月 8 日以后续发行的总规模不超过该日已发行债券总发行规模的两倍；

（c）全覆盖债券到期时的总发行规模不超过 60 亿欧元或等值的本币；

（d）第一段所述全覆盖债券的续发行的抵押资产在成员国内。

第三十一条

评论和报告

1. 截至 2024 年 7 月 8 日，委员会应与 EBA 密切合作，向欧洲议会和理事会提交一份报告，并在适当的情况下提交一份立法提案，说明是否以及如果是，如何向发行全覆盖债券的第三国信贷机构和全覆盖债券投资者实行等效制度，考虑到全覆盖债券在国际领域的发展，特别是第三国立法框架的发展。

2. 截至 2025 年 7 月 8 日，委员会应与 EBA 密切合作，向欧洲议会和理事会提交一份报告，说明本指令在投资者保护水平方面的实施情况以及有关欧盟内的全覆盖债券的发展。报告应包括进一步行动的任何建议。报告应包括以下信息：

（a）关于发行全覆盖债券的许可数量的发展；

（b）根据转换本指令的国家法律的规定和第 575/2013 号条例（EU）第 129 条全覆盖债券发行期数的发展；

（c）有关全覆盖债券抵押资产的发展；

（d）关于超额抵押水平的发展；

（e）全覆盖债券的跨境投资，包括来自第三国和向第三国的对外投资；

（f）有关发行可延长期限结构的全覆盖债券的发展；

（g）根据第 575/2013 号条例（EU）第 129（1）条所述的使用风险敞口带来的风险和收益的发展；

（h）全覆盖债市场的运作。

3. 截至 2024 年 7 月 8 日，成员国应将有关第 2 款所列问题的信息传达给委员会。

4. 截至 2024 年 7 月 8 日，在委托并收到评估具有可延期结构的全覆盖债券产生的风险和收益的研究后并在咨询 EBA 后，委员会应通过一份报告，并将该研究和该报告提交给欧洲议会和理事会，并在适当时连同立法提案。

5. 截至 2024 年 7 月 8 日，委员会应通过一份关于引入名为欧洲担保票据的双重追索权工具的可能性的报告。委员会应向欧洲议会和理事会提交该报告，并在适当情况下连同立法提案一起提交。

第三十二条

换位

1. 成员国应在 2021 年 7 月 8 日之前通过并公示遵守本指令所需的法律、法规和行政规定。

它们应立即通知委员会。

它们最迟应自 2022 年 7 月 8 日起实施这些措施。

当成员国采取这些措施时，它们应包含对本指令的引用，或者在正式发布时应附有这样的引用。进行此类引用的方法应由成员国规定。

2. 成员国应通知委员会在本指令涵盖的领域内通过的主要国内法措施的文本。

第三十三条

生 效

本指令自其在欧盟官方公报上公示之日起 20 天后生效。

第三十四条

收 件 人

本指令是针对成员国的。